Herodot · Historien

Herodot

Historien

Siebtes Buch

Griechisch / Deutsch

Übersetzt von
Christine Ley-Hutton

Herausgegeben von
Kai Brodersen

Reclam

RECLAMS UNIVERSAL-BIBLIOTHEK Nr. 18227

Gesamtherstellung: Reclam, Ditzingen. Printed in Germany 2016
RECLAM, UNIVERSAL-BIBLIOTHEK und
RECLAMS UNIVERSAL-BIBLIOTHEK sind eingetragene Marken
der Philipp Reclam jun. GmbH & Co. KG, Stuttgart
ISBN 978-3-15-018227-7

www.reclam.de

Einleitung

Das siebte Buch der Historien Herodots ist der Vorbereitung und Durchführung des gewaltigen Feldzugs der Perser nach Griechenland 480 v. Chr. gewidmet; es endet mit der Schlacht am Thermopylenpass, bei der Leonidas mit seinen 300 Spartiaten standhielt, bis der Pass durch Verrat umgangen wurde. Das von Herodot zitierte Denkmal für die Gefallenen hat Friedrich Schiller (1759–1805) wie folgt übersetzt:

> Wanderer, kommst du nach Sparta, verkündige dorten, du habest
> uns hier liegen gesehn, wie das Gesetz es befahl.

Der Feldzug gipfelte schließlich in der Seeschlacht von Salamis, die Herodot im achten Buch vorstellt.

Nachdem die bisherigen Einleitungen dem Leben Herodots (Buch 1), der Thematik von Herodots Werk (2), den Quellen (3), der Methode (4), der Struktur (5) und den Grundhaltungen (6) Herodots gewidmet waren, soll im folgenden kurz die Sprache der Historien in den Blick genommen werden.

Herodot stammte aus Halikarnassos (heute Bodrum), einer dorischen Siedlung in einem Teil Kleinasiens, in dem man einigen wenigen zeitgenössischen Inschriften zufolge vor allem eine (ost-)ionische Form des Griechischen verwendete, nicht die im Athen des 5. und 4. Jahrhunderts genutzte attische Form, die uns etwa durch die Werke des Philosophen Platon vertraut ist und als die »klassische« Form des Griechischen gilt. Wohl bereits in der Antike, sicher aber bis ins Mittelalter, in dem die ersten uns erhaltenen Abschriften von Herodots Werk entstanden (dazu mehr in der Einleitung zum achten Buch), waren die Ab-

schreiber und Bearbeiter darum bemüht, Herodots ionisches Griechisch zu verstehen und (sicher nicht immer korrekt) wiederzugeben, aber auch zu »normalisieren«; jedenfalls sind in den mittelalterlichen Kopien die Schreibweisen vieler Wörter so unterschiedlich und sogar in ein- und derselben Abschrift so uneinheitlich, dass es nicht einfach ist, den Wortlaut des Originals zu rekonstruieren. Zudem liegen andere Belege für die ionische Form des Griechischen – etwa durch zeitgenössische Inschriften – nicht in ausreichender Menge vor und erlauben deshalb kaum sichere Aussagen zur lokalen Sprachform in Herodots Zeit. Nicht zuletzt stellt sich die Frage, ob der Autor selbst sich durchweg an einer konsistenten Sprache orientiert hat – die Normierung der Orthographie war bis in die Frühe Neuzeit auch in modernen Sprachen unüblich, wie man bis heute an unterschiedlichen Formen ein- und desselben Namens erkennen kann (aus dem lateinischen *maior* [*domus*] wurden Maier, Mayer, Meier, Meyer usw.). Jeder heutige Lesetext von Herodots Werk kann daher nicht mehr sein als der Versuch, möglichst plausible Vermutungen über den Wortlaut zu Herodots Zeit umzusetzen.

Für Leserinnen und Leser, die mit dem klassischen attischen Griechisch vertraut sind, ergeben sich damit einige Besonderheiten, die im folgenden kurz vorgestellt werden sollen. Zu den wichtigsten allgemeinen Unterschieden von Herodots Sprache zum Attischen gehören die Psilosis, also das Fehlen des anlautenden *h* (wie heute etwa im Italienischen), der Hiatus, also die Doppelschreibung von Vokalen statt der im Attischen üblichen Verschleifung (ionisch: *noos*, »der Geist«, attisch: *nous*), und der Etazismus, also die Nutzung des »eta«, wo das Attische ein »alpha« nutzt (etwa ionisch: *pregma*, »die Sache«, attisch: *pragma*). Bei Frage- und indefiniten Pronomina gibt es im Ionischen ein anlautendes *k*, wo im Attischen ein *p* erscheint (ionisch: *kote*, »wann«, attisch:

pote); ein *k* erscheint auch für das im Attischen als *ch* geschriebene aspirierte k (ionisch: *dekomai*, »ich nehme«, attisch: *dechomai; ouki*, »noch nicht«, attisch: *ouchi*), während in Formen wie attisch: *gignomai*, »ich werde«, der mit *gn* wiedergegebene Laut im Ionischen nur mit *n* geschrieben wird (*ginomai*).

Man kann daher für das ionische Griechisch Herodots folgende »Faustregeln« nennen:

- Vokale: ionisch *ē*, attisch *a* (*prothymie/prothymia*), ionisch *ei*, attisch *e* (*xeinos/xenos*), ionisch *eu*, attisch *ou* (*poieusin/poiousin*), ionisch *ou*, attisch *o* (*mounos/monos*), attisch *k*, ionisch *p* (*kos/pos*), ionisch *n*, attisch *gn* (*ginomai/gignomai*).
- Nomina, Adjektive und Pronomina: Genitiv Singular masc. *-eō*, attisch *-ou* (*Xerxeō/Xerxou*), Plural *-eōn*, attisch *-ōn* (*moireōn/moirōn*), Dativ Plural *-oisin* bzw. *-ēisin*, attisch *-ois* bzw. *-ais* (*loigoisi/logois*, *hēmerēisin/hēmerais*). Wörter wie polis behalten in Genitiv und Dativ das Iota: *polios* bzw. *poli*, attisch *poleōs* bzw. *polei*. Häufig sind auch *emeo* und *seo*, wo im Attischen *emou* bzw. *sou* geschrieben werden, und *hoteu*, *hoteōi*, *hoteōn* und *hoteoisi*, wo das Attische *houtinos* (oder *hotou*), *hōitini* (oder *hotōi*), *hoteōn* (*hōntinōn*, *hotōn*) bzw. *hoistisi* (*hotois*) bietet.
- Verben: Anders als im Attischen werden manche Augmente nicht geschrieben: ionisch *ameibomēn*, attisch *ēmeibomēn*; manche Verba auf *-mi* werden wie kontrahierte Verben konjugiert (ionisch: *tithei*, attisch: *tithēsi*), und *eimi* bewahrt oft das *e*, etwa in *eōn* (attisch: *ōn*), *eōsi* (attisch: *ōsi*) oder *eousa* (attisch: *ousa*); *eis* steht für »du bist« (attisch: *ei*), *eimen* für »wir sind« (attisch: *esmen*).
- Sonstiges: ionisch: *ōn* / attisch: *oun*; *itheōs/euthys*, *enthauta/entautha*, *heōuton/heauton*, *min/auton* bzw. *autēn*, *spheas/autous*, *oidamen/idmen*, *oidasi/isasi*, *eipa/eipon*, *eipas/eipōn*.

Mit der Überlieferung des Textes und mit dem reichen Nachleben der Historien werden sich die Einleitungen zu den beiden nachfolgenden Bänden in dieser Reihe befassen, die das große Werk des *pater historiae*, des »Vaters der Geschichte« (Cicero, *Über die Gesetze* 1,5,5), in einer neuen zweisprachigen Ausgabe einem heutigen Lesepublikum erschließen möchte.

ΙΣΤΟΡΙΩΝ Η
Historien · Siebtes Buch

1 (1) ἐπεὶ δὲ ἀγγελίη ἀπίκετο περὶ τῆς μάχης τῆς ἐν Μαραθῶνι γενομένης παρὰ βασιλέα Δαρεῖον τὸν Ὑστάσπεος, καὶ πρὶν μεγάλως κεχαραγμένον τοῖσι Ἀθηναίοισι διὰ τὴν ἐς Σάρδις ἐσβολήν, καὶ δὴ καὶ τότε πολλῷ τε δεινότερα ἐποίεε καὶ μᾶλλον ὅρμητο στρατεύεσθαι ἐπὶ τὴν Ἑλλάδα. (2) καὶ αὐτίκα μὲν ἐπηγγέλλετο πέμπων ἀγγέλους κατὰ πόλις ἑτοιμάζειν στρατιήν, πολλῷ πλέω ἐπιτάσσων ἑκάστοισι ἢ πρότερον παρέχειν, καὶ νέας τε καὶ ἵππους καὶ σῖτον καὶ πλοῖα. τούτων δὲ περιαγγελλομένων ἡ Ἀσίη ἐδονέετο ἐπὶ τρία ἔτεα, καταλεγομένων τε τῶν ἀρίστων ὡς ἐπὶ τὴν Ἑλλάδα στρατευομένων καὶ παρασκευαζομένων. (3) τετάρτῳ δὲ ἔτεϊ Αἰγύπτιοι ὑπὸ Καμβύσεω δουλωθέντες ἀπέστησαν ἀπὸ Περσέων. ἐνθαῦτα δὴ καὶ μᾶλλον ὅρμητο καὶ ἐπ' ἀμφοτέρους στρατεύεσθαι.

2 (1) στελλομένου δὲ Δαρείου ἐπ' Αἴγυπτον καὶ Ἀθήνας, τῶν παίδων αὐτοῦ στάσις ἐγένετο μεγάλη περὶ τῆς ἡγεμονίης, ὡς δεῖ μιν ἀποδέξαντα βασιλέα κατὰ τὸν Περσέων νόμον οὕτω στρατεύεσθαι. (2) ἦσαν γὰρ Δαρείῳ καὶ πρότερον ἢ βασιλεῦσαι γεγονότες τρεῖς παῖδες ἐκ τῆς προτέρης γυναικός, Γοβρύεω θυγατρός, καὶ βασιλεύσαντι ἐξ Ἀτόσσης τῆς Κύρου ἕτεροι τέσσερες. τῶν μὲν δὴ προτέρων ἐπρέσβευε Ἀρτοβαζάνης, τῶν δὲ ἐπιγενομένων Ξέρξης. ἐόντες δὲ μητρὸς οὐ τῆς αὐτῆς ἐστασίαζον, (3) ὁ μὲν Ἀρτοβαζάνης κατότι πρεσβύτατός τε εἴη παντὸς τοῦ γόνου καὶ ὅτι νομιζόμενον εἴη πρὸς πάντων ἀνθρώπων τὸν πρεσβύτατον τὴν ἀρχὴν ἔχειν, Ξέρξης δὲ ὡς Ἀτόσσης τε παῖς εἴη τῆς Κύρου θυγατρὸς καὶ ὅτι Κῦρος εἴη ὁ κτησάμενος τοῖσι Πέρσῃσι τὴν ἐλευθερίην.

1 (1) Nachdem die Nachricht von der Schlacht bei Marathon[1] zu König Dareios[2], dem Sohn des Hystaspes, gelangt war, da wurde er, der schon vorher gegen die Athener wegen des Einfalls in Sardes sehr aufgebracht war, noch viel zorniger und machte sich noch eifriger daran, einen Kriegszug gegen Griechenland zu unternehmen. (2) Sofort ordnete er durch die Entsendung von Boten in den einzelnen Poleis an, ein Heer zu rüsten, wobei er den einzelnen viel mehr auftrug als sie früher gestellt hatten, nämlich Kriegsschiffe, Pferde, Getreide und Lastschiffe. Während dies requiriert wurde, war Asien für drei Jahre in Aufruhr, da die Besten ausgewählt und ausgerüstet wurden, um gegen Griechenland in den Krieg zu ziehen. (3) Im vierten Jahr fielen die Ägypter, die von Kambyses unterworfen worden waren, von den Persern ab. Da machte sich Dareios noch eifriger daran, sogar gegen beide Völker in den Krieg zu ziehen.

2 (1) Als Dareios sich zum Feldzug gegen Ägypten und Athen rüstete, brach unter seinen Söhnen ein heftiger Streit um die Regierung aus, da er nach dem Gesetz der Perser erst nach der Ernennung eines Königs in den Krieg ziehen durfte. (2) Dareios hatte nämlich aus der Zeit vor seiner Königsherrschaft von seiner früheren Frau, der Tochter des Gobryas[3], drei Söhne und, nachdem er die Königsherrschaft übernommen hatte, vier weitere Söhne von Atossa, der Tochter des Kyros. Von den ersteren war Artobazanes der Älteste, von den später Geborenen Xerxes.[4] (3) Da sie nicht von derselben Mutter waren, stritten sie miteinander, Artobazanes deshalb, weil er ja der Älteste der gesamten Nachkommenschaft sei und es bei allen Menschen Brauch sei, dass der Älteste die Herrschaft erhalte, Xerxes aber, weil er der Sohn der Atossa sei, der Tochter des Kyros, und weil Kyros derjenige sei, der den Persern die Freiheit verschafft habe.

3 (1) Δαρείου δὲ οὐκ ἀποδεικνυμένου κω γνώμην, ἐτύγχανε κατὰ τὠυτὸ τούτοισι καὶ Δημάρητος ὁ Ἀρίστωνος ἀναβεβηκὼς ἐς Σοῦσα, ἐστερημένος τε τῆς ἐν Σπάρτῃ βασιληίης καὶ φυγὴν ἐπιβαλὼν ἑωυτῷ ἐκ Λακεδαίμονος. (2) οὗτος ὡνὴρ πυθόμενος τῶν Δαρείου παίδων τὴν διαφορήν, ἐλθών, ὡς ἡ φάτις μιν ἔχει, Ξέρξῃ συνεβούλευε λέγειν πρὸς τοῖσι ἔλεγε ἔπεσι, ὡς αὐτὸς μὲν γένοιτο Δαρείῳ ἤδη βασιλεύοντι καὶ ἔχοντι τὸ Περσέων κράτος, Ἀρτοβαζάνης δὲ ἔτι ἰδιώτῃ ἐόντι Δαρείῳ· (3) οὔκων οὔτε οἰκὸς εἴη οὔτε δίκαιον ἄλλον τινὰ τὸ γέρας ἔχειν πρὸ ἑωυτοῦ· ἐπεί γε καὶ ἐν Σπάρτῃ ἔφη ὁ Δημάρητος ὑποτιθέμενος οὕτω νομίζεσθαι, ἢν οἳ μὲν προγεγονότες ἔωσι πρὶν ἢ τὸν πατέρα σφέων βασιλεῦσαι, ὁ δὲ βασιλεύοντι ὀψίγονος ἐπιγένηται, τοῦ ἐπιγενομένου τὴν ἔκδεξιν τῆς βασιληίης γίνεσθαι. (4) χρησαμένου δὲ Ξέρξεω τῇ Δημαρήτου ὑποθήκῃ, γνοὺς ὁ Δαρεῖος ὡς λέγοι δίκαια βασιλέα μιν ἀπέδεξε. δοκέειν δέ μοι, καὶ ἄνευ ταύτης τῆς ὑποθήκης βασιλεῦσαι ἂν Ξέρξης· ἡ γὰρ Ἄτοσσα εἶχε τὸ πᾶν κράτος.

4 ἀποδέξας δὲ βασιλέα Πέρσῃσι Ξέρξεα Δαρεῖος ὁρμᾶτο στρατεύεσθαι. ἀλλὰ γὰρ μετὰ ταῦτά τε καὶ Αἰγύπτου ἀπόστασιν τῷ ὑστέρῳ ἔτεϊ παρασκευαζόμενον συνήνεικε αὐτὸν Δαρεῖον, βασιλεύσαντα τὰ πάντα ἓξ τε καὶ τριήκοντα ἔτεα, ἀποθανεῖν, οὐδέ οἱ ἐξεγένετο οὔτε τοὺς ἀπεστεῶτας Αἰγυπτίους οὔτε Ἀθηναίους τιμωρήσασθαι. ἀποθανόντος δὲ Δαρείου ἡ βασιληίη ἀνεχώρησε ἐς τὸν παῖδα τὸν ἐκείνου Ξέρξην.

5 (1) ὁ τοίνυν Ξέρξης ἐπὶ μὲν τὴν Ἑλλάδα οὐδαμῶς πρόθυμος ἦν κατ᾽ ἀρχὰς στρατεύεσθαι, ἐπὶ δὲ Αἴγυπτον

3 (1) Zu eben jener Zeit,[5] als Dareios sich noch nicht entschieden hatte, kam Demaratos, der Sohn des Ariston, der seiner Königsherrschaft in Sparta beraubt[6] und freiwillig aus Lakedaimon ins Exil gegangen war, nach Susa. (2) Dieser Mann erfuhr vom Streit der Söhne, ging zu Xerxes und riet ihm, wie man erzählt, zusätzlich zu dem, was bei der Erörterung der Streitfrage zur Sprache kam, zu sagen, dass er selbst dem Dareios, als er bereits König war und die Macht über die Perser hatte, geboren worden sei, Artobazanes aber dem Dareios, als er noch nicht König war, geboren worden sei. (3) Es sei also weder geziemend noch gerecht, dass ein anderer als er die Königswürde erhalte, da es auch in Sparta üblich sei, wie Demaratos bei seinem Rat noch erwähnte, dass dann, wenn es zwar Nachkommen gebe, bevor deren Vater König geworden sei, aber ein Nachgeborener während dessen Königsherrschaft hinzukäme, der Nachgeborene die Herrschaft übernehme. (4) Xerxes machte sich den Rat des Demaratos zunutze, und da Dareios erkannte, dass er recht hatte, ernannte er ihn zum König. Wie mir allerdings scheint, hätte Xerxes auch ohne diesen Rat die Königswürde erhalten. Atossa nämlich hatte die ganze Macht in ihrer Hand.

4 Als Dareios Xerxes zum König der Perser ernannt hatte, machte er sich mit allem Eifer daran, den Feldzug durchzuführen. Nach diesen Ereignissen aber und nach dem Aufstand Ägyptens im folgenden Jahr traf es sich, dass Dareios während seiner Vorbereitungen starb,[7] nachdem er insgesamt 36 Jahre König gewesen war; es war ihm nicht mehr vergönnt, an den abgefallenen Ägyptern und an den Athenern Rache zu nehmen. Nach dem Tod des Dareios ging die Königswürde an seinen Sohn Xerxes über.

5 (1) Xerxes war allerdings anfangs überhaupt nicht geneigt, gegen Griechenland einen Feldzug zu unternehmen, gegen Ägypten jedoch versammelte er ein Heer.

ἐποιέετο στρατιῆς ἄγερσιν. παρεὼν δὲ καὶ δυνάμενος παρ' αὐτῷ μέγιστον Περσέων Μαρδόνιος ὁ Γοβρύεω, ὃς ἦν Ξέρξῃ μὲν ἀνεψιὸς Δαρείου δὲ ἀδελφεῆς παῖς, τοιούτου λόγου εἴχετο, λέγων (2) «δέσποτα, οὐκ οἰκός ἐστι Ἀθηναίους ἐργασαμένους πολλὰ δὴ κακὰ Πέρσας μὴ οὐ δοῦναι δίκην τῶν ἐποίησαν. ἀλλ' εἰ τὸ μὲν νῦν ταῦτα πρήσσοις τά περ ἐν χερσὶ ἔχεις· ἡμερώσας δὲ Αἴγυπτον τὴν ἐξυβρίσασαν στρατηλάτεε ἐπὶ τὰς Ἀθήνας, ἵνα λόγος τέ σε ἔχῃ πρὸς ἀνθρώπων ἀγαθός, καί τις ὕστερον φυλάσσηται ἐπὶ γῆν τὴν σὴν στρατεύεσθαι.» (3) οὗτος μέν οἱ ὁ λόγος ἦν τιμωρός· τοῦδε δὲ τοῦ λόγου παρενθήκην ποιεέσκετο τήνδε, ὡς ἡ Εὐρώπη περικαλλὴς εἴη χώρη, καὶ δένδρεα παντοῖα φέρει τὰ ἥμερα, ἀρετήν τε ἄκρη, βασιλέι τε μούνῳ θνητῶν ἀξίη ἐκτῆσθαι.

6 (1) ταῦτα ἔλεγε οἷα νεωτέρων ἔργων ἐπιθυμητὴς ἐὼν καὶ θέλων αὐτὸς τῆς Ἑλλάδος ὕπαρχος εἶναι. χρόνῳ δὲ κατεργάσατό τε καὶ ἀνέπεισε ὥστε ποιέειν ταῦτα Ξέρξην· συνέλαβε γὰρ καὶ ἄλλα οἱ σύμμαχα γενόμενα ἐς τὸ πείθεσθαι Ξέρξην. (2) τοῦτο μὲν ἀπὸ τῆς Θεσσαλίης παρὰ τῶν Ἀλευαδέων ἀπιγμένοι ἄγγελοι ἐπεκαλέοντο βασιλέα πᾶσαν προθυμίην παρεχόμενοι ἐπὶ τὴν Ἑλλάδα· οἱ δὲ Ἀλευάδαι οὗτοι ἦσαν Θεσσαλίης βασιλέες. τοῦτο δὲ Πεισιστρατιδέων οἱ ἀναβεβηκότες ἐς Σοῦσα, τῶν τε αὐτῶν λόγων ἐχόμενοι τῶν καὶ οἱ Ἀλευάδαι, καὶ δή τι πρὸς τούτοισι ἔτι πλέον προσωρέγοντό οἱ· (3) ἔχοντες Ὀνομάκριτον ἄνδρα Ἀθηναῖον, χρησμολόγον τε καὶ διαθέτην χρησμῶν τῶν Μουσαίου, ἀναβεβήκεσαν, τὴν ἔχθρην προκαταλυσάμενοι. ἐξηλάσθη γὰρ ὑπὸ Ἱππάρχου τοῦ Πεισιστράτου ὁ Ὀνομάκριτος ἐξ Ἀθηνέων, ἐπ' αὐτοφώρῳ

Mardonios,[8] ein Sohn des Gobryas, der wiederum ein Vetter des Xerxes war, ein Sohn der Schwester des Dareios, der bei ihm weilte und den größten Einfluss unter den Persern bei ihm hatte, bediente sich immer wieder folgender Worte, wenn er zu ihm sprach: (2) »Herr, es ist nicht richtig, an den Athenern, die den Persern viel Leid zugefügt haben, nicht Rache für das zu nehmen, was sie getan haben. Doch unternimm zunächst ruhig das, was du jetzt vorhast. Wenn du aber Ägypten unterworfen hast, das übermütig geworden ist, zieh gegen Athen in den Krieg, damit du bei den Menschen einen guten Ruf hast und sich jedermann künftig davor hütet, gegen dein Land in den Krieg zu ziehen.« (3) Diese seine Worte zielten auf Rache ab, er fügte aber bei seiner Rede noch hinzu, dass Europa ein sehr schönes Land sei und vielfältige fruchttragende Bäume hervorbringe, dass es an Fruchtbarkeit ausgezeichnet sei und dass dessen Besitz nur dem König unter den Sterblichen zustehe.

6 (1) So sprach er, da er nach Neuerungen strebte und selbst Satrap von Griechenland sein wollte. Mit der Zeit setzte er sich durch und überredete Xerxes zu dieser Unternehmung. Es halfen ihm aber auch noch andere günstige Umstände, dass Xerxes sich überreden ließ. (2) Einerseits nämlich riefen Boten, die aus Thessalien von den Aleuaden gekommen waren, den König zu Hilfe, indem sie ihm jeglichen Beistand gegen Griechenland zusicherten – diese Aleuaden waren Könige über Thessalien –,[9] andererseits bedrängten ihn die Peisistratiden,[10] die nach Susa gekommen waren und dieselben Worte gebrauchten wie die Aleuaden, aber zusätzlich auch noch weiteres hinzufügten. (3) Sie waren zusammen mit Onomakritos gekommen, einem Mann aus Athen, einem Orakeldeuter, Seher und Ordner der Sprüche des Musaios,[11] nachdem sie vorher ihre Feindschaft beigelegt hatten. Onomakritos war nämlich von Hipparchos, dem Sohn des Peisistratos, aus Athen vertrieben worden, da er von Lasos aus

ἁλοὺς ὑπὸ Λάσου τοῦ Ἑρμιονέος ἐμποιέων ἐς τὰ Μουσαίου χρησμόν, ὡς αἱ ἐπὶ Λήμνῳ ἐπικείμεναι νῆσοι ἀφανιζοίατο κατὰ τῆς θαλάσσης. (4) διὸ ἐξήλασέ μιν ὁ Ἵππαρχος, πρότερον χρεώμενος τὰ μάλιστα. τότε δὲ συναναβὰς ὅκως ἀπίκοιτο ἐς ὄψιν τὴν βασιλέος, λεγόντων τῶν Πεισιστρατιδέων περὶ αὐτοῦ σεμνοὺς λόγους, κατέλεγε τῶν χρησμῶν· εἰ μέν τι ἐνέοι σφάλμα φέρον τῷ βαρβάρῳ, τῶν μὲν ἔλεγε οὐδέν, ὁ δὲ τὰ εὐτυχέστατα ἐκλεγόμενος ἔλεγε τόν τε Ἑλλήσποντον ὡς ζευχθῆναι χρεὸν εἴη ὑπ' ἀνδρὸς Πέρσεω, τήν τε ἔλασιν ἐξηγεόμενος. (5) οὗτός τε δὴ χρησμῳδέων προσεφέρετο καὶ οἵ τε Πεισιστρατίδαι καὶ οἱ Ἀλευάδαι γνώμας ἀποδεικνύμενοι.

7 ὡς δὲ ἀνεγνώσθη Ξέρξης στρατεύεσθαι ἐπὶ τὴν Ἑλλάδα, ἐνθαῦτα δευτέρῳ μὲν ἔτεϊ μετὰ τὸν θάνατον τὸν Δαρείου πρῶτα στρατηίην ποιέεται ἐπὶ τοὺς ἀπεστεῶτας. τούτους μέν νυν καταστρεψάμενος καὶ Αἴγυπτον πᾶσαν πολλὸν δουλοτέρην ποιήσας ἢ ἐπὶ Δαρείου ἦν, ἐπιτράπει Ἀχαιμένεϊ ἀδελφεῷ μὲν ἑωυτοῦ, Δαρείου δὲ παιδί. Ἀχαιμένεα μέν νυν ἐπιτροπεύοντα Αἰγύπτου χρόνῳ μετέπειτα ἐφόνευσε Ἰνάρως ὁ Ψαμμητίχου ἀνὴρ Λίβυς.

8 (1) Ξέρξης δὲ μετὰ Αἰγύπτου ἅλωσιν ὡς ἔμελλε ἐς χεῖρας ἄξεσθαι τὸ στράτευμα τὸ ἐπὶ τὰς Ἀθήνας, σύλλογον ἐπίκλητον Περσέων τῶν ἀρίστων ἐποιέετο, ἵνα γνώμας τε πύθηταί σφεων καὶ αὐτὸς ἐν πᾶσι εἴπῃ τὰ θέλει. ὡς δὲ συνελέχθησαν, ἔλεξεν Ξέρξης τάδε. (α) (1) «ἄνδρες Πέρσαι, οὔτ' αὐτὸς κατηγήσομαι νόμον τόνδε ἐν ὑμῖν τιθείς, παραδεξάμενός τε αὐτῷ χρήσομαι. ὡς γὰρ ἐγὼ πυνθάνομαι τῶν πρεσβυτέρων, οὐδαμά κω ἠτρεμίσαμεν, ἐπείτε

Hermione ertappt worden war, als er einen Orakelspruch unter die Sprüche von Musaios einfügte, nämlich dass die bei Lemnos liegenden Inseln unter dem Meer verschwinden würden. (4) Deshalb hatte Hipparchos ihn verbannt, obwohl er früher mit ihm sehr häufig verkehrt hatte. Damals also war er mit ihnen gekommen, und sooft er vor den König trat, trug er die Orakelsprüche vor, wobei die Peisistratiden über ihn rühmliche Worte sprachen. Wenn für den Nichtgriechen[12] etwas dabei war, was Unglück verhieß, sagte er davon nichts, sondern wählte nur das aus, was am meisten Glück verhieß, und sagte, dass der Hellespont von einem Perser überbrückt werden solle, wobei er den Kriegszug erläuterte. (5) Dieser drängte also mit seinen Weissagungen, ebenso aber auch die Peisistratiden und Aleuaden, indem sie ihre Meinung kundtaten.

7 Sobald Xerxes zum Feldzug gegen Griechenland überredet war, unternahm er im zweiten Jahr nach dem Tod des Dareios[13] zunächst einen Kriegszug gegen diejenigen, die von ihm abgefallen waren. Als er diese unterworfen und ganz Ägypten in eine weit schlimmere Knechtschaft als unter Dareios gebracht hatte, überließ er es seinem Bruder Achaimenes, einem Sohn des Dareios. Den Achaimenes, der nun Statthalter von Ägypten war, tötete einige Zeit später Inaros, der Sohn des Psammetichos, ein Mann aus Libyen.

8 (1) Als Xerxes nach der Einnahme Ägyptens den Feldzug gegen Athen unternehmen wollte, berief er die angesehensten Perser zu einer außerordentlichen Versammlung, um ihre Meinungen zu erfahren und um selbst vor allen zu sagen, was er beabsichtige. Als sie versammelt waren, brachte Xerxes folgendes vor: (α) (1) »Perser, ich selbst will nicht anfangen diesen Brauch neu einzuführen, sondern, da ich ihn übernommen habe, davon Gebrauch machen. Wie ich von den Älteren erfahren habe, haben wir noch keinen Frieden gehalten, seit wir diese

παρελάβομεν τὴν ἡγεμονίην τήνδε παρὰ Μήδων, Κύρου κατελόντος Ἀστυάγεα· ἀλλὰ θεός τε οὕτω ἄγει καὶ αὐτοῖσι ἡμῖν πολλὰ ἐπέπουσι συμφέρεται ἐπὶ τὸ ἄμεινον. τὰ μέν νυν Κῦρός τε καὶ Καμβύσης πατήρ τε ἐμὸς Δαρεῖος κατεργάσαντο καὶ προσεκτήσαντο ἔθνεα, ἐπισταμένοισι εὖ οὐκ ἄν τις λέγοι. (2) ἐγὼ δὲ ἐπείτε παρέλαβον τὸν θρόνον τοῦτον, ἐφρόντιζον ὅκως μὴ λείψομαι τῶν πρότερον γενομένων ἐν τιμῇ τῇδε μηδὲ ἐλάσσω προσκτήσομαι δύναμιν Πέρσῃσι· φροντίζων δὲ εὑρίσκω ἅμα μὲν κῦδος τε ἡμῖν προσγινόμενον χώρην τε τῆς νῦν ἐκτήμεθα οὐκ ἐλάσσονα οὐδὲ φλαυροτέρην παμφορωτέρην τε, ἅμα δὲ τιμωρίην τε καὶ τίσιν γινομένην. διὸ ὑμέας νῦν ἐγὼ συνέλεξα, ἵνα τὸ νοέω πρήσσειν ὑπερθέωμαι ὑμῖν· (β) (1) μέλλω ζεύξας τὸν Ἑλλήσποντον ἐλᾶν στρατὸν διὰ τῆς Εὐρώπης ἐπὶ τὴν Ἑλλάδα, ἵνα Ἀθηναίους τιμωρήσωμαι ὅσα δὴ πεποιήκασι Πέρσας τε καὶ πατέρα τὸν ἐμόν. (2) ὡρᾶτε μέν νυν καὶ πατέρα τὸν ἐμὸν Δαρεῖον ἰθύοντα στρατεύεσθαι ἐπὶ τοὺς ἄνδρας τούτους. ἀλλ' ὃ μὲν τετελεύτηκε καὶ οὐκ ἐξεγένετο αὐτῷ τιμωρήσασθαι· ἐγὼ δὲ ὑπέρ τε ἐκείνου καὶ τῶν ἄλλων Περσέων οὐ πρότερον παύσομαι πρὶν ἢ ἕλω τε καὶ πυρώσω τὰς Ἀθήνας, οἵ γε ἐμὲ καὶ πατέρα τὸν ἐμὸν ὑπῆρξαν ἄδικα ποιεῦντες. (3) πρῶτα μὲν ἐς Σάρδις ἐλθόντες, ἅμα Ἀρισταγόρῃ τῷ Μιλησίῳ δούλῳ δὲ ἡμετέρῳ ἀπικόμενοι, ἐνέπρησαν τά τε ἄλσεα καὶ τὰ ἱρά· δεύτερα δὲ ἡμέας οἷα ἔρξαν ἐς τὴν σφετέρην ἀποβάντας, ὅτε Δᾶτίς τε καὶ Ἀρταφρένης ἐστρατήγεον, τὰ ἐπίστασθέ κου πάντες. (γ) (1) τούτων μὲν τοίνυν εἵνεκα ἀνάρτημαι ἐπ' αὐτοὺς στρατεύεσθαι, ἀγαθὰ δὲ ἐν αὐτοῖσι τοσάδε ἀνευρίσκω λογιζόμενος· εἰ τούτους τε καὶ τοὺς τούτοισι πλησιοχώρους

Vormachtstellung von den Medern übernommen haben, nachdem Kyros den Astyages gestürzt hatte. Aber Gott will es so und wendet es für uns, die wir viele Ziele verfolgen, zum Guten. Welche Völker Kyros, Kambyses und mein Vater Dareios unterworfen und hinzugewonnen haben, bräuchte man denen, die es wohl wissen, nicht zu sagen. (2) Seit ich diesen Thron übernommen habe, überlege ich, wie ich meinen Vorgängern in dieser Ehrenstellung nicht nachstehen und nicht weniger Macht für die Perser dazugewinnen kann. Bei meinen Überlegungen habe ich herausgefunden, wie uns zugleich Ruhm zuteil werden kann als auch ein Land, das nicht geringer und nicht ärmer, sondern reicher an Erzeugnissen ist als das, das wir jetzt haben, und wie zugleich Rache und Sühne geschehen können. Deshalb habe ich euch jetzt versammelt, um euch vorzutragen, was ich zu tun gedenke. (β) (1) Ich will den Hellespont überbrücken und dann ein Heer durch Europa gegen Griechenland führen, um an den Athenern für das, was sie den Persern und meinem Vater angetan haben, Rache zu nehmen. (2) Ihr habt ja gesehen, dass auch Dareios vorhatte, einen Feldzug gegen diese Leute zu unternehmen. Doch er ist nun gestorben und es ist ihm nicht mehr vergönnt gewesen, Rache zu nehmen. Ich aber werde nicht früher aufhören für ihn und die anderen Perser Rache zu nehmen, bis ich Athen, das damit angefangen hat, mir und meinem Vater Unrecht zu tun, eingenommen und in Brand gesetzt habe. (3) Zuerst sind sie nämlich mit dem Milesier Aristagoras, einem unserer Untertanen, nach Sardes gekommen und haben, dort angekommen, heilige Stätten und Tempel angezündet. Was sie uns dann angetan haben, nachdem wir unter der Führung des Datis und Artaphrenes in ihrem Land gelandet waren, wisst ihr alle. (γ) (1) Deswegen habe ich mir also vorgenommen, gegen sie einen Feldzug zu unternehmen; ich finde aber, wenn ich überlege, dabei auch noch folgende Vorteile: Wenn wir sie und ihre Nach-

καταστρεψόμεθα, οἳ Πέλοπος τοῦ Φρυγὸς νέμονται χώρην, γῆν τὴν Περσίδα ἀποδέξομεν τῷ Διὸς αἰθέρι ὁμουρέουσαν. (2) οὐ γὰρ δὴ χώρην γε οὐδεμίαν κατόψεται ἥλιος ὅμουρον ἐοῦσαν τῇ ἡμετέρῃ, ἀλλὰ σφέας πάσας ἐγὼ ἅμα ὑμῖν χώρην θήσω, διὰ πάσης διεξελθὼν τῆς Εὐρώπης. (3) πυνθάνομαι γὰρ ὧδε ἔχειν, οὔτε τινὰ πόλιν ἀνδρῶν οὐδεμίαν οὔτε ἔθνος οὐδὲν ἀνθρώπων ὑπολείπεσθαι, τὸ ἡμῖν οἷόν τε ἔσται ἐλθεῖν ἐς μάχην, τούτων τῶν κατέλεξα ὑπεξαραιρημένων. οὕτω οἵ τε ἡμῖν αἴτιοι ἕξουσι δούλιον ζυγὸν οἵ τε ἀναίτιοι. (δ) (1) ὑμεῖς δ' ἄν μοι τάδε ποιέοντες χαρίζοισθε· ἐπεὰν ὑμῖν σημήνω τὸν χρόνον ἐς τὸν ἥκειν δεῖ, προθύμως πάντα τινὰ ὑμέων χρήσει παρεῖναι. ὃς ἂν δὲ ἔχων ἥκῃ παρεσκευασμένον στρατὸν κάλλιστα, δώσω οἱ δῶρα τὰ τιμιώτατα νομίζεται εἶναι ἐν ἡμετέρου. (2) ποιητέα μέν νυν ταῦτα ἐστὶ οὕτω· ἵνα δὲ μὴ ἰδιοβουλεύειν ὑμῖν δοκέω, τίθημι τὸ πρῆγμα ἐς μέσον, γνώμην κελεύων ὑμέων τὸν βουλόμενον ἀποφαίνεσθαι.» ταῦτα εἴπας ἐπαύετο.

9 (1) μετ' αὐτὸν δὲ Μαρδόνιος ἔλεγε «ὦ δέσποτα, οὐ μοῦνον εἶς τῶν γενομένων Περσέων ἄριστος ἀλλὰ καὶ τῶν ἐσομένων, ὃς τά τε ἄλλα λέγων ἐπίκεο ἄριστα καὶ ἀληθέστατα, καὶ Ἴωνας τοὺς ἐν τῇ Εὐρώπῃ κατοικημένους οὐκ ἐάσεις καταγελάσαι ἡμῖν ἐόντας ἀναξίους. (2) καὶ γὰρ δεινὸν ἂν εἴη πρῆγμα, εἰ Σάκας μὲν καὶ Ἰνδοὺς καὶ Αἰθίοπάς τε καὶ Ἀσσυρίους ἄλλα τε ἔθνεα πολλὰ καὶ μεγάλα ἀδικήσαντα Πέρσας οὐδέν, ἀλλὰ δύναμιν προσκτᾶσθαι βουλόμενοι, καταστρεψάμενοι δούλους

barn, die das Land des Phrygers Pelops bewohnen, unterwerfen, werden wir das persische Land an die Grenzen des Himmels des Zeus stoßen lassen. (2) Die Sonne wird nämlich auf kein Land herabschauen, das an das unsere angrenzt, vielmehr werde ich alle mit euch zusammen zu einem einzigen Land machen, wenn ich erst durch ganz Europa gezogen bin. (3) Ich höre nämlich, dass es sich folgendermaßen verhält: Es bleibt weder eine Stadt von Männern noch ein Volk von Menschen übrig, das in der Lage sein wird, sich uns im Kampf zu stellen, wenn wir diejenigen, die ich genannt habe, beseitigt haben. So werden sowohl jene, die sich uns gegenüber schuldig gemacht haben, als auch jene, die unschuldig sind, das Joch der Knechtschaft erleiden. (δ) (1) Ihr aber dürftet mir einen Gefallen erweisen, wenn ihr folgendes tut: Sobald ich zu dem Zeitpunkt, an dem ihr kommen sollt, ein Zeichen gebe, wird sich jeder von euch bereitwillig einfinden müssen. Wer mit dem am besten gerüsteten Heer kommt, der wird von mir Geschenke erhalten, die bei uns für die wertvollsten gelten. (2) Das ist also nun zu tun. Damit ihr aber nicht den Eindruck gewinnt, dass ich eigenmächtig Beschlüsse fasse, bringe ich diese Sache vor euch vor, wobei ich jeden von euch, der will, auffordere seine Meinung zu sagen.« Mit diesen Worten schloss er.

9 (1) Nach ihm ergriff Mardonios[14] das Wort: »Herr, du bist nicht nur der Tüchtigste der Perser, die es je gegeben hat, sondern auch derer, die es künftig geben wird, der du alles andere in deiner Rede sehr trefflich und sehr wahr vorgebracht hast und auch nicht zulassen willst, dass die Ionier, die in Europa wohnen, uns verspotten, die doch kein Recht dazu haben. (2) Es dürfte ja eine schlimme Sache sein, wenn wir die Saken, die Inder, die Aithiopier, die Assyrer und viele andere große Völker, die den Persern kein Unrecht getan haben, unterwerfen und als Sklaven hätten, nur weil wir Macht gewinnen wollten, an den

ἔχομεν, Ἕλληνας δὲ ὑπάρξαντας ἀδικίης οὐ τιμωρησόμεθα· (α) (1) τί δείσαντες; κοίην πλήθεος συστροφήν; κοίην δὲ χρημάτων δύναμιν; τῶν ἐπιστάμεθα μὲν τὴν μάχην, ἐπιστάμεθα δὲ τὴν δύναμιν ἐοῦσαν ἀσθενέα· ἔχομεν δὲ αὐτῶν παῖδας καταστρεψάμενοι, τούτους οἳ ἐν τῇ ἡμετέρῃ κατοικημένοι Ἴωνές τε καὶ Αἰολέες καὶ Δωριέες καλέονται. (2) ἐπειρήθην δὲ καὶ αὐτὸς ἤδη ἐπελαύνων ἐπὶ τοὺς ἄνδρας τούτους ὑπὸ πατρὸς τοῦ σοῦ κελευσθείς, καί μοι μέχρι Μακεδονίης ἐλάσαντι καὶ ὀλίγον ἀπολιπόντι ἐς αὐτὰς Ἀθήνας ἀπικέσθαι οὐδεὶς ἠντιώθη ἐς μάχην. (β) (1) καίτοι γε ἐώθασι Ἕλληνες, ὡς πυνθάνομαι, ἀβουλότατα πολέμους ἵστασθαι ὑπό τε ἀγνωμοσύνης καὶ σκαιότητος. ἐπεὰν γὰρ ἀλλήλοισι πόλεμον προείπωσι, ἐξευρόντες τὸ κάλλιστον χωρίον καὶ λειότατον, ἐς τοῦτο κατιόντες μάχονται, ὥστε σὺν κακῷ μεγάλῳ οἱ νικῶντες ἀπαλλάσσονται· περὶ δὲ τῶν ἑσσουμένων οὐδὲ λέγω ἀρχήν· ἐξώλεες γὰρ δὴ γίνονται· (2) τοὺς χρῆν ἐόντας ὁμογλώσσους κήρυξί τε διαχρεωμένους καὶ ἀγγέλοισι καταλαμβάνειν τὰς διαφορὰς καὶ παντὶ μᾶλλον ἢ μάχῃσι· εἰ δὲ πάντως ἔδεε πολεμέειν πρὸς ἀλλήλους, ἐξευρίσκειν χρῆν τῇ ἑκάτεροι εἰσὶ δυσχειρωτότατοι καὶ ταύτῃ πειρᾶν. τρόπῳ τοίνυν οὐ χρηστῷ Ἕλληνες διαχρεώμενοι, ἐμέο ἐλάσαντος μέχρι Μακεδονίης γῆς, οὐκ ἦλθον ἐς τούτου λόγον ὥστε μάχεσθαι. (γ) σοὶ δὲ δὴ μέλλει τίς ὦ βασιλεῦ ἀντιώσεσθαι πόλεμον προφέρων, ἄγοντι καὶ πλῆθος τὸ ἐκ τῆς Ἀσίης καὶ νέας τὰς ἁπάσας; ὡς μὲν ἐγὼ δοκέω, οὐκ ἐς τοῦτο θράσεος ἀνήκει τὰ Ἑλλήνων πρήγματα· εἰ δὲ ἄρα ἔγωγε ψευσθείην γνώμῃ καὶ ἐκεῖνοι ἐπαερθέντες ἀβουλίῃ ἔλθοιεν ἡμῖν ἐς μάχην, μάθοιεν ἂν ὡς εἰμὲν ἀνθρώπων ἄριστοι τὰ

Griechen aber nicht Rache nähmen, obwohl sie mit dem Unrecht angefangen haben. (α) (1) Wovor haben wir Angst? Vor welchem Massenaufgebot? Vor welcher Geldmacht? Wir kennen doch ihre Kampfweise, wir wissen, dass ihre Streitmacht schwach ist. Wir haben ihre Abkömmlinge unterworfen, die, in unserem Lande wohnend, Ionier, Aioler und Dorer genannt werden. (2) Auch ich selbst habe schon meine Erfahrung mit ihnen gemacht, als ich auf Geheiß deines Vaters gegen diese Männer zog und niemand sich mir zum Kampf gestellt hat, als ich bis Makedonien gezogen war und beinahe nach Athen gekommen wäre. (β) (1) Die Griechen freilich sind es gewohnt, wie ich erfahre, aus Unwissenheit und Dummheit völlig unüberlegt Kriege zu beginnen. Immer nämlich, wenn sie einander den Krieg erklären, finden sie den schönsten und ebensten Platz, ziehen dorthin und kämpfen dort, so dass die Sieger mit großem Verlust abziehen. Über die aber, die eine Niederlage erleiden, will ich erst gar nicht sprechen. Sie werden nämlich völlig zugrunde gerichtet. (2) Da sie ja die gleiche Sprache sprechen, müssten sie mit Hilfe von Herolden und Boten ihre Streitigkeiten beilegen und zwar auf jedem anderen Wege eher als mit Kämpfen. Wenn sie aber tatsächlich gegeneinander kämpfen müssen, dann sollten sie herausfinden, wo beide am schwierigsten zu besiegen seien und sollten sich dort versuchen. Während die Griechen also so ungeschickt vorgehen, dachten sie nicht einmal daran zu kämpfen, als ich bis nach Makedonien gezogen war. (γ) Wer wird sich dir also, König, im Kampf entgegenstellen, der du die gesamte Streitmacht und alle Schiffe aus Asien mit dir führst? Wie mir scheint, wagt die Macht der Griechen nicht so viel Kühnheit. Wenn ich mich freilich in meiner Meinung täuschen sollte und jene aus Unüberlegtheit mit uns in einen Kampf treten sollten, dann dürften sie erfahren, dass wir in Kriegsangelegenheiten die besten unter den Menschen sind. Nichts soll also unver-

πολέμια. ἔστω δ' ὦν μηδὲν ἀπείρητον· αὐτόματον γὰρ οὐδέν, ἀλλ' ἀπὸ πείρης πάντα ἀνθρώποισι φιλέει γίνεσθαι.»

10 (1) Μαρδόνιος μὲν τοσαῦτα ἐπιλεήνας τὴν Ξέρξεω γνώμην ἐπέπαυτο· σιωπώντων δὲ τῶν ἄλλων Περσέων καὶ οὐ τολμώντων γνώμην ἀποδείκνυσθαι ἀντίην τῇ προκειμένῃ, Ἀρτάβανος ὁ Ὑστάσπεος, πάτρως ἐὼν Ξέρξῃ, τῷ δὴ καὶ πίσυνος ἐὼν ἔλεγε τάδε. (α) (1) «ὦ βασιλεῦ, μὴ λεχθεισέων μὲν γνωμέων ἀντιέων ἀλλήλῃσι οὐκ ἔστι τὴν ἀμείνω αἱρεόμενον ἑλέσθαι, ἀλλὰ δεῖ τῇ εἰρημένῃ χρᾶσθαι, λεχθεισέων δὲ ἔστι, ὥσπερ τὸν χρυσὸν τὸν ἀκήρατον αὐτὸν μὲν ἐπ' ἑωυτοῦ οὐ διαγινώσκομεν, ἐπεὰν δὲ παρατρίψωμεν ἄλλῳ χρυσῷ, διαγινώσκομεν τὸν ἀμείνω. (2) ἐγὼ δὲ καὶ πατρὶ τῷ σῷ, ἀδελφεῷ δὲ ἐμῷ Δαρείῳ ἠγόρευον μὴ στρατεύεσθαι ἐπὶ Σκύθας, ἄνδρας οὐδαμόθι γῆς ἄστυ νέμοντας. ὁ δὲ ἐλπίζων Σκύθας τοὺς νομάδας καταστρέψεσθαι ἐμοί τε οὐκ ἐπείθετο, στρατευσάμενός τε πολλοὺς καὶ ἀγαθοὺς τῆς στρατιῆς ἀποβαλὼν ἀπῆλθε. (3) σὺ δὲ ὦ βασιλεῦ μέλλεις ἐπ' ἄνδρας στρατεύεσθαι πολλὸν ἀμείνονας ἢ Σκύθας, οἳ κατὰ θάλασσάν τε ἄριστοι καὶ κατὰ γῆν λέγονται εἶναι. τὸ δὲ αὐτοῖσι ἔνεστι δεινόν, ἐμὲ σοὶ δίκαιον ἐστὶ φράζειν. (β) (1) ζεύξας φῄς τὸν Ἑλλήσποντον ἐλᾶν στρατὸν διὰ τῆς Εὐρώπης ἐς τὴν Ἑλλάδα. καὶ δὴ καὶ συνήνεικέ σε ἤτοι κατὰ γῆν ἢ καὶ κατὰ θάλασσαν ἑσσωθῆναι, ἢ καὶ κατ' ἀμφότερα· οἱ γὰρ ἄνδρες λέγονται εἶναι ἄλκιμοι, πάρεστι δὲ καὶ σταθμώσασθαι, εἰ στρατιήν γε τοσαύτην σὺν Δάτι καὶ Ἀρταφρένεϊ ἐλθοῦσαν ἐς τὴν Ἀττικὴν χώρην μοῦνοι Ἀθηναῖοι διέφθειραν. (2) οὔκων

sucht bleiben. Von selbst nämlich geschieht nichts, sondern nur aus dem Wagnis pflegt den Menschen alles zuteil zu werden.«

10 (1) Nachdem Mardonios mit glatten Worten den Vorschlag des Xerxes so noch annehmbarer gemacht hatte, hielt er inne. Während alle anderen Perser schwiegen und nicht wagten, dem vorgebrachten Vorschlag einen eigenen entgegenzuhalten, sagte Artabanos, der Sohn des Hystaspes, der ein Onkel des Xerxes war,[15] im Vertrauen eben darauf folgendes: (α) (1) »König, wenn nicht einander widersprechende Meinungen vorgebracht werden, ist es nicht möglich, sich bei einer Wahl für die bessere zu entscheiden, sondern man muss die, die vorgetragen wurde, annehmen. Werden aber verschiedene geäußert, so ist dies möglich, wie wir ja auch reines Gold für sich genommen nicht erkennen, wenn wir es aber an anderem Gold reiben, das bessere erkennen. (2) Ich meinerseits riet auch deinem Vater, meinem Bruder Dareios, immer wieder davon ab, einen Feldzug gegen die Skythen zu unternehmen, gegen Männer, die nirgendwo auf der Welt eine Stadt bewohnen. Er aber, in der Hoffnung, die nomadischen Skythen unterwerfen zu können, befolgte meinen Rat nicht, unternahm einen Feldzug und kehrte zurück, nachdem er viele tapfere Männer seines Heeres verloren hatte. (3) Du aber, König, willst gegen Männer in den Krieg ziehen, die weit tapferer sind als die Skythen, die zu Wasser und zu Lande die Besten sein sollen. Was dabei zu befürchten ist, muss ich dir wohl mitteilen. (β) (1) Du sagst, dass du den Hellespont überbrücken und dann das Heer durch Europa gegen Griechenland führen wirst. Es ist allerdings schon vorgekommen, dass einer zu Wasser oder zu Lande oder auch in beiden Fällen besiegt wurde. Von ihren Männern sagt man, sie seien mutig, man kann dies aber auch daraus ersehen, dass die Athener allein ein so großes Heer, das mit Datis und Artaphrenes nach Attika gekommen war, vernichtet haben. (2) In beiden Fällen

ἀμφοτέρῃ σφι ἐχώρησε. ἀλλ' ἢν τῇσι νηυσὶ ἐμβάλωσι καὶ νικήσαντες ναυμαχίῃ πλέωσι ἐς τὸν Ἑλλήσποντον καὶ ἔπειτα λύσωσι τὴν γέφυραν, τοῦτο δὴ βασιλεῦ γίνεται δεινόν. (γ) (1) ἐγὼ δὲ οὐδεμιῇ σοφίῃ οἰκηίῃ αὐτὸς ταῦτα συμβάλλομαι, ἀλλ' οἷον κοτὲ ἡμέας ὀλίγου ἐδέησε καταλαβεῖν πάθος, ὅτε πατὴρ σὸς ζεύξας Βόσπορον τὸν Θρηίκιον, γεφυρώσας δὲ ποταμὸν Ἴστρον διέβη ἐπὶ Σκύθας. τότε παντοῖοι ἐγένοντο Σκύθαι δεόμενοι Ἰώνων λῦσαι τὸν πόρον, τοῖσι ἐπετέτραπτο ἡ φυλακὴ τῶν γεφυρέων τοῦ Ἴστρου. (2) καὶ τότε γε Ἱστιαῖος ὁ Μιλήτου τύραννος εἰ ἐπέσπετο τῶν ἄλλων τυράννων τῇ γνώμῃ μηδὲ ἠναντιώθη, διέργαστο ἂν τὰ Περσέων πρήγματα. καίτοι καὶ λόγῳ ἀκοῦσαι δεινόν, ἐπ' ἀνδρί γε ἑνὶ πάντα τὰ βασιλέος πρήγματα γεγενῆσθαι. (δ) (1) σὺ ὦν μὴ βούλευ ἐς κίνδυνον μηδένα τοιοῦτον ἀπικέσθαι μηδεμιῆς ἀνάγκης ἐούσης, ἀλλὰ ἐμοὶ πείθευ. νῦν μὲν τὸν σύλλογον τόνδε διάλυσον· αὖτις δέ, ὅταν τοι δοκέῃ, προσκεψάμενος ἐπὶ σεωυτοῦ προαγόρευε τά τοι δοκέει εἶναι ἄριστα. (2) τὸ γὰρ εὖ βουλεύεσθαι κέρδος μέγιστον εὑρίσκω ἐόν· εἰ γὰρ καὶ ἐναντιωθῆναί τι θέλει, βεβούλευται μὲν οὐδὲν ἧσσον εὖ, ἕσσωται δὲ ὑπὸ τῆς τύχης τὸ βούλευμα· ὁ δὲ βουλευσάμενος αἰσχρῶς, εἴ οἱ ἡ τύχη ἐπίσποιτο, εὕρημα εὕρηκε, ἧσσον δὲ οὐδέν οἱ κακῶς βεβούλευται. (ε) ὁρᾷς τὰ ὑπερέχοντα ζῷα ὡς κεραυνοῖ ὁ θεὸς οὐδὲ ἐᾷ φαντάζεσθαι, τὰ δὲ σμικρὰ οὐδέν μιν κνίζει· ὁρᾷς δὲ ὡς ἐς οἰκήματα τὰ μέγιστα αἰεὶ καὶ δένδρεα τὰ τοιαῦτα ἀποσκήπτει τὰ βέλεα· φιλέει γὰρ ὁ θεὸς τὰ ὑπερέχοντα πάντα κολούειν. οὕτω δὲ καὶ στρατὸς πολλὸς ὑπὸ ὀλίγου διαφθείρεται κατὰ τοιόνδε· ἐπεάν σφι ὁ θεὸς φθονήσας φόβον ἐμβάλῃ ἢ βροντήν, δι' ὧν ἐφθά-

ist es ihnen allerdings nicht gelungen. Wenn sie aber ihre Schiffe besteigen und nach einem Seesieg zum Hellespont fahren und die Brücke zerstören, dann ist dies, König, fürchterlich. (γ) (1) Ich reime mir dies freilich nicht nach eigenem Gutdünken zusammen, sondern wenig hätte gefehlt, dass wir einst solch ein Unglück erfahren hätten, als dein Vater den thrakischen Bosporus überbrückt und den Istros überschritten hatte und gegen die Skythen zog. Damals versuchten die Skythen auf allerlei Weise, die Ionier, die mit der Bewachung der Brücke über den Istros beauftragt waren, zu bereden, die Brücke zu zerstören. (2) Wenn Histiaios, der Tyrann von Milet,[16] sich damals der Meinung der anderen Tyrannen angeschlossen und sich nicht widersetzt hätte, wäre die Sache der Perser verloren gewesen. Doch auch nur im Wort zu vernehmen, dass das ganze Schicksal des Königs von einem einzigen Mann abhing, ist schlimm. (δ) (1) Sei du also nicht gewillt, dich ohne Not in eine solche Gefahr zu begeben, sondern gehorche mir. Löse diese Versammlung jetzt auf. Dann wiederum, wenn es dir gut scheint, gib nach reiflicher eigener Überlegung das bekannt, was deiner Meinung nach das Beste ist. (2) Sich gut zu beraten, ist, wie ich finde, der größte Gewinn. Wenn nämlich etwas Widriges geschehen sollte, heißt dies keineswegs, weniger gut beraten zu sein, vielmehr ist der Rat dem Schicksal unterlegen. Wer sich aber schlecht beraten hat, der hat, wenn ihm Erfolg beschieden ist, Glück gehabt, ist aber trotzdem keineswegs weniger schlecht beraten gewesen. (ε) Du siehst ja, wie Gott mit seinem Blitz die hervorragenden Lebewesen trifft und nicht zulässt, dass sie sich überheben, die kleinen aber reizen ihn nicht. Du siehst auch, wie er seine Geschosse immer auf die höchsten Häuser und eben solche Bäume schleudert. Gott pflegt nämlich alles Überragende klein zu machen. So wird auch ein großes Heer von einem kleinen auf folgende Weise vernichtet: Dann nämlich, wenn Gott aus Missgunst den Kriegern Furcht einflößt

ρησαν ἀναξίως ἑωυτῶν. οὐ γὰρ ἐᾷ φρονέειν μέγα ὁ θεὸς ἄλλον ἢ ἑωυτόν. (ζ) «ἐπειχθῆναι μέν νυν πᾶν πρῆγμα τίκτει σφάλματα, ἐκ τῶν ζημίαι μεγάλαι φιλέουσι γίνεσθαι· ἐν δὲ τῷ ἐπισχεῖν ἔνεστι ἀγαθά, εἰ μὴ παραυτίκα δοκέοντα εἶναι, ἀλλ᾽ ἀνὰ χρόνον ἐξεύροι τις ἄν. (η) (1) σοὶ μὲν δὴ ταῦτα ὦ βασιλεῦ συμβουλεύω· σὺ δέ, ὦ παῖ Γοβρύεω Μαρδόνιε, παῦσαι λέγων λόγους ματαίους περὶ Ἑλλήνων οὐκ ἐόντων ἀξίων φλαύρως ἀκούειν. Ἕλληνας γὰρ διαβάλλων ἐπαείρεις αὐτὸν βασιλέα στρατεύεσθαι· αὐτοῦ δὲ τούτου εἵνεκα δοκέεις μοι πᾶσαν προθυμίην ἐκτείνειν. μή νυν οὕτω γένηται. (2) διαβολὴ γὰρ ἐστὶ δεινότατον· ἐν τῇ δύο μὲν εἰσὶ οἱ ἀδικέοντες, εἷς δὲ ὁ ἀδικεόμενος. ὁ μὲν γὰρ διαβάλλων ἀδικέει οὐ παρεόντι κατηγορέων, ὁ δὲ ἀδικέει ἀναπειθόμενος πρὶν ἢ ἀτρεκέως ἐκμάθῃ· ὁ δὲ δὴ ἀπεὼν τοῦ λόγου τάδε ἐν αὐτοῖσι ἀδικέεται, διαβληθείς τε ὑπὸ τοῦ ἑτέρου καὶ νομισθεὶς πρὸς τοῦ ἑτέρου κακὸς εἶναι. (θ) (1) ἀλλ᾽ εἰ δὴ δεῖ γε πάντως ἐπὶ τοὺς ἄνδρας τούτους στρατεύεσθαι, φέρε, βασιλεὺς μὲν αὐτὸς ἐν ἤθεσι τοῖσι Περσέων μενέτω, ἡμέων δὲ ἀμφοτέρων παραβαλλομένων τὰ τέκνα, στρατηλάτεε αὐτὸς σὺ ἐπιλεξάμενός τε ἄνδρας τοὺς ἐθέλεις καὶ λαβὼν στρατιὴν ὁκόσην τινὰ βούλεαι. (2) καὶ ἢν μὲν τῇ σὺ λέγεις ἀναβαίνῃ βασιλέι τὰ πρήγματα, κτεινέσθων οἱ ἐμοὶ παῖδες, πρὸς δὲ αὐτοῖσι καὶ ἐγώ· ἢν δὲ τῇ ἐγὼ προλέγω, οἱ σοὶ ταῦτα πασχόντων, σὺν δέ σφι καὶ σύ, ἢν ἀπονοστήσῃς. (3) εἰ δὲ ταῦτα μὲν ὑποδύνειν οὐκ ἐθελήσεις, σὺ δὲ πάντως στράτευμα ἀνάξεις ἐπὶ τὴν Ἑλλά-

oder es donnern lässt, werden sie auf eine Art und Weise vernichtet, die ihrer unwürdig ist. Gott lässt nämlich nicht zu, dass ein anderer als er stolz ist. (ζ) Bei jeder Angelegenheit führt Übereilung zu Täuschungen, die gewöhnlich große Schäden zur Folge haben. Innezuhalten bringt Vorteile, selbst wenn es zunächst nicht so scheint, aber mit der Zeit dürfte man es herausfinden. (η) (1) Dir, König, gebe ich nun diesen Rat. Du aber, Mardonios, Sohn des Gobryas, höre auf, falsche Aussagen über die Griechen zu machen, die es nicht verdienen, einen schlechten Ruf zu haben. Dadurch nämlich, dass du die Griechen verleumdest, treibst du den König selbst dazu an, einen Feldzug zu unternehmen. Eben darauf scheinst du mir mit allem Eifer hinzuarbeiten. Das soll nun nicht geschehen. (2) Verleumdung ist nämlich das Schlimmste, denn zwei sind es hierbei, die Unrecht tun, einer aber, dem Unrecht geschieht. Der, der verleumdet, tut Unrecht, dadurch, dass er über einen nicht Anwesenden schlecht redet, der andere aber tut Unrecht, dadurch dass er es glaubt, bevor er Genaues erfahren hat. Der dritte aber, der bei den Aussagen nicht anwesend ist, erfährt dabei insofern Unrecht, weil er von dem einen verleumdet wird und von dem anderen für schlecht gehalten wird. (θ) (1) Wenn es wirklich nötig ist, gegen diese Menschen einen Feldzug zu unternehmen, nun gut, dann soll der König selbst im Land der Perser bleiben, wir beide aber wollen unsere Kinder als Pfand geben. Wähle du so viele Männer aus, wie du haben willst, und biete ein so großes Heer auf, wie du willst, und ziehe dann selbst in den Krieg. (2) Wenn die Sache für den König so gut verläuft, wie du sagst, dann sollen meine Kinder getötet werden und ich selbst auch. Wenn aber so, wie ich vorhersage, dann sollen deine Kinder dies erleiden und mit ihnen auch du, falls du überhaupt zurückkehrst. (3) Wenn du dich diesem nicht beugen willst, sondern auf jeden Fall ein Heer gegen Griechenland führen willst, dann wird, so

δα, ἀκούσεσθαι τινὰ φημὶ τῶν αὐτοῦ τῇδε ὑπολειπομένων Μαρδόνιον, μέγα τι κακὸν ἐξεργασάμενον Πέρσας, ὑπὸ κυνῶν τε καὶ ὀρνίθων διαφορεύμενον ἤ κου ἐν γῇ τῇ Ἀθηναίων ἢ σέ γε ἐν τῇ Λακεδαιμονίων, εἰ μὴ ἄρα καὶ πρότερον κατ' ὁδόν, γνόντα ἐπ' οἵους ἄνδρας ἀναγινώσκεις στρατεύεσθαι βασιλέα.»

11 (1) Ἀρτάβανος μὲν ταῦτα ἔλεξε, Ξέρξης δὲ θυμωθεὶς ἀμείβεται τοῖσιδε. «Ἀρτάβανε, πατρὸς εἶς τοῦ ἐμοῦ ἀδελφεός· τοῦτό σε ῥύσεται μηδένα ἄξιον μισθὸν λαβεῖν ἐπέων ματαίων. καί τοι ταύτην τὴν ἀτιμίην προστίθημι ἐόντι κακῷ καὶ ἀθύμῳ, μήτε συστρατεύεσθαι ἔμοιγε ἐπὶ τὴν Ἑλλάδα αὐτοῦ τε μένειν ἅμα τῇσι γυναιξί· ἐγὼ δὲ καὶ ἄνευ σέο ὅσα περ εἶπα ἐπιτελέα ποιήσω. (2) μὴ γὰρ εἴην ἐκ Δαρείου τοῦ Ὑστάσπεος τοῦ Ἀρσάμεος τοῦ Ἀριαράμνεω τοῦ Τεΐσπεος τοῦ Κύρου τοῦ Καμβύσεω τοῦ Τεΐσπεος τοῦ Ἀχαιμένεος γεγονώς, μὴ τιμωρησάμενος Ἀθηναίους, εὖ ἐπιστάμενος ὅτι εἰ ἡμεῖς ἡσυχίην ἄξομεν, ἀλλ' οὐκ ἐκεῖνοι, ἀλλὰ καὶ μάλα στρατεύσονται ἐπὶ τὴν ἡμετέρην, εἰ χρὴ σταθμώσασθαι τοῖσι ὑπαργμένοισι ἐξ ἐκείνων, οἳ Σάρδις τε ἐνέπρησαν καὶ ἤλασαν ἐς τὴν Ἀσίην. (3) οὔκων ἐξαναχωρέειν οὐδετέροισι δυνατῶς ἔχει, ἀλλὰ ποιέειν ἢ παθεῖν πρόκειται ἀγών, ἵνα ἢ τάδε πάντα ὑπὸ Ἕλλησι ἢ ἐκεῖνα πάντα ὑπὸ Πέρσῃσι γένηται· τὸ γὰρ μέσον οὐδὲν τῆς ἔχθρης ἐστί. (4) καλὸν ὦν προπεπονθότας ἡμέας τιμωρέειν ἤδη γίνεται, ἵνα καὶ τὸ δεινὸν τὸ πείσομαι τοῦτο μάθω, ἐλάσας ἐπ' ἄνδρας τούτους, τούς γε καὶ Πέλοψ ὁ Φρύξ, ἐὼν πατέρων τῶν ἐμῶν δοῦλος, κατεστρέψατο οὕτω ὡς

behaupte ich, von denen, die hier bleiben, vernommen werden, dass ein gewisser Mardonios, der den Persern großes Unheil gebracht hat, von Hunden und Vögeln, sei es im Lande der Athener oder im Land der Lakedaimonier, zerrissen wird, wenn nicht schon vorher unterwegs, nachdem du erkannt hast, gegen welche Männer du den König überredet hast einen Kriegszug zu unternehmen.«

11 (1) Artabanos sagte dies, Xerxes aber erwiderte voller Zorn: »Artabanos, du bist der Bruder meines Vaters. Dies wird dich davor bewahren, für falsche Worte den Lohn zu erhalten, den du verdienst. Ich werde dir jedoch, der du schlecht und feige bist, die Schande bereiten, nicht mit mir zusammen gegen Griechenland zu ziehen, sondern hier bei den Frauen zu bleiben. Ich aber werde auch ohne dich zu Ende bringen, was ich angekündigt habe. (2) Nicht will ich der Sohn des Dareios, des Sohnes des Hystaspes, des Sohnes des Arsames, des Sohnes des Ariaramnes, des Sohnes des Teispes, des Sohnes des Kyros, des Sohnes des Kambyses, des Sohnes des Teispes, des Sohnes des Achaimenes sein, wenn ich an den Athenern nicht Rache nehme, wohl wissend, dass, wenn wir Frieden wahren, sie dies nicht tun werden, sondern erst recht gegen unser Land ziehen werden, wenn man nach dem urteilen muss, was jene unternommen haben, die Sardes in Brand gesteckt haben und nach Asien gezogen sind. (3) Für keine Seite ist es also möglich zurückzuweichen, vielmehr geht es darum entweder zu handeln oder zu erleiden, damit entweder all dies hier unter die Herrschaft der Griechen oder all jenes unter die Herrschaft der Perser kommt, denn ein Mittelding gibt es nicht bei unserer Feindschaft. (4) Es ist also gut für uns, die wir bereits früher Leid erfahren haben, Rache zu nehmen, damit auch ich die Gefahr kennenlerne, die ich erfahren werde, wenn ich gegen diese Männer ziehe, die der Phryger Pelops, ein Sklave unserer Väter, so sehr unterworfen hat, dass heute

καὶ ἐς τόδε αὐτοί τε ὤνθρωποι καὶ ἡ γῆ αὐτῶν ἐπώνυμοι τοῦ καταστρεψαμένου καλέονται.»

12 (1) ταῦτα μὲν ἐπὶ τοσοῦτο ἐλέγετο. μετὰ δὲ εὐφρόνη τε ἐγίνετο καὶ Ξέρξην ἔκνιζε ἡ Ἀρταβάνου γνώμη· νυκτὶ δὲ βουλὴν διδοὺς πάγχυ εὕρισκέ οἱ οὐ πρῆγμα εἶναι στρατεύεσθαι ἐπὶ τὴν Ἑλλάδα. δεδογμένων δέ οἱ αὖτις τούτων κατύπνωσε, καὶ δή κου ἐν τῇ νυκτὶ εἶδε ὄψιν τοιήνδε, ὡς λέγεται ὑπὸ Περσέων· ἐδόκεε ὁ Ξέρξης ἄνδρα οἱ ἐπιστάντα μέγαν τε καὶ εὐειδέα εἰπεῖν (2) «μετὰ δὴ βουλεύεαι, ὦ Πέρσα, στράτευμα μὴ ἄγειν ἐπὶ τὴν Ἑλλάδα, προείπας ἁλίζειν Πέρσας στρατόν; οὔτε ὦν μεταβουλευόμενος ποιέεις εὖ οὔτε ὁ συγγνωσόμενός τοι πάρα· ἀλλ᾽ ὥσπερ τῆς ἡμέρης ἐβουλεύσαο ποιέειν, ταύτην ἴθι τῶν ὁδῶν.»

13 (1) τὸν μὲν ταῦτα εἰπόντα ἐδόκεε ὁ Ξέρξης ἀποπτάσθαι, ἡμέρης δὲ ἐπιλαμψάσης ὀνείρου μὲν τούτου λόγον οὐδένα ἐποιέετο, ὁ δὲ Περσέων συναλίσας τοὺς καὶ πρότερον συνέλεξε, ἔλεξέ σφι τάδε. (2) «ἄνδρες Πέρσαι, συγγνώμην μοι ἔχετε ὅτι ἀγχίστροφα βουλεύομαι· φρενῶν τε γὰρ ἐς τὰ ἐμεωυτοῦ πρῶτα οὔκω ἀνήκω, καὶ οἱ παρηγορεόμενοι ἐκεῖνα ποιέειν οὐδένα χρόνον μευ ἀπέχονται. ἀκούσαντι μέντοι μοι τῆς Ἀρταβάνου γνώμης παραυτίκα μὲν ἡ νεότης ἐπέζεσε, ὥστε ἀεικέστερα ἀπορρῖψαι ἔπεα ἐς ἄνδρα πρεσβύτερον ἢ χρεόν· νῦν μέντοι συγγνοὺς χρήσομαι τῇ ἐκείνου γνώμῃ. (3) ὡς ὦν μεταδεδογμένον μοι μὴ στρατεύεσθαι ἐπὶ τὴν Ἑλλάδα, ἥσυχοι ἔστε.» Πέρσαι μὲν ὡς ἤκουσαν ταῦτα, κεχαρηκότες προσεκύνεον.

14 (1) νυκτὸς δὲ γενομένης αὖτις τὠυτὸ ὄνειρον τῷ Ξέρξῃ κατυπνωμένῳ ἔλεγε ἐπιστὰν «ὦ παῖ Δαρείου, καὶ

noch die Menschen selbst und ihr Land nach dem Mann benannt werden, der sie unterworfen hat.«[17]

12 (1) Das wurde also so weit besprochen, dann brach die Nacht herein und die Meinung des Artabanos quälte Xerxes. Als er während der Nacht viel nachdachte, hielt er es nicht für vorteilhaft, gegen Griechenland in den Krieg zu ziehen. Nachdem er es nun wieder so beschlossen hatte, schlief er ein und sah in der Nacht irgendwie folgendes Traumgesicht, so erzählen die Perser: Xerxes sah einen großen und gut aussehenden Mann, der zu ihm trat und sagte: (2) »Perser, du änderst nun deinen Beschluss dahingehend, das Heer nicht gegen Griechenland zu führen, nachdem du den Persern vorher befohlen hast, ein Heer zu versammeln. Du tust nicht gut daran, deinen Beschluss zu ändern und es gibt niemanden, der dir beistimmen wird. Wie du am Tage zu handeln beschlossen hast, diesen Weg gehe weiter.«

13 (1) Nach diesen Worten ist dieser, wie es Xerxes schien, davongeflogen. Als der Tag anbrach, schenkte er dem Traum keine Beachtung mehr, sondern rief diejenigen Perser, die er auch vorher schon versammelt hatte, zusammen und sprach zu ihnen: (2) »Perser, verzeiht mir, dass ich rasch wechselnd Beschlüsse fasse. Ich habe noch nicht die höchste Stufe meiner Weisheit erreicht und diejenigen, die mir raten, jenes zu tun, lassen zu keinem Zeitpunkt von mir ab. Nachdem ich die Meinung des Artabanos gehört hatte, brauste sofort meine Jugend in mir auf, so dass ich gegen einen älteren Mann hässlichere Worte schleuderte als erlaubt war. Jetzt aber stimme ich ihm zu und will mich seiner Meinung anschließen. (3) Da ich meinen Entschluss also geändert habe, nämlich nicht gegen Griechenland zu ziehen, bleibt also ruhig.« Sobald die Perser dies vernommen hatten, fielen sie ihm voller Freude zu Füßen.

14 Als es aber Nacht geworden war, trat, während Xerxes schlief, dasselbe Traumgesicht wieder an ihn heran

δὴ φαίνεαι ἐν Πέρσῃσί τε ἀπειπάμενος τὴν στρατηλασίην καὶ τὰ ἐμὰ ἔπεα ἐν οὐδενὶ ποιησάμενος λόγῳ ὡς παρ' οὐδενὸς ἀκούσας; εὖ νυν τόδ' ἴσθι· ἤν περ μὴ αὐτίκα στρατηλατέῃς, τάδε τοι ἐξ αὐτῶν ἀνασχήσει· ὡς καὶ μέγας καὶ πολλὸς ἐγένεο ἐν ὀλίγῳ χρόνῳ, οὕτω καὶ ταπεινὸς ὀπίσω κατὰ τάχος ἔσεαι.»

15 (1) Ξέρξης μὲν περιδεὴς γενόμενος τῇ ὄψι ἀνά τε ἔδραμε ἐκ τῆς κοίτης καὶ πέμπει ἄγγελον ἐπὶ Ἀρτάβανον καλέοντα· ἀπικομένῳ δέ οἱ ἔλεγε Ξέρξης τάδε. «Ἀρτάβανε, ἐγὼ τὸ παραυτίκα μὲν οὐκ ἐσωφρόνεον εἴπας ἐς σὲ μάταια ἔπεα χρηστῆς εἵνεκα συμβουλίης· (2) μετὰ μέντοι οὐ πολλὸν χρόνον μετέγνων, ἔγνων δὲ ταῦτα μοι ποιητέα ἐόντα τὰ σὺ ὑπεθήκαο. οὔκων δυνατός τοι εἰμὶ ταῦτα βουλόμενος ποιέειν· τετραμμένῳ γὰρ δὴ καὶ μετεγνωκότι ἐπιφοιτέον ὄνειρον φαντάζεταί μοι οὐδαμῶς συνεπαινέον ποιέειν με ταῦτα· νῦν δὲ καὶ διαπειλῆσαν οἴχεται. (3) εἰ ὦν θεός ἐστι ὁ ἐπιπέμπων καὶ οἱ πάντως ἐν ἡδονῇ ἐστι γενέσθαι στρατηλασίην ἐπὶ Ἑλλάδα, ἐπιπτήσεται καὶ σοὶ τὠυτὸ τοῦτο ὄνειρον, ὁμοίως καὶ ἐμοὶ ἐντελλόμενον. εὑρίσκω δὲ ὧδ' ἂν γινόμενα ταῦτα, εἰ λάβοις τὴν ἐμὴν σκευὴν πᾶσαν καὶ ἐνδὺς μετὰ τοῦτο ἵζοιο ἐς τὸν ἐμὸν θρόνον, καὶ ἔπειτα ἐν κοίτῃ τῇ ἐμῇ κατυπνώσειας.»

16 (1) Ξέρξης μὲν ταῦτά οἱ ἔλεγε· Ἀρτάβανος δὲ οὐ πρώτῳ κελεύσματι πειθόμενος, οἷα οὐκ ἀξιεύμενος ἐς τὸν βασιλήιον θρόνον ἵζεσθαι, τέλος ὡς ἠναγκάζετο εἴπας τάδε ἐποίεε τὸ κελευόμενον. (α) (1) «ἶσον ἐκεῖνο ὦ βασιλεῦ παρ' ἐμοὶ κέκριται, φρονέειν τε εὖ καὶ τῷ λέγοντι χρηστὰ ἐθέλειν πείθεσθαι· τά σε καὶ ἀμφότερα περιήκοντα ἀνθρώ-

und sagte: »Sohn des Dareios, du hast also wirklich ganz offen vor den Persern den Feldzug abgesagt und beachtest meine Worte offenbar nicht, als ob du sie von niemandem gehört hättest? Nun wisse dies genau: Wenn du den Feldzug nicht sofort unternimmst, wird sich folgendes für dich daraus ergeben: So groß und mächtig du in kurzer Zeit geworden bist, so gering wirst du bald wiederum sein.«

15 (1) Xerxes erschrak sehr über das Traumgesicht, sprang vom Lager auf und schickte einen Boten, um Artabanos zu sich zu rufen. Als er gekommen war, sagte Xerxes zu ihm: »Artabanos, ich war soeben nicht vernünftig, als ich wegen deines guten Rates dumme Worte gegen dich richtete. (2) Bald darauf habe ich jedoch meine Meinung geändert und erkannt, dass ich das tun müsste, was du vorgeschlagen hast. Dennoch bin ich nicht in der Lage, dies zu tun, so gern ich auch will, denn mir, der ich umgestimmt war und meinen Entschluss geändert hatte, erscheint ein Traumgesicht, das mich besucht und keineswegs gut heißt, dass ich so handle. Jetzt hat es mir sogar gedroht und ist dann verschwunden. (3) Wenn nun ein Gott es schickt und wenn ihm sehr daran gelegen ist, dass ein Feldzug gegen Griechenland stattfindet, wird dasselbe Traumgesicht auch zu dir fliegen und dir denselben Auftrag erteilen wie mir. Ich finde, dass dies so geschehen könnte, wenn du meinen gesamten Ornat nimmst, ihn dir anlegst, dich dann auf meinen Thron setzt und danach auf meinem Lager einschläfst.«

16 (1) Das sagte Xerxes zu ihm. Artabanos aber gehorchte dem ersten Befehl, der an ihn erging, nicht gleich, da er sich nicht für würdig hielt, auf dem Königsthron zu sitzen, tat aber schließlich doch gezwungenermaßen, was ihm befohlen worden war, nachdem er gesagt hatte: (α) (1) »König, beides gilt bei mir gleich viel, sowohl verständig zu sein als auch dem gehorchen zu wollen, der Vernünftiges äußert. Der Umgang mit schlechten Men-

πων κακῶν ὁμιλίαι σφάλλουσι, κατά περ τὴν πάντων χρησιμωτάτην ἀνθρώποισι θάλασσαν πνεύματα φασὶ ἀνέμων ἐμπίπτοντα οὐ περιορᾶν φύσι τῇ ἑωυτῆς χρᾶσθαι. (2) ἐμὲ δὲ ἀκούσαντα πρὸς σεῦ κακῶς οὐ τοσοῦτο ἔδακε λύπη ὅσον γνωμέων δύο προκειμενέων Πέρσῃσι, τῆς μὲν ὕβριν αὐξανούσης, τῆς δὲ καταπαυούσης καὶ λεγούσης ὡς κακὸν εἴη διδάσκειν τὴν ψυχὴν πλέον τι δίζησθαι αἰεὶ ἔχειν τοῦ παρεόντος, τοιουτέων προκειμενέων γνωμέων ὅτι τὴν σφαλερωτέρην σεωυτῷ τε καὶ Πέρσῃσι ἀναιρέο. (β) (1) νῦν ὦν, ἐπειδὴ τέτραψαι ἐπὶ τὴν ἀμείνω, φῄς τοι μετιέντι τὸν ἐπ' Ἕλληνας στόλον ἐπιφοιτᾶν ὄνειρον θεοῦ τινος πομπῇ, οὐκ ἐῶντά σε καταλύειν τὸν στόλον. (2) ἀλλ' οὐδὲ ταῦτα ἐστι, ὦ παῖ, θεῖα. ἐνύπνια γὰρ τὰ ἐς ἀνθρώπους πεπλανημένα τοιαῦτα ἐστὶ οἷά σε ἐγὼ διδάξω, ἔτεσι σεῦ πολλοῖσι πρεσβύτερος ἐών· πεπλανῆσθαι αὗται μάλιστα ἐώθασι αἱ ὄψιες τῶν ὀνειράτων, τά τις ἡμέρης φροντίζει. ἡμεῖς δὲ τὰς πρὸ τοῦ ἡμέρας ταύτην τὴν στρατηλασίην καὶ τὸ κάρτα εἴχομεν μετὰ χεῖρας. (γ) (1) εἰ δὲ ἄρα μή ἐστι τοῦτο τοιοῦτο οἷον ἐγὼ διαιρέω, ἀλλά τι τοῦ θείου μετέχον, σὺ πᾶν αὐτὸ συλλαβὼν εἴρηκας· φανήτω γὰρ δὴ καὶ ἐμοὶ ὡς καὶ σοὶ διακελευόμενον. φανῆναι δὲ οὐδὲν μᾶλλόν μοι ὀφείλει ἔχοντι τὴν ἐσθῆτα ἢ οὐ καὶ τὴν ἐμήν, οὐδέ τι μᾶλλον ἐν κοίτῃ τῇ σῇ ἀναπαυομένῳ ἢ οὐ καὶ ἐν τῇ ἐμῇ, εἴ πέρ γε καὶ ἄλλως ἐθέλει φανῆναι. (2) οὐ γὰρ δὴ ἐς τοσοῦτό γε εὐηθείης ἀνήκει τοῦτο, ὅ τι δή κοτε ἐστί, τὸ ἐπιφαινόμενόν τοι ἐν τῷ ὕπνῳ, ὥστε δόξει ἐμὲ ὁρῶν σὲ εἶναι, τῇ σῇ ἐσθῆτι τεκμαιρόμενον. εἰ δὲ ἐμὲ μὲν ἐν οὐδενὶ λόγῳ ποιήσεται οὐδὲ ἀξιώσει ἐπιφανῆναι, οὔτε ἢν τὴν ἐμὴν

schen macht dich, auf den beides zutrifft, schwankend, ganz so, wie man sagt, dass Winde auf das Meer, das den Menschen am allernützlichsten ist, fallen und es somit seine eigene Natur nicht entfalten lassen. (2) Mich hat, als ich von dir harte Worte hören musste, nicht so sehr der Kummer gequält als die Tatsache, dass in dem Augenblick, da den Persern zwei verschiedene Meinungen vorlagen – die eine, die die Hybris fördert, die andere aber, die diese unterdrückt und besagt, dass es ein Übel ist, die Seele zu lehren, immer mehr als das Vorhandene haben zu wollen –, dass du dich, da nun diese beiden Meinungen vorlagen, für diejenige Meinung entschieden hast, die für dich selbst sowie für die Perser die schädlichere ist. (β) (1) Jetzt aber, da du dich der besseren Meinung angeschlossen hast, sagst du, dass dir, der du vom Feldzug gegen Griechenland ablassen willst, auf Geheiß eines Gottes ein Traumgesicht erscheine, das nicht zulässt, dass du das Heer auflöst. (2) Dies ist aber nicht gottgewollt, mein Sohn. Träume, die zu den Menschen schweben, sind nämlich so, wie ich sie dir erklären werde, der ich um viele Jahre älter bin als du. Diese Traumgesichter pflegen am ehesten das zu umschweben, worum man sich untertags Gedanken macht. Wir aber waren nun die Tage vorher ganz besonders mit diesem Feldzug beschäftigt. (γ) (1) Ist es allerdings nicht so, wie ich es erkläre, sondern ist es etwas, das am Göttlichen teilhat, dann hast du selbst schon alles kurz zusammengefasst gesagt. Es soll nun aber auch mir so wie dir mit seiner Weisung erscheinen. Es muss mir ja in meiner Kleidung ebenso gut als wie in deiner erscheinen und auf meinem Lager ruhend ebenso wie auf deinem, wenn es überhaupt erscheinen will. (2) Was auch immer es nämlich ist, was dir im Schlaf erscheint, es ist nicht so töricht zu glauben, ich sei du, wenn es mich sieht, indem es dies nur aus deiner Kleidung schließt. Ob es mich aber nicht beachten wird und es nicht für wichtig halten wird, mir zu erscheinen, weder in meiner Kleidung

ἐσθῆτα ἔχω οὔτε ἣν τὴν σήν, οὐδὲ ἐπιφοιτήσει, τοῦτο ἤδη μαθητέον ἔσται. εἰ γὰρ δὴ ἐπιφοιτήσει γε συνεχέως, φαίην ἂν καὶ αὐτὸς θεῖον εἶναι. (3) εἰ δέ τοι οὕτω δεδόκηται γίνεσθαι καὶ οὐκ οἷά τε αὐτὸ παρατρέψαι, ἀλλ᾽ ἤδη δεῖ ἐμὲ ἐν κοίτῃ σῇ κατυπνῶσαι, φέρε, τούτων ἐξ ἐμεῦ ἐπιτελευμένων φανήτω καὶ ἐμοί. μέχρι δὲ τούτου τῇ παρεούσῃ γνώμῃ χρήσομαι.»

17 (1) τοσαῦτα εἴπας Ἀρτάβανος, ἐλπίζων Ξέρξην ἀποδέξειν λέγοντα οὐδέν, ἐποίεε τὸ κελευόμενον. ἐνδὺς δὲ τὴν Ξέρξεω ἐσθῆτα καὶ ἱζόμενος ἐς τὸν βασιλήιον θρόνον ὡς μετὰ ταῦτα κοῖτον ἐποιέετο, ἦλθέ οἱ κατυπνωμένῳ τὠυτὸ ὄνειρον τὸ καὶ παρὰ Ξέρξην ἐφοίτα, ὑπερστὰν δὲ τοῦ Ἀρταβάνου εἶπε· (2) «ἆρα σὺ δὴ κεῖνος εἷς ὁ ἀποσπεύδων Ξέρξην στρατεύεσθαι ἐπὶ τὴν Ἑλλάδα ὡς δὴ κηδόμενος αὐτοῦ; ἀλλ᾽ οὔτε ἐς τὸ μετέπειτα οὔτε ἐς τὸ παραυτίκα νῦν καταπροΐξεαι ἀποτρέπων τὸ χρεὸν γενέσθαι. Ξέρξην δὲ τὰ δεῖ ἀνηκουστέοντα παθεῖν, αὐτῷ ἐκείνῳ δεδήλωται.»

18 (1) ταῦτά τε ἐδόκεε Ἀρτάβανος τὸ ὄνειρον ἀπειλέειν καὶ θερμοῖσι σιδηρίοισι ἐκκαίειν αὐτοῦ μέλλειν τοὺς ὀφθαλμούς. καὶ ὃς ἀμβώσας μέγα ἀναθρώσκει, καὶ παριζόμενος Ξέρξῃ, ὡς τὴν ὄψιν οἱ τοῦ ἐνυπνίου διεξῆλθε ἀπηγεόμενος, δεύτερά οἱ λέγει τάδε. (2) «ἐγὼ μέν, ὦ βασιλεῦ, οἷα ἄνθρωπος ἰδὼν ἤδη πολλά τε καὶ μεγάλα πεσόντα πρήγματα ὑπὸ ἡσσόνων, οὐκ ἔων σε τὰ πάντα τῇ ἡλικίῃ εἴκειν, ἐπιστάμενος ὡς κακὸν εἴη τὸ πολλῶν ἐπιθυμέειν, μεμνημένος μὲν τὸν ἐπὶ Μασσαγέτας Κύρου στόλον ὡς ἔπρηξε, μεμνημένος δὲ καὶ τὸν ἐπ᾽ Αἰθίοπας τὸν Καμβύσεω, συστρατευόμενος δὲ καὶ Δαρείῳ ἐπὶ Σκύθας. (3) ἐπι-

noch in deiner, dir aber weiterhin erscheinen wird, das muss man nun erproben. Wenn es wirklich unablässig erscheinen wird, dann dürfte ich auch selbst zugeben, dass es etwas Göttliches ist. (3) Wenn du es aber nun einmal beschlossen hast, dass es so geschehen soll, und wenn es nicht möglich ist, es abzuwenden, sondern nötig ist, dass ich auf deinem Lager schlafe, nun gut, dann soll es auch mir erscheinen, wenn ich dies tue. Bis dahin bleibe ich aber bei meiner jetzigen Meinung.«

17 (1) So weit die Worte des Artabanos. Da er hoffte, nachweisen zu können, dass Xerxes Törichtes sagte, tat er, was ihm befohlen war. Er legte also die Kleidung des Xerxes an, setzte sich auf den Königsthron und, als er sich daraufhin zur Ruhe begab, erschien ihm im Schlaf dasselbe Traumgesicht, wie es auch zu Xerxes gekommen war, stellte sich zu Häupten des Artabanos und sagte: (2) »Du bist also jener, der Xerxes davon abbringen will, einen Feldzug gegen Griechenland zu unternehmen, als ob du dich um ihn sorgtest? Aber weder später noch jetzt wirst du ungestraft bleiben, wenn du versuchst zu verhindern, was geschehen muss. Was Xerxes erleiden muss, wenn er nicht gehorcht, ist ihm selbst schon geoffenbart worden.«

18 (1) Artabanos glaubte, dass das Traumgesicht ihm damit drohe und seine Augen mit heißem Eisen verbrennen wolle. Er schrie laut, sprang auf, setzte sich neben Xerxes und als er die Traumerscheinung ausführlich beschrieben hatte, sagte er ihm dann folgendes: (2) »König, ich, der ich in meinem Menschenleben gesehen habe, wie schon viele große Mächte von geringeren gestürzt wurden, habe nicht zugelassen, dass du deinem jugendlichen Drang in allem nachgibst, im Wissen, dass es ein Übel ist, viel haben zu wollen; denn ich erinnerte mich sowohl, wie der Feldzug des Kyros gegen die Massageten ausgegangen ist, als auch an den Feldzug des Kambyses gegen die Aithiopier, ich, der ich mit Dareios gegen die Skythen gezogen bin. (3) Weil ich dies wusste, glaubte ich, dass du

στάμενος ταῦτα γνώμην εἶχον ἀτρεμίζοντά σε μακαριστὸν εἶναι πρὸς πάντων ἀνθρώπων. ἐπεὶ δὲ δαιμονίη τις γίνεται ὁρμή, καὶ Ἕλληνας, ὡς οἶκε, καταλαμβάνει τις φθορὴ θεήλατος, ἐγὼ μὲν καὶ αὐτὸς τρέπομαι καὶ τὴν γνώμην μετατίθεμαι, σὺ δὲ σήμηνον μὲν Πέρσῃσι τὰ ἐκ τοῦ θεοῦ πεμπόμενα, χρᾶσθαι δὲ κέλευε τοῖσι ἐκ σέο πρώτοισι προειρημένοισι ἐς τὴν παρασκευήν, ποίεε δὲ οὕτω ὅκως τοῦ θεοῦ παραδιδόντος τῶν σῶν ἐνδεήσει μηδέν.» (4) τούτων δὲ λεχθέντων, ἐνθαῦτα ἐπαερθέντες τῇ ὄψι, ὡς ἡμέρη ἐγένετο τάχιστα, Ξέρξης τε ὑπερετίθετο ταῦτα Πέρσῃσι, καὶ Ἀρτάβανος, ὃς πρότερον ἀποσπεύδων μοῦνος ἐφαίνετο, τότε ἐπισπεύδων φανερὸς ἦν.

19 (1) ὁρμημένῳ δὲ Ξέρξῃ στρατηλατέειν μετὰ ταῦτα τρίτη ὄψις ἐν τῷ ὕπνῳ ἐγένετο, τὴν οἱ Μάγοι ἔκριναν ἀκούσαντες φέρειν τε ἐπὶ πᾶσαν γῆν δουλεύσειν τέ οἱ πάντας ἀνθρώπους. ἡ δὲ ὄψις ἦν ἥδε· ἐδόκεε ὁ Ξέρξης ἐστεφανῶσθαι ἐλαίης θαλλῷ, ἀπὸ δὲ τῆς ἐλαίης τοὺς κλάδους γῆν πᾶσαν ἐπισχεῖν, μετὰ δὲ ἀφανισθῆναι περὶ τῇ κεφαλῇ κείμενον τὸν στέφανον. (2) κρινάντων δὲ ταῦτα τῶν Μάγων, Περσέων τε τῶν συλλεχθέντων αὐτίκα πᾶς ἀνὴρ ἐς τὴν ἀρχὴν ἑωυτοῦ ἀπελάσας εἶχε προθυμίην πᾶσαν ἐπὶ τοῖσι εἰρημένοισι, θέλων αὐτὸς ἕκαστος τὰ προκείμενα δῶρα λαβεῖν, καὶ Ξέρξης τοῦ στρατοῦ οὕτω ἐπάγερσιν ποιέεται, χῶρον πάντα ἐρευνῶν τῆς ἠπείρου.

20 (1) ἀπὸ γὰρ Αἰγύπτου ἁλώσιος ἐπὶ μὲν τέσσερα ἔτεα πλήρεα παραρτέετο στρατιήν τε καὶ τὰ πρόσφορα τῇ στρατιῇ, πέμπτῳ δὲ ἔτεϊ ἀνομένῳ ἐστρατηλάτεε χειρὶ μεγάλῃ πλήθεος. (2) στόλων γὰρ τῶν ἡμεῖς ἴδμεν πολλῷ δὴ μέγιστος οὗτος ἐγένετο, ὥστε μήτε τὸν Δαρείου τὸν ἐπὶ

bei allen Menschen glücklich gepriesen wirst, wenn du Frieden wahrst. Weil aber nun eine göttliche Kraft drängt und die Griechen, wie es scheint, ein gottgewolltes Unheil erfasst, lasse ich mich auch selbst bekehren und ändere meine Meinung. Du aber verkünde den Persern, was dir von Gott geschickt wurde, und befiehl ihnen, sich an deine ersten Anordnungen hinsichtlich der Rüstung des Heeres zu halten, und sieh zu, dass du es an nichts fehlen lässt, da Gott es ja befiehlt.« Nachdem dies gesprochen war und beide durch das Traumgesicht ermutigt waren, teilte Xerxes den Persern alles mit, sobald es Tag geworden war, und Artabanos machte deutlich, dass er, der früher offen als einziger abgeraten hatte, nun dafür stimmte.

19 (1) Danach erschien dem Xerxes, als er sich anschickte, das Heer ins Feld zu führen, im Schlaf ein drittes Traumgesicht, das die Magier, als sie davon gehört hatten, so auslegten:[18] Es beziehe sich auf die ganze Welt und alle Menschen würden ihm untertan sein. Das Traumgesicht sah so aus: Xerxes glaubte, mit dem Zweig eines Ölbaums bekränzt zu sein, und dass sich vom Ölbaum die Zweige über die ganze Erde hin erstreckten, dass dann aber der um sein Haupt gelegte Kranz verschwand. (2) Nachdem die Magier es also so gedeutet hatten, brach ein jeder der versammelten Perser augenblicklich in sein Gebiet auf und legte bei der Ausführung der Befehle größten Eifer an den Tag, da jeder für sich die in Aussicht gestellten Geschenke erhalten wollte; Xerxes betrieb also die Aushebung seines Heeres, wobei er jeden Ort des Festlandes erkundete.

20 (1) Seit der Einnahme Ägyptens verwendete er vier volle Jahre[19] darauf, das Heer zu rüsten und alles für den Bedarf des Heeres vorzubereiten, im Verlauf des fünften Jahres aber zog er mit einer gewaltigen Menschenmenge in den Krieg. (2) Von den Feldzügen, die wir kennen, war dies bei weitem der größte Heereszug, so dass weder der Heereszug des Dareios[20] im Vergleich zu diesem irgendet-

Σκύθας παρὰ τοῦτον μηδένα φαίνεσθαι, μήτε τὸν Σκυθικόν, ὅτε Σκύθαι Κιμμερίους διώκοντες ἐς τὴν Μηδικὴν χώρην ἐσβαλόντες σχεδὸν πάντα τὰ ἄνω τῆς Ἀσίης καταστρεψάμενοι ἐνέμοντο, τῶν εἵνεκεν ὕστερον Δαρεῖος ἐτιμωρέετο, μήτε κατὰ τὰ λεγόμενα τὸν Ἀτρειδέων ἐς Ἴλιον, μήτε τὸν Μυσῶν τε καὶ Τευκρῶν τὸν πρὸ τῶν Τρωικῶν γενόμενον, οἳ διαβάντες ἐς τὴν Εὐρώπην κατὰ Βόσπορον τούς τε Θρήικας κατεστρέψαντο πάντας καὶ ἐπὶ τὸν Ἰόνιον πόντον κατέβησαν, μέχρι τε Πηνειοῦ ποταμοῦ τὸ πρὸς μεσαμβρίης ἤλασαν.

21 (1) αὗται αἱ πᾶσαι οὐδ' εἰ ἕτεραι πρὸς ταύτῃσι προσγενόμεναι στρατηλασίαι μιῆς τῆσδε οὐκ ἄξιαι. τί γὰρ οὐκ ἤγαγε ἐκ τῆς Ἀσίης ἔθνος ἐπὶ τὴν Ἑλλάδα Ξέρξης; κοῖον δὲ πινόμενόν μιν ὕδωρ οὐκ ἐπέλιπε, πλὴν τῶν μεγάλων ποταμῶν; (2) οἳ μὲν γὰρ νέας παρείχοντο, οἳ δὲ ἐς πεζὸν ἐτετάχατο, τοῖσι δὲ ἵππος προσετέτακτο, τοῖσι δὲ ἱππαγωγὰ πλοῖα ἅμα στρατευομένοισι, τοῖσι δὲ ἐς τὰς γεφύρας μακρὰς νέας παρέχειν, τοῖσι δὲ σῖτά τε καὶ νέας.

22 (1) καὶ τοῦτο μέν, ὡς προσπταισάντων τῶν πρώτων περιπλεόντων περὶ τὸν Ἄθων προετοιμάζετο ἐκ τριῶν ἐτέων κου μάλιστα τὰ ἐς τὸν Ἄθων. ἐν γὰρ Ἐλαιοῦντι τῆς Χερσονήσου ὅρμεον τριήρεες· ἐνθεῦτεν δὲ ὁρμώμενοι ὤρυσσον ὑπὸ μαστίγων παντοδαποὶ τῆς στρατιῆς, διάδοχοι δ' ἐφοίτεον· ὤρυσσον δὲ καὶ οἱ περὶ τὸν Ἄθων κατοικημένοι. (2) Βουβάρης δὲ ὁ Μεγαβάζου καὶ Ἀρταχαίης ὁ Ἀρταίου ἄνδρες Πέρσαι ἐπέστασαν τοῦ ἔργου. ὁ γὰρ Ἄθως ἐστὶ ὄρος μέγα τε καὶ ὀνομαστόν, ἐς θάλασσαν κατῆκον, οἰκημένον ὑπὸ ἀνθρώπων. τῇ δὲ τελευτᾷ ἐς τὴν ἤπειρον τὸ ὄρος, χερσονησοειδές τε ἐστὶ καὶ ἰσθμὸς ὡς δυώδεκα σταδίων· πεδίον δὲ τοῦτο καὶ κολωνοὶ οὐ μεγά-

was bedeuten konnte, noch derjenige der Skythen,[21] als die Skythen die Kimmerier verfolgten, in medisches Land einfielen und nach Unterwerfung von fast ganz Innerasien dieses Gebiet in Besitz nahmen, weswegen Dareios später einen Rachefeldzug durchführte, noch der Feldzug der Atriden gegen Ilion – nach den Erzählungen zu urteilen – noch der Feldzug der Myser und Teukrer, der bereits vor dem trojanischen Krieg stattfand, die am Bosporus nach Europa übersetzten, alle Thraker unterwarfen, zum ionischen Meer vordrangen und im Süden bis zum Fluss Peneios zogen.

21 (1) All diese und auch etwaige andere Feldzüge, die noch zu diesen dazugekommen sind, können sich nicht mit diesem einen messen. Welches Volk aus Asien führte Xerxes nämlich nicht gegen Griechenland? Welches trinkbare Wasser versiegte nicht außer das aus großen Flüssen? (2) Die einen stellten Schiffe, andere waren für das Fußvolk aufgestellt, wieder anderen war aufgetragen, Pferde zu stellen, wieder anderen Transportschiffe für Pferde mitsamt den Kriegern zu stellen, wieder anderen war aufgetragen, lange Schiffe für die Brücken zu stellen, wieder anderen, Nahrungsmittel und Schiffe.

22 (1) Seit ungefähr drei Jahren schon waren Vorarbeiten am Athos geleistet worden, da die ersten, die um den Athos fuhren, Schiffbruch erlitten hatten. Bei Eleius auf der Chersones ankerten Trieren,[22] von dort aus hoben allerlei Leute des Heeres unter Peitschenhieben einen Graben aus, andere kamen, die sie ablösten. Auch die Bewohner um den Athos mussten graben. (2) Bubares, der Sohn des Megabazos und Artachaies, der Sohn des Artaios, persische Männer, leiteten die Bauarbeiten. Der Athos ist ein großer, bekannter Berg, der unmittelbar bis ans Meer heranreicht und von Menschen bewohnt ist. Dort, wo der Berg am Festland endet, ist er wie eine Halbinsel mit einer Landenge von zwölf Stadien.[23] Hier ist eine Ebene und es gibt dort nicht sehr hohe Hügel vom Meer

λοι ἐκ θαλάσσης τῆς Ἀκανθίων ἐπὶ θάλασσαν τὴν ἀντίον Τορώνης. (3) ἐν δὲ τῷ ἰσθμῷ τούτῳ, ἐς τὸν τελευτᾷ ὁ Ἄθως, Σάνη πόλις Ἑλλὰς οἴκηται, αἳ δὲ ἐκτὸς Σάνης, ἔσω δὲ τοῦ Ἄθω οἰκημέναι, τὰς τότε ὁ Πέρσης νησιώτιδας ἀντὶ ἠπειρωτίδων ὅρμητο ποιέειν· εἰσὶ δὲ αἵδε, Δῖον Ὀλόφυξος Ἀκρόθῳον Θύσσος Κλεωναί.

23 (1) πόλιες μὲν αὗται αἳ τὸν Ἄθων νέμονται, ὤρυσσον δὲ ὧδε δασάμενοι τὸν χῶρον οἱ βάρβαροι κατὰ ἔθνεα· κατὰ Σάνην πόλιν σχοινοτενὲς ποιησάμενοι, ἐπείτε ἐγίνετο βαθέα ἡ διῶρυξ, οἳ μὲν κατώτατα ἑστεῶτες ὤρυσσον, ἕτεροι δὲ παρεδίδοσαν τὸν αἰεὶ ἐξορυσσόμενον χοῦν ἄλλοισι κατύπερθε ἑστεῶσι ἐπὶ βάθρων, οἳ δ' αὖ ἐκδεκόμενοι ἑτέροισι, ἕως ἀπίκοντο ἐς τοὺς ἀνωτάτω· οὗτοι δὲ ἐξεφόρεόν τε καὶ ἐξέβαλλον. (2) τοῖσι μέν νυν ἄλλοισι πλὴν Φοινίκων καταρρηγνύμενοι οἱ κρημνοὶ τοῦ ὀρύγματος πόνον διπλήσιον παρεῖχον· ἅτε γὰρ τοῦ τε ἄνω στόματος καὶ τοῦ κάτω τὰ αὐτὰ μέτρα ποιευμένων, ἔμελλέ σφι τοιοῦτο ἀποβήσεσθαι. (3) οἱ δὲ Φοίνικες σοφίην ἔν τε τοῖσι ἄλλοισι ἔργοισι ἀποδείκνυνται καὶ δὴ καὶ ἐν ἐκείνῳ. ἀπολαχόντες γὰρ μόριον ὅσον αὐτοῖσι ἐπέβαλλε, ὤρυσσον τὸ μὲν ἄνω στόμα τῆς διώρυχος ποιεῦντες διπλήσιον ἢ ὅσον ἔδεε αὐτὴν τὴν διώρυχα γενέσθαι, προβαίνοντος δὲ τοῦ ἔργου συνῆγον αἰεί· κάτω τε δὴ ἐγίνετο καὶ ἐξισοῦτο τοῖσι ἄλλοισι τὸ ἔργον. (4) ἐνθαῦτα λειμών ἐστι, ἵνα σφι ἀγορή τε ἐγίνετο καὶ πρητήριον· σῖτος δέ σφι πολλὸς ἐφοίτα ἐκ τῆς Ἀσίης ἀληλεσμένος.

24 (1) ὡς μὲν ἐμὲ συμβαλλόμενον εὑρίσκειν, μεγαλοφροσύνης εἵνεκεν αὐτὸ Ξέρξης ὀρύσσειν ἐκέλευε, ἐθέλων τε δύναμιν ἀποδείκνυσθαι καὶ μνημόσυνα λιπέσθαι· παρ-

der Akanthier an bis zum Meer gegenüber von Torone. (3) Auf dieser Landenge, in die der Berg Athos ausläuft, liegt die griechische Stadt Sane; diejenigen Poleis, die jenseits von Sane, aber innerhalb des Athos bewohnt werden, die der Perser damals zu Insel- statt zu Festlandsiedlungen machen wollte, sind folgende: Dion, Olophyxos, Akrothoon, Thyssos und Kleonai.

23 (1) Das sind also die Poleis, die auf dem Athos liegen. Die Nichtgriechen führten, nachdem sie das Gelände auf die Volksstämme verteilt hatten, die Grabung auf folgende Weise durch: Als sie in der Nähe der Stadt Sane eine schnurgerade Linie gezogen hatten und als der Durchstich bereits eine gewisse Tiefe erreicht hatte, gruben die einen ganz unten stehend, andere aber reichten das Erdreich, das jeweils ausgegraben wurde, an wieder andere, die auf Stufen über ihnen standen, weiter, diese wiederum reichten es, wenn sie es übernommen hatten, wieder an andere weiter, bis man zu den obersten kam. Diese warfen es hinaus und schafften es weg. (2) Da die Abhänge des Grabens einbrachen, hatten alle außer den Phoinikern doppelte Arbeit. Das musste passieren, da die Öffnungen oben und unten dieselben Maße hatten. (3) Die Phoiniker hatten auch schon bei den anderen Tätigkeiten ihr Geschick gezeigt, insbesondere aber zeigten sie es hier. Nachdem sie den Teil, soweit er auf sie fiel, erlost hatten, gruben sie, indem sie die obere Öffnung des Grabens doppelt so breit machten, wie der Graben werden sollte, und verengten ihn im Verlauf der Bauarbeiten immer mehr. Und als man unten angekommen war, war der Graben genauso breit wie die Abschnitte der anderen. (4) Dort gibt es auch eine Wiese, wo sie einen Versammlungs- und Marktplatz hatten. Eine große Menge gemahlenes Getreide kam aus Asien.

24 Als ich darüber nachdachte, befand ich, dass Xerxes aus Prahlsucht diesen Graben zu bauen befohlen hat, da er seine Macht zeigen und ein Denkmal hinterlassen woll-

εὸν γὰρ μηδένα πόνον λαβόντας τὸν ἰσθμὸν τὰς νέας διειρύσαι, ὀρύσσειν ἐκέλευε διώρυχα τῇ θαλάσσῃ εὖρος ὡς δύο τριήρεας πλέειν ὁμοῦ ἐλαστρεομένας. τοῖσι δὲ αὐτοῖσι τούτοισι, τοῖσί περ καὶ τὸ ὄρυγμα, προσετέτακτο καὶ τὸν Στρυμόνα ποταμὸν ζεύξαντας γεφυρῶσαι.

25 (1) ταῦτα μέν νυν οὕτω ἐποίεε, παρεσκευάζετο δὲ καὶ ὅπλα ἐς τὰς γεφύρας βύβλινά τε καὶ λευκολίνου, ἐπιτάξας Φοίνιξί τε καὶ Αἰγυπτίοισι, καὶ σιτία τῇ στρατιῇ καταβάλλειν, ἵνα μὴ λιμήνειε ἡ στρατιὴ μηδὲ τὰ ὑποζύγια ἐλαυνόμενα ἐπὶ τὴν Ἑλλάδα· (2) ἀναπυθόμενος δὲ τοὺς χώρους καταβάλλειν ἐκέλευε ἵνα ἐπιτηδεότατον εἴη, ἄλλα ἄλλῃ ἀγινέοντας ὁλκάσι τε καὶ πορθμηίοισι ἐκ τῆς Ἀσίης πανταχόθεν. τὸν δὲ ὦν πλεῖστον ἐς Λευκὴν ἀκτὴν καλεομένην τῆς Θρηίκης ἀγίνεον, οἳ δὲ ἐς Τυρόδιζαν τὴν Περινθίων, οἳ δὲ ἐς Δορίσκον, οἳ δὲ ἐς Ἠιόνα τὴν ἐπὶ Στρυμόνι, οἳ δὲ ἐς Μακεδονίην διατεταγμένοι.

26 (1) ἐν ᾧ δὲ οὗτοι τὸν προκείμενον πόνον ἐργάζοντο, ἐν τούτῳ ὁ πεζὸς ἅπας συλλελεγμένος ἅμα Ξέρξῃ ἐπορεύετο ἐς Σάρδις, ἐκ Κριτάλλων ὁρμηθεὶς τῶν ἐν Καππαδοκίῃ· ἐνθαῦτα γὰρ εἴρητο συλλέγεσθαι πάντα τὸν κατ᾽ ἤπειρον μέλλοντα ἅμα αὐτῷ Ξέρξῃ πορεύεσθαι στρατόν. (2) ὃς μέν νυν τῶν ὑπάρχων στρατὸν κάλλιστα ἐσταλμένον ἀγαγὼν τὰ προκείμενα παρὰ βασιλέος ἔλαβε δῶρα, οὐκ ἔχω φράσαι· οὐδὲ γὰρ ἀρχὴν ἐς κρίσιν τούτου πέρι ἐλθόντας οἶδα. (3) οἳ δὲ ἐπείτε διαβάντες τὸν Ἅλυν ποταμὸν ὡμίλησαν τῇ Φρυγίῃ, δι᾽ αὐτῆς πορευόμενοι ἀπίκοντο ἐς Κελαινάς, ἵνα πηγαὶ ἀναδιδοῦσι Μαιάνδρου ποτα-

te. Obwohl es möglich gewesen wäre, die Schiffe ohne Mühe über die Landenge zu ziehen, hat er befohlen einen so breiten Graben für das Meer zu bauen, dass zwei Trieren, wenn sie nebeneinander gerudert werden, fahren konnten. Dieselben Leute, die mit dem Graben beauftragt worden waren, hatten auch den Auftrag erhalten, den Strymon zu überbrücken.[24]

25 (1) Das ließ er also auf diese Weise machen, für die Brücken aber ließ er Taue aus der Papyrusstaude und aus weißem Flachs herstellen, nachdem er die Phoiniker und Ägypter mit der Lieferung betraut hatte; er ließ ferner Nahrungsmittel zur Aufspeicherung zusammentragen, damit das Heer und die Lasttiere, die nach Griechenland mitgetrieben wurden, keinen Hunger leiden müssten. (2) Er ließ sie aufspeichern, nachdem er die Orte erkundet hatte, wo die geeignetste Stelle war, wobei die einen es hierhin, die anderen dorthin auf Kähnen und Fähren von überallher aus Asien brachten. Den größten Anteil brachten sie zur sogenannten Weißen Küste in Thrakien; andere sind nach Tyrodiza im Gebiet von Perinth, andere nach Doriskos, wieder andere nach Eion am Strymon und wieder andere nach Makedonien beordert worden.

26 (1) Während der Zeit, als diese die ihnen auferlegte Arbeit ausführten, rückte das gesamte Fußvolk, das versammelt worden war, mit Xerxes nach Sardes vor, nachdem es von Kritalla in Kappadokien[25] aufgebrochen war. Dort nämlich – so war verkündet worden – sollte sich das gesamte Heer sammeln, das zusammen mit Xerxes auf dem Landweg marschieren sollte. (2) Wer von den Unterfeldherren das am besten ausgerüstete Heer herangeführt und die vom König in Aussicht gestellten Geschenke erhalten hat, kann ich nicht sagen. Ich weiß nämlich überhaupt nicht, dass sie in dieser Sache in einen Wettstreit getreten sind. (3) Nachdem sie den Halysfluss überschritten und sich in Phrygien aufgehalten hatten, zogen sie durch Phrygien und gelangten nach Kelainai, wo die

μοῦ καὶ ἑτέρου οὐκ ἐλάσσονος ἢ Μαιάνδρου, τῷ οὔνομα τυγχάνει ἐὸν Καταρρήκτης, ὃς ἐξ αὐτῆς τῆς ἀγορῆς τῆς Κελαινέων ἀνατέλλων ἐς τὸν Μαίανδρον ἐκδιδοῖ· ἐν τῇ καὶ ὁ τοῦ Σιληνοῦ Μαρσύεω ἀσκὸς ἀνακρέμαται, τὸν ὑπὸ Φρυγῶν λόγος ἔχει ὑπὸ Ἀπόλλωνος ἐκδαρέντα ἀνακρεμασθῆναι.

27 (1) ἐν ταύτῃ τῇ πόλι ὑποκατήμενος Πύθιος ὁ Ἄτους ἀνὴρ Λυδὸς ἐξείνισε τὴν βασιλέος στρατιὴν πᾶσαν ξεινίοισι μεγίστοισι καὶ αὐτὸν Ξέρξην, χρήματά τε ἐπαγγέλλετο βουλόμενος ἐς τὸν πόλεμον παρέχειν. (2) ἐπαγγελλομένου δὲ χρήματα Πυθίου, εἴρετο Ξέρξης Περσέων τοὺς παρεόντας τίς τε ἐὼν ἀνδρῶν Πύθιος καὶ κόσα χρήματα ἐκτημένος ἐπαγγέλλοιτο ταῦτα. οἳ δὲ εἶπαν «ὦ βασιλεῦ, οὗτος ἐστὶ ὅς τοι τὸν πατέρα Δαρεῖον ἐδωρήσατο τῇ πλατανίστῳ τῇ χρυσέῃ καὶ τῇ ἀμπέλῳ· ὃς καὶ νῦν ἐστι πρῶτος ἀνθρώπων πλούτῳ τῶν ἡμεῖς ἴδμεν μετὰ σέ.»

28 (1) θωμάσας δὲ τῶν ἐπέων τὸ τελευταῖον Ξέρξης αὐτὸς δεύτερα εἴρετο Πύθιον ὁκόσα οἱ εἴη χρήματα. ὁ δὲ εἶπε «ὦ βασιλεῦ, οὔτε σε ἀποκρύψω οὔτε σκήψομαι τὸ μὴ εἰδέναι τὴν ἐμεωυτοῦ οὐσίην, ἀλλ' ἐπιστάμενός τοι ἀτρεκέως καταλέξω. (2) ἐπείτε γὰρ τάχιστά σε ἐπυθόμην ἐπὶ θάλασσαν καταβαίνοντα τὴν Ἑλληνίδα, βουλόμενός τοι δοῦναι ἐς τὸν πόλεμον χρήματα ἐξεμάνθανον, καὶ εὗρον λογιζόμενος ἀργυρίου μὲν δύο χιλιάδας ἐούσας μοι ταλάντων, χρυσίου δὲ τετρακοσίας μυριάδας στατήρων Δαρεικῶν ἐπιδεούσας ἑπτὰ χιλιάδων. (3) καὶ τούτοισί σε ἐγὼ δωρέομαι, αὐτῷ δέ μοι ἀπὸ ἀνδραπόδων τε καὶ γεωπέδων ἀρκέων ἐστὶ βίος.»

29 (1) ὃ μὲν ταῦτα ἔλεγε, Ξέρξης δὲ ἡσθεὶς τοῖσι εἰρημένοισι εἶπε «ξεῖνε Λυδέ, ἐγὼ ἐπείτε ἐξῆλθον τὴν Περσίδα

Quellen des Mäander und eines anderen, nicht kleineren Flusses als der Mäander, der Katarraktes heißt, entspringen; letzterer entspringt mitten auf dem Marktplatz in Kelainai und mündet in den Mäander. Dort ist auch die schlauchartig ausgezogene Haut des Silens Marsyas aufgehängt, die ihm, wie von den Phrygern erzählt wird, von Apollon abgezogen und dann dort aufgehängt worden ist.[26]

27 (1) Der in dieser Stadt ansässige Pythios, der Sohn des Atys,[27] ein Lyder, nahm das gesamte Heer des Königs und Xerxes selbst mit größter Gastlichkeit auf und versprach bereitwillig Geld für den Krieg zur Verfügung zu stellen. (2) Als Pythios Geld versprach, fragte Xerxes die anwesenden Perser, was für ein Mann Pythios sei und wie viele Güter er besitze, dass er dies versprechen könne. Sie aber antworteten: »König, dieser ist es, der deinen Vater Dareios mit der goldenen Platane und dem goldenen Rebstock beschenkt hat. Dieser ist auch jetzt noch nach dir der Reichste unter den Menschen, von denen wir wissen.«

28 (1) Da Xerxes sich über die letzte Aussage gewundert hatte, fragte er ein zweites Mal Pythios selbst, wie viel Geld er besitze. Dieser aber antwortete: »König, ich will es dir nicht verbergen und ich will nicht vorgeben, über mein Vermögen nicht Bescheid zu wissen, sondern will es dir, da ich es weiß, genau aufzählen. (2) Sobald ich erfahren hatte, dass du zur Ägäis ziehst, habe ich es zusammengerechnet, da ich dir für den Krieg Geld zur Verfügung stellen wollte, und ich fand bei meiner Berechnung heraus, dass ich an Silber 2000 Talente besitze, an Gold 4 000 000 Dareiken,[28] abzüglich 7000. (3) Damit will ich dich beschenken. Ich selbst habe genügend Lebensunterhalt von meinen Sklaven und meinen Gütern.«

29 (1) So sprach er, Xerxes aber freute sich über seine Worte und sagte:»Freund aus Lydien, seit ich das persische Land verlassen habe, bin ich bis jetzt auf keinen Mann ge-

χώρην, οὐδενὶ ἀνδρὶ συνέμιξα ἐς τόδε ὅστις ἠθέλησε ξείνια προθεῖναι στρατῷ τῷ ἐμῷ, οὐδὲ ὅστις ἐς ὄψιν τὴν ἐμὴν καταστὰς αὐτεπάγγελτος ἐς τὸν πόλεμον ἐμοὶ ἠθέλησε συμβαλέσθαι χρήματα, ἔξω σεῦ. σὺ δὲ καὶ ἐξείνισας μεγάλως στρατὸν τὸν ἐμὸν καὶ χρήματα μεγάλα ἐπαγγέλλεαι. (2) σοὶ ὦν ἐγὼ ἀντὶ αὐτῶν γέρεα τοιάδε δίδωμι· ξεῖνόν τέ σε ποιεῦμαι ἐμὸν καὶ τὰς τετρακοσίας μυριάδας τοι τῶν στατήρων ἀποπλήσω παρ' ἐμεωυτοῦ δοὺς τὰς ἑπτὰ χιλιάδας, ἵνα μή τοι ἐπιδευέες ἔωσι αἱ τετρακόσιαι μυριάδες ἑπτὰ χιλιάδων, ἀλλὰ ᾖ τοι ἀπαρτιλογίη ὑπ' ἐμέο πεπληρωμένη. (3) ἔκτησό τε αὐτὸς τά περ αὐτὸς ἐκτήσαο, ἐπίστασό τε εἶναι αἰεὶ τοιοῦτος· οὐ γάρ τοι ταῦτα ποιεῦντι οὔτε ἐς τὸ παρεὸν οὔτε ἐς χρόνον μεταμελήσει.»

30 (1) ταῦτα δὲ εἴπας καὶ ἐπιτελέα ποιήσας ἐπορεύετο τὸ πρόσω αἰεί. Ἄναυα δὲ καλεομένην Φρυγῶν πόλιν παραμειβόμενος καὶ λίμνην ἐκ τῆς ἅλες γίνονται, ἀπίκετο ἐς Κολοσσὰς πόλιν μεγάλην Φρυγίης· ἐν τῇ Λύκος ποταμὸς ἐς χάσμα γῆς ἐσβάλλων ἀφανίζεται, ἔπειτα διὰ σταδίων ὡς πέντε μάλιστά κῃ ἀναφαινόμενος ἐκδιδοῖ καὶ οὗτος ἐς τὸν Μαίανδρον. (2) ἐκ δὲ Κολοσσέων ὁ στρατὸς ὁρμώμενος ἐπὶ τοὺς οὔρους τῶν Φρυγῶν καὶ Λυδῶν ἀπίκετο ἐς Κύδραρα πόλιν, ἔνθα στήλη καταπεπηγυῖα, σταθεῖσα δὲ ὑπὸ Κροίσου, καταμηνύει διὰ γραμμάτων τοὺς οὔρους.

31 ὡς δὲ ἐκ τῆς Φρυγίης ἐσέβαλε ἐς τὴν Λυδίην, σχιζομένης τῆς ὁδοῦ καὶ τῆς μὲν ἐς ἀριστερὴν ἐπὶ Καρίης φερούσης τῆς δὲ ἐς δεξιὴν ἐς Σάρδις, τῇ καὶ πορευομένῳ διαβῆναι τὸν Μαίανδρον ποταμὸν πᾶσα ἀνάγκη γίνεται καὶ ἰέναι παρὰ Καλλάτηβον πόλιν, ἐν τῇ ἄνδρες δημιοεργοὶ μέλι ἐκ μυρίκης τε καὶ πυροῦ ποιεῦσι, ταύτην ἰὼν ὁ Ξέρξης τὴν ὁδὸν εὗρε πλατάνιστον, τὴν κάλλεος εἵνεκα δωρησάμενος κόσμῳ χρυσέῳ καὶ μελεδωνῷ ἀθανάτῳ ἀνδρὶ ἐπιτρέψας δευτέρῃ ἡμέρῃ ἀπίκετο ἐς τῶν Λυδῶν τὸ ἄστυ.

troffen, der meinem Heer Gastgeschenke machen wollte, und auch auf keinen, der vor mich hintrat und mir unaufgefordert Geld für den Krieg angeboten hat, mit Ausnahme von dir. Du aber hast mein Heer gastlich aufgenommen und versprichst große Geldsummen. (2) Ich will dir dafür folgende Geschenke geben: Ich mache dich zu meinem Gastfreund und ich werde dir die 4 000 000 Statere ergänzen, indem ich von meinem Besitz 7000 dazugebe, damit dir zu den 4 000 000 Stateren nicht 7000 fehlen, sondern damit dir der volle Betrag von mir abgerundet ist. (3) Behalte selbst, was du selbst erworben hast, und wisse stets ein solcher Mensch zu sein. Wenn du so handelst, wirst du es weder jetzt noch in Zukunft bereuen.«

30 (1) Nachdem er dies gesagt und ausgeführt hatte, rückte er immer weiter vor. Er zog an einer Anaua genannten Stadt der Phryger vorbei und an einem See, aus dem Salz gewonnen wird, und kam nach Kolossai, einer großen Stadt Phrygiens, bei der der Fluss Lykos sich in eine Erdspalte ergießt und verschwindet. Nach höchstens fünf Stadien[29] taucht er wieder auf und mündet ebenfalls in den Mäander. (2) Von Kolossai brach das Heer zu den Grenzen der Phryger und Lyder auf und kam zur Stadt Kydrara, wo eine Stele fest im Boden verankert ist, die von Kroisos errichtet wurde und in einer Inschrift die Grenzen angibt.

31 Wo er von Phrygien aus nach Lydien eindrang, teilt sich der Weg. Der eine führt links nach Karien, der andere rechts nach Sardes, wo man, wenn man auf diesem weiterzieht, den Mäander überqueren und an der Stadt Kallatebos vorbeiziehen muss, wo Gewerbetreibende eine honigartige Masse aus der Tamariske und aus Weizen herstellen. Xerxes schlug diesen Weg ein und fand eine Platane, die er wegen ihrer Schönheit mit Goldschmuck zierte und sie einem »Unsterblichen«[30] zur Bewachung anvertraute. Am folgenden Tag kam er dann in die Stadt der Lyder.

32 ἀπικόμενος δὲ ἐς Σάρδις πρῶτα μὲν ἀπέπεμπε κήρυκας ἐς τὴν Ἑλλάδα αἰτήσοντας γῆν τε καὶ ὕδωρ καὶ προερέοντας δεῖπνα βασιλέι παρασκευάζειν· πλὴν οὔτε ἐς Ἀθήνας οὔτε ἐς Λακεδαίμονα ἀπέπεμπε ἐπὶ γῆς αἴτησιν, τῇ δὲ ἄλλῃ πάντῃ. τῶνδε δὲ εἵνεκα τὸ δεύτερον ἀπέπεμπε ἐπὶ γῆν τε καὶ ὕδωρ· ὅσοι πρότερον οὐκ ἔδοσαν Δαρείῳ πέμψαντι, τούτους πάγχυ ἐδόκεε τότε δείσαντας δώσειν· βουλόμενος ὦν αὐτὸ τοῦτο ἐκμαθεῖν ἀκριβέως ἔπεμπε.

33 μετὰ δὲ ταῦτα παρεσκευάζετο ὡς ἐλῶν ἐς Ἄβυδον. οἳ δὲ ἐν τούτῳ τὸν Ἑλλήσποντον ἐζεύγνυσαν ἐκ τῆς Ἀσίης ἐς τὴν Εὐρώπην. ἔστι δὲ τῆς Χερσονήσου τῆς ἐν Ἑλλησπόντῳ, Σηστοῦ τε πόλιος μεταξὺ καὶ Μαδύτου, ἀκτὴ τρηχέα ἐς θάλασσαν κατήκουσα Ἀβύδῳ καταντίον· ἔνθα μετὰ ταῦτα, χρόνῳ ὕστερον οὐ πολλῷ, ἐπὶ Ξανθίππου τοῦ Ἀρίφρονος στρατηγοῦ Ἀθηναῖοι Ἀρταΰκτην ἄνδρα Πέρσην λαβόντες Σηστοῦ ὕπαρχον ζῶντα πρὸς σανίδα διεπασσάλευσαν, ὃς καὶ ἐς τοῦ Πρωτεσίλεω τὸ ἱρὸν ἐς Ἐλαιοῦντα ἀγινεόμενος γυναῖκας ἀθέμιστα ἔρδεσκε.

34 ἐς ταύτην ὦν τὴν ἀκτὴν ἐξ Ἀβύδου ὁρμώμενοι ἐγεφύρουν τοῖσι προσέκειτο, τὴν μὲν λευκολίνου Φοίνικες, τὴν δ' ἑτέρην τὴν βυβλίνην Αἰγύπτιοι. ἔστι δὲ ἑπτὰ στάδιοι ἐξ Ἀβύδου ἐς τὴν ἀπαντίον. καὶ δὴ ἐζευγμένου τοῦ πόρου ἐπιγενόμενος χειμὼν μέγας συνέκοψέ τε ἐκεῖνα πάντα καὶ διέλυσε.

35 (1) ὡς δ' ἐπύθετο Ξέρξης, δεινὰ ποιεύμενος τὸν Ἑλλήσποντον ἐκέλευσε τριηκοσίας ἐπικέσθαι μάστιγι πληγὰς καὶ κατεῖναι ἐς τὸ πέλαγος πεδέων ζεῦγος. ἤδη δὲ ἤκουσα ὡς καὶ στιγέας ἅμα τούτοισι ἀπέπεμψε στίξοντας τὸν Ἑλλήσποντον. (2) ἐνετέλλετο δὲ ὦν ῥαπίζοντας λέ-

32 In Sardes angekommen, schickte er zunächst Boten nach Griechenland, die Erde und Wasser fordern[31] und Anweisungen geben sollten, dem König Mahlzeiten vorzubereiten. Nur nach Athen und Sparta schickte er keine, um Erde zu fordern, aber sonst überallhin. Aus folgendem Grund entsandte er ein zweites Mal Boten, die Erde und Wasser fordern sollten: Er glaubte nämlich, dass alle, die es früher dem Dareios verweigert hatten, als er danach geschickt hatte, es nun aus Angst sicherlich gewähren würden. Da er eben dies erfahren wollte, schickte er also Boten.

33 Daraufhin traf er Vorbereitungen, um nach Abydos zu ziehen. Seine Leute hatten inzwischen über den Hellespont eine Brücke von Asien nach Europa geschlagen. Auf der Chersones am Hellespont gibt es zwischen der Stadt Sestos und Madytos eine raue Küste, die ins Meer vorspringt, gegenüber von Abydos, wo die Athener nicht viel später[32] unter dem Feldherrn Xanthippos, dem Sohn des Ariphon, den Artayktes, einen Perser, den Statthalter von Sestos ergriffen und dann lebendig ans Kreuz nagelten, eben jenen Mann, der auch ins Heiligtum des Protesilaos in Elaius Frauen führen ließ und sich an ihnen frevelhaft verging.

34 Nach dieser Küste hin hatten also diejenigen, die dazu beauftragt waren, von Abydos aus Brücken gebaut, die Phoiniker mit Tauen aus weißem Flachs, die Ägypter mit Tauen aus der Papyrusstaude. Die Entfernung von Abydos zur gegenüberliegenden Seite beträgt sieben Stadien. Als die Meerenge bereits überbrückt war, da kam ein großer Sturm auf, zerschlug und zerstörte alles.

35 (1) Als Xerxes davon erfuhr, war er äußerst ungehalten und befahl, den Hellespont mit 300 Peitschenhieben zu züchtigen und ein Paar Fußfesseln ins offene Meer zu versenken. Ich habe sogar gehört, dass er auch Brandmarker mitschickte, die den Hellespont mit einem Brandmal versehen sollten.[33] (2) Er befahl ihnen, während sie

γειν βάρβαρά τε καὶ ἀτάσθαλα· «ὦ πικρὸν ὕδωρ, δεσπότης τοι δίκην ἐπιτιθεῖ τήνδε, ὅτι μιν ἠδίκησας οὐδὲν πρὸς ἐκείνου ἄδικον παθόν. καὶ βασιλεὺς μὲν Ξέρξης διαβήσεταί σε, ἤν τε σύ γε βούλῃ ἤν τε μή· σοὶ δὲ κατὰ δίκην ἄρα οὐδεὶς ἀνθρώπων θύει ὡς ἐόντι καὶ θολερῷ καὶ ἁλμυρῷ ποταμῷ.» (3) τήν τε δὴ θάλασσαν ἐνετέλλετο τούτοισι ζημιοῦν καὶ τῶν ἐπεστεώτων τῇ ζεύξι τοῦ Ἑλλησπόντου ἀποταμεῖν τὰς κεφαλάς.

36 (1) καὶ οἳ μὲν ταῦτα ἐποίεον, τοῖσι προσέκειτο αὕτη ἡ ἄχαρις τιμή, τὰς δὲ ἄλλοι ἀρχιτέκτονες ἐζεύγνυσαν. ἐζεύγνυσαν δὲ ὧδε, πεντηκοντέρους καὶ τριήρεας συνθέντες, ὑπὸ μὲν τὴν πρὸς τοῦ Εὐξείνου πόντου ἑξήκοντά τε καὶ τριηκοσίας, ὑπὸ δὲ τὴν ἑτέρην τεσσερεσκαίδεκα καὶ τριηκοσίας, τοῦ μὲν Πόντου ἐπικαρσίας τοῦ δὲ Ἑλλησπόντου κατὰ ῥόον, ἵνα ἀνακωχεύῃ τὸν τόνον τῶν ὅπλων· (2) συνθέντες δὲ ἀγκύρας κατῆκαν περιμήκεας, τὰς μὲν πρὸς τοῦ Πόντου τῆς ἑτέρης τῶν ἀνέμων εἵνεκεν τῶν ἔσωθεν ἐκπνεόντων, τῆς δὲ ἑτέρης πρὸς ἑσπέρης τε καὶ τοῦ Αἰγαίου ζεφύρου τε καὶ νότου εἵνεκα. διέκπλοον δὲ ὑπόφαυσιν κατέλιπον τῶν πεντηκοντέρων καὶ τριηρέων, ἵνα καὶ ἐς τὸν Πόντον ἔχῃ ὁ βουλόμενος πλέειν πλοίοισι λεπτοῖσι καὶ ἐκ τοῦ Πόντου ἔξω. (3) ταῦτα δὲ ποιήσαντες κατέτεινον ἐκ γῆς στρεβλοῦντες ὄνοισι ξυλίνοισι τὰ ὅπλα, οὐκέτι χωρὶς ἑκάτερα τάξαντες, ἀλλὰ δύο μὲν λευκολίνου δασάμενοι ἐς ἑκατέρην, τέσσερα δὲ τῶν βυβλίνων. παχύτης μὲν ἦν ἡ αὐτὴ καὶ καλλονή, κατὰ λόγον δὲ ἐμβριθέστερα ἦν τὰ λίνεα, τοῦ τάλαντον ὁ πῆχυς εἷλκε. (4) ἐπειδὴ δὲ ἐγεφυ-

ihn auspeitschten, folgende nichtgriechische und frevelhafte Worte zu sprechen: »Du bitteres Wasser, der Herr erlegt dir diese Bestrafung auf, weil du ihm Unrecht getan hast, obwohl du von ihm kein Unrecht erfahren hast. König Xerxes wird dich jedoch überqueren, ob du willst oder nicht. Zu Recht bringt dir kein Mensch ein Opfer dar, weil du ja ein schlammiges und salziges Gewässer bist.« (3) Das Meer also befahl er damit zu bestrafen und ließ denen, die die Oberaufsicht über den Brückenschlag über den Hellespont hatten, die Köpfe abhauen.

36 (1) Diejenigen, denen dieses undankbare Ehrenamt aufgetragen war, taten dies, die Brücken aber erbauten dann andere Bauherren. Sie errichteten sie auf folgende Weise: Sie stellten Fünfzigruderer[34] und Triëren[35] zusammen, als Grundlage für die eine Brücke gegen das Schwarze Meer hin 360 Schiffe, als Grundlage für die andere 314 Schiffe, auf der einen Seite in schräger Richtung zum Pontos, auf der anderen Seite parallel zur Strömung des Hellespont, damit die Spannung der Taue erhalten blieb. (2) Nachdem sie diese zusammengestellt hatten, warfen sie sehr lange Anker aus, die der einen Brücke gegen den Pontos hin wegen der von dort heraus wehenden Winde, die der anderen gegen Westen und gegen die Ägäis hin wegen des Westwinds und des Südwinds. Als Durchfahrt ließen sie eine Öffnung zwischen den Fünfzigruderern und den Triëren,[36] und zwar an drei Stellen, damit jeder, der wollte, mit leichten Schiffen in den Pontos und aus dem Pontos fahren konnte. (3) Als sie dies bewerkstelligt hatten, spannten sie vom Festland aus Taue, indem sie diese mit hölzernen Winden drehten. Dabei hatten sie die einzelnen nicht mehr getrennt aufgelegt, sondern je zwei aus Weißflachs und vier aus Papyrusstaude zusammen auf jeder Brücke verteilt. Ihre Stärke und ihr schönes Aussehen waren gleich, die aus Flachs, von dem eine Elle ein Talent wog,[37] waren allerdings im Verhältnis schwerer. (4) Nachdem die Meeresstraße über-

ρώθη ὁ πόρος, κορμοὺς ξύλων καταπρίσαντες καὶ ποιήσαντες ἴσους τῆς σχεδίης τῷ εὖρεϊ κόσμῳ ἐτίθεσαν κατύπερθε τῶν ὅπλων τοῦ τόνου, θέντες δὲ ἐπεξῆς ἐνθαῦτα αὖτις ἐπεζεύγνυον· (5) ποιήσαντες δὲ ταῦτα ὕλην ἐπεφόρησαν, κόσμῳ δὲ θέντες καὶ τὴν ὕλην γῆν ἐπεφόρησαν, κατανάξαντες δὲ καὶ τὴν γῆν φραγμὸν παρείρυσαν ἔνθεν καὶ ἔνθεν, ἵνα μὴ φοβέηται τὰ ὑποζύγια τὴν θάλασσαν ὑπερορῶντα καὶ οἱ ἵπποι.

37 (1) ὡς δὲ τά τε τῶν γεφυρέων κατεσκεύαστο καὶ τὰ περὶ τὸν Ἄθων, οἵ τε χυτοὶ περὶ τὰ στόματα τῆς διώρυχος, οἳ τῆς ῥηχίης εἵνεκεν ἐποιήθησαν, ἵνα μὴ πίμπληται τὰ στόματα τοῦ ὀρύγματος, καὶ αὐτὴ ἡ διῶρυξ παντελέως πεποιημένη ἀγγέλλετο, ἐνθαῦτα χειμερίσας ἅμα τῷ ἔαρι παρεσκευασμένος ὁ στρατὸς ἐκ τῶν Σαρδίων ὁρμᾶτο ἐλῶν ἐς Ἄβυδον· (2) ὁρμημένῳ δέ οἱ ὁ ἥλιος ἐκλιπὼν τὴν ἐκ τοῦ οὐρανοῦ ἕδρην ἀφανὴς ἦν οὔτ᾽ ἐπινεφέλων ἐόντων αἰθρίης τε τὰ μάλιστα, ἀντὶ ἡμέρης τε νὺξ ἐγένετο. ἰδόντι δὲ καὶ μαθόντι τοῦτο τῷ Ξέρξῃ ἐπιμελὲς ἐγένετο, καὶ εἴρετο τοὺς Μάγους τὸ θέλει προφαίνειν τὸ φάσμα. (3) οἱ δὲ ἔφραζον ὡς Ἕλλησι προδεικνύει ὁ θεὸς ἔκλειψιν τῶν πολίων, λέγοντες ἥλιον εἶναι Ἑλλήνων προδέκτορα, σελήνην δὲ σφέων. ταῦτα πυθόμενος ὁ Ξέρξης περιχαρὴς ἐὼν ἐποιέετο τὴν ἔλασιν.

38 (1) ὡς δ᾽ ἐξήλαυνε τὴν στρατιήν, Πύθιος ὁ Λυδὸς καταρρωδήσας τὸ ἐκ τοῦ οὐρανοῦ φάσμα ἐπαερθείς τε τοῖσι δωρήμασι, ἐλθὼν παρὰ Ξέρξην ἔλεγε τάδε. «ὦ δέσποτα, χρηίσας ἄν τι σεῦ βουλοίμην τυχεῖν, τὸ σοὶ μὲν ἐλαφρὸν τυγχάνει ἐὸν ὑπουργῆσαι, ἐμοὶ δὲ μέγα γενόμενον.» (2) Ξέρξης δὲ πᾶν μᾶλλον δοκέων μιν χρηίσειν ἢ τὸ ἐδεήθη, ἔφη τε ὑπουργήσειν καὶ δὴ ἀγορεύειν ἐκέλευε ὅτευ

brückt war, zersägten sie Baumstämme und machten sie gleich lang wie die Breite der Brücke, legten sie wohlgefügt über die gespannten Taue, legten sie nebeneinander und verbanden sie wiederum miteinander. (5) Dann legten sie Holzbretter darauf, ordneten sie wohlgefügt nebeneinander an und warfen auf die Bretter auch noch Erde darauf, stampften sie fest und errichteten auf beiden Seiten einen Zaun, damit die Lasttiere und Pferde nicht scheuten, wenn sie das Meer von oben sahen.

37 (1) Als die Arbeiten an den Brücken und am Athos fertiggestellt waren und die Dämme an den Mündungen des Grabens errichtet waren, die wegen der Brandung gebaut worden waren, damit die Mündungen des Grabens nicht zugeschüttet würden, und als die Fertigstellung des Grabens gemeldet worden war, da brach das Heer nach der Überwinterung bei Frühlingsbeginn[38] gut ausgerüstet von Sardes auf, um nach Abydos zu ziehen. (2) Als es gerade aufbrach, verließ die Sonne ihren Sitz am Himmel und verschwand,[39] obwohl es keine Wolken gab, sondern strahlender Himmel war, und an Stelle von Tag wurde Nacht. Sowie Xerxes dies gesehen und wahrgenommen hatte, begann er sich Sorgen zu machen und fragte die Magier, was die Erscheinung bedeuten solle. (3) Diese aber antworteten, dass der Gott[40] den Griechen ein Verschwinden ihrer Poleis andeute. Sie erklärten, dass die Sonne für die Griechen die Zukunft anzeige, für sie selbst aber der Mond. Nachdem Xerxes dies gehört hatte, war er hocherfreut und machte seinen Feldzug.

38 (1) Als er das Heer hinausziehen ließ, kam der Lyder Pythios,[41] erschrocken über die Erscheinung am Himmel und durch Geschenke ermuntert, zu Xerxes und sprach: »Herr, ich würde mit meiner Bitte gerne etwas von dir erreichen, was für dich leicht zu gewähren ist, für mich aber große Bedeutung hat.« (2) Weil Xerxes bei dessen Bitte alles eher erwartete als das, worum er dann tatsächlich bat, sagte er, er werde die Bitte erfüllen, und hieß

δέοιτο. ὁ δὲ ἐπείτε ταῦτα ἤκουσε, ἔλεγε θαρσήσας τάδε. «ὦ δέσποτα, τυγχάνουσί μοι παῖδες ἐόντες πέντε, καί σφεας καταλαμβάνει πάντας ἅμα σοὶ στρατεύεσθαι ἐπὶ τὴν Ἑλλάδα. (3) σὺ δέ, ὦ βασιλεῦ, ἐμὲ ἐς τόδε ἡλικίης ἥκοντα οἰκτείρας τῶν μοι παίδων ἕνα παράλυσον τῆς στρατηίης τὸν πρεσβύτατον, ἵνα αὐτοῦ τε ἐμεῦ καὶ τῶν χρημάτων ᾖ μελεδωνός· τοὺς δὲ τέσσερας ἄγευ ἅμα σεωυτῷ, καὶ πρήξας τὰ νοέεις νοστήσειας ὀπίσω.»

39 (1) κάρτα τε ἐθυμώθη ὁ Ξέρξης καὶ ἀμείβετο τοῖσιδε. «ὦ κακὲ ἄνθρωπε, σὺ ἐτόλμησας, ἐμεῦ στρατευομένου αὐτοῦ ἐπὶ τὴν Ἑλλάδα καὶ ἄγοντος παῖδας ἐμοὺς καὶ ἀδελφεοὺς καὶ οἰκηίους καὶ φίλους, μνήσασθαι περὶ σέο παιδός, ἐὼν ἐμὸς δοῦλος, τὸν χρῆν πανοικίῃ αὐτῇ τῇ γυναικὶ συνέπεσθαι; εὖ νυν τόδ᾽ ἐξεπίστασο, ὡς ἐν τοῖσι ὠσὶ τῶν ἀνθρώπων οἰκέει ὁ θυμός, ὃς χρηστὰ μὲν ἀκούσας τέρψιος ἐμπιπλεῖ τὸ σῶμα, ὑπεναντία δὲ τούτοισι ἀκούσας ἀνοιδέει. (2) ὅτε μέν νυν χρηστὰ ποιήσας ἕτερα τοιαῦτα ἐπηγγέλλεο, εὐεργεσίῃσι βασιλέα οὐ καυχήσεαι ὑπερβαλέσθαι· ἐπείτε δὲ ἐς τὸ ἀναιδέστερον ἐτράπευ, τὴν μὲν ἀξίην οὐ λάμψεαι, ἐλάσσω δὲ τῆς ἀξίης. σὲ μὲν γὰρ καὶ τοὺς τέσσερας τῶν παίδων ῥύεται τὰ ξείνια· τοῦ δὲ ἑνός, τοῦ περιέχεαι μάλιστα, τῇ ψυχῇ ζημιώσεαι.» (3) ὡς δὲ ταῦτα ὑπεκρίνατο, αὐτίκα ἐκέλευε τοῖσι προσετέτακτο ταῦτα πρήσσειν, τῶν Πυθίου παίδων ἐξευρόντας τὸν πρεσβύτατον μέσον διαταμεῖν, διαταμόντας δὲ τὰ ἡμίτομα διαθεῖναι τὸ μὲν ἐπὶ δεξιὰ τῆς ὁδοῦ τὸ δ᾽ ἐπ᾽ ἀριστερά, καὶ ταύτῃ διεξιέναι τὸν στρατόν.

40 (1) ποιησάντων δὲ τούτων τοῦτο, μετὰ ταῦτα διεξήιε ὁ στρατός. ἡγέοντο δὲ πρῶτοι μὲν οἱ σκευοφόροι τε καὶ τὰ

ihn sagen, worum er bitten wolle. Als jener dies gehört hatte, fasste er Mut und sagte: »Herr, ich habe fünf Söhne und alle trifft es, mit dir gegen Griechenland ziehen zu müssen. (3) Du aber, König, hab Erbarmen mit mir, der ich so alt geworden bin, und entlasse einen meiner Söhne, den Ältesten, aus diesem Heereszug, damit er für mich selbst und meinen Besitz sorgen kann. Die anderen vier aber nimm mit dir mit; du mögest wieder heimkehren, nachdem du erreicht hast, was du dir vorgenommen hast.«

39 (1) Xerxes aber wurde sehr zornig und sagte: »Du schlechter Mensch, während ich selbst gegen Griechenland in den Krieg ziehe und meine Söhne, Brüder, Verwandte und Freunde mitnehme, hast du es gewagt, deinen Sohn zu erwähnen, du, der du mein Untertan bist, der mit der gesamten Familie, mit seiner Frau selbst hätte folgen müssen. Doch wisse genau, dass der Geist der Menschen in ihren Ohren wohnt, der den Leib mit Freude erfüllt, wenn er Gutes vernommen hat, aber vor Zorn aufbraust, wenn er das Gegenteil gehört hat. (2) Nachdem du Gutes getan hast und anderes Gutes versprachst, wirst du dich doch nicht rühmen können, den König an Wohltaten übertroffen zu haben. Da du nun aber unverschämt geworden bist, wirst du bestraft werden, zwar nicht so, wie du es verdienst, sondern weniger als du verdienst. Dich und vier von deinen Söhnen retten deine Gastgeschenke. Du wirst aber mit dem Leben des einen Sohnes, an dem du am meisten hängst, bestraft werden.« (3) Als er auf diese Weise geantwortet hatte, befahl er sogleich denen, deren Aufgabe es war, den ältesten Sohn des Pythios zu finden, ihn dann mitten durchzusägen, dann, wenn sie ihn durchgesägt hätten, die eine der beiden Hälften auf der rechten Seite des Weges, die andere auf der linken Seite auszulegen und das Heer dort durchziehen zu lassen.

40 (1) Nachdem sie dies ausgeführt hatten, marschierte das Heer hindurch. Den Anfang bildeten die Lastenträ-

ὑποζύγια, μετὰ δὲ τούτους σύμμικτος στρατὸς παντοίων ἐθνέων ἀναμίξ, οὐ διακεκριμένοι· τῇ δὲ ὑπερημίσεες ἦσαν, ἐνθαῦτα διελέλειπτο, καὶ οὐ συνέμισγον οὗτοι βασιλέι. (2) προηγεῦντο μὲν δὴ ἱππόται χίλιοι, ἐκ Περσέων πάντων ἀπολελεγμένοι· μετὰ δὲ αἰχμοφόροι χίλιοι καὶ οὗτοι ἐκ πάντων ἀπολελεγμένοι, τὰς λόγχας κάτω ἐς τὴν γῆν τρέψαντες· μετὰ δὲ ἱροὶ Νησαῖοι καλεόμενοι ἵπποι δέκα κεκοσμημένοι ὡς κάλλιστα. (3) Νησαῖοι δὲ καλέονται ἵπποι ἐπὶ τοῦδε· ἔστι πεδίον μέγα τῆς Μηδικῆς τῷ οὔνομα ἐστὶ Νήσαιον· τοὺς ὦν δὴ ἵππους τοὺς μεγάλους φέρει τὸ πεδίον τοῦτο. (4) ὄπισθε δὲ τούτων τῶν δέκα ἵππων ἅρμα Διὸς ἱρὸν ἐπετέτακτο, τὸ ἵπποι μὲν εἷλκον λευκοὶ ὀκτώ, ὄπισθε δὲ αὖ τῶν ἵππων εἵπετο πεζῇ ἡνίοχος ἐχόμενος τῶν χαλινῶν· οὐδεὶς γὰρ δὴ ἐπὶ τοῦτον τὸν θρόνον ἀνθρώπων ἐπιβαίνει. τούτου δὲ ὄπισθε αὐτὸς Ξέρξης ἐπ᾽ ἅρματος ἵππων Νησαίων· παραβεβήκεε δέ οἱ ἡνίοχος τῷ οὔνομα ἦν Πατιράμφης, Ὀτάνεω ἀνδρὸς Πέρσεω παῖς.

41 (1) ἐξήλασε μὲν οὕτω ἐκ Σαρδίων Ξέρξης, μετεκβαίνεσκε δέ, ὅκως μιν λόγος αἱρέοι, ἐκ τοῦ ἅρματος ἐς ἁρμάμαξαν. αὐτοῦ δὲ ὄπισθε αἰχμοφόροι Περσέων οἱ ἄριστοί τε καὶ γενναιότατοι χίλιοι, κατὰ νόμον τὰς λόγχας ἔχοντες, μετὰ δὲ ἵππος ἄλλη χιλίη ἐκ Περσέων ἀπολελεγμένη, μετὰ δὲ τὴν ἵππον ἐκ τῶν λοιπῶν Περσέων ἀπολελεγμένοι μύριοι. οὗτος πεζὸς ἦν· (2) καὶ τούτων χίλιοι μὲν ἐπὶ τοῖσι δόρασι ἀντὶ τῶν σαυρωτήρων ῥοιὰς εἶχον χρυσέας καὶ πέριξ συνεκλήιον τοὺς ἄλλους, οἱ δὲ εἰνακισχίλιοι ἐντὸς τούτων ἐόντες ἀργυρέας ῥοιὰς εἶχον· εἶχον δὲ χρυσέας ῥοιὰς καὶ οἱ ἐς τὴν γῆν τρέποντες τὰς λόγχας, καὶ μῆλα οἱ ἄγχιστα ἑπόμενοι Ξέρξῃ. τοῖσι δὲ μυρίοισι ἐπετέτακτο ἵππος

ger und die Gespanne, dann folgte das Heer bunt gemischt aus allen Völkern, nicht nach Volksstämmen unterschieden. Nach der Hälfte des Heereszuges kam eine Lücke und so trafen diese nicht mit dem König zusammen. (2) Dann kamen vorne weg aus allen Persern auserlesene 1000 Reiter. Danach folgten 1000 Lanzenträger, auch diese aus allen Persern ausgewählt, mit Lanzen, die nach unten zur Erde ausgerichtet waren. Sodann kamen die heiligen zehn Pferde, die sogenannten Nesaier, möglichst schön geschmückt. (3) Nesaier heißen sie aus folgendem Grund: Es gibt im Land der Meder eine Ebene mit Namen Nesaion. Aus dieser Ebene kommen die großen Pferde. (4) Hinter diesen zehn Pferden war der heilige Wagen des Zeus eingereiht, den acht Schimmel zogen, hinter den Pferden folgte wiederum ein Wagenlenker zu Fuß, der die Zügel hielt, denn kein Mensch darf diesen Wagen besteigen. Dahinter folgte Xerxes selbst auf seinem Wagen, der von nesaiischen Pferden gezogen wurde. Neben ihm ging ein Wagenlenker, der Patiramphes hieß, ein Sohn des Persers Otanes.

41 (1) So also zog Xerxes aus Sardes hinaus. Wann immer er wollte, wechselte er vom offenen Streitwagen zum geschlossenen Wagen. Hinter ihm folgten 1000 Lanzenträger, die Besten und Angesehensten unter den Persern, die ihre Lanzen wie üblich hielten, danach weitere 1000 aus den Persern auserwählte Reiter, nach der Reiterei folgten 10 000 aus den übrigen Persern Auserwählte. Diese waren zu Fuß. (2) Und von diesen hatten 1000 an ihren Speeren statt Metallspitzen goldene Granatfrüchte, und sie schlossen die anderen ringsherum ein, die 9000, die innerhalb von ihnen waren, hatten silberne Granatfrüchte. Auch diejenigen mit der zur Erde gerichteten Lanzenspitze hatten goldene Granatfrüchte, goldene Äpfel aber hatten diejenigen, die Xerxes am nächsten folgten. Den 10 000 war eine 10 000 Mann starke Reiterei von Persern angeschlossen. Nach der Reiterei aber war eine Lücke

Περσέων μυρίη. μετὰ δὲ τὴν ἵππον διέλειπε καὶ δύο σταδίους, καὶ ἔπειτα ὁ λοιπὸς ὅμιλος ἤιε ἀναμίξ.

42 (1) ἐποιέετο δὲ τὴν ὁδὸν ἐκ τῆς Λυδίης ὁ στρατὸς ἐπί τε ποταμὸν Κάικον καὶ γῆν τὴν Μυσίην, ἀπὸ δὲ Καΐκου ὁρμώμενος, Κάνης ὄρος ἔχων ἐν ἀριστερῇ, διὰ τοῦ Ἀταρνέος ἐς Καρήνην πόλιν· ἀπὸ δὲ ταύτης διὰ Θήβης πεδίου ἐπορεύετο, Ἀδραμύττειόν τε πόλιν καὶ Ἄντανδρον τὴν Πελασγίδα παραμειβόμενος. (2) τὴν Ἴδην δὲ λαβὼν ἐς ἀριστερὴν χεῖρα ἤιε ἐς τὴν Ἰλιάδα γῆν. καὶ πρῶτα μέν οἱ ὑπὸ τῇ Ἴδῃ νύκτα ἀναμείναντι βρονταί τε καὶ πρηστῆρες ἐπεσπίπτουσι καί τινα αὐτοῦ ταύτῃ συχνὸν ὅμιλον διέφθειραν.

43 (1) ἀπικομένου δὲ τοῦ στρατοῦ ἐπὶ ποταμὸν Σκάμανδρον, ὃς πρῶτος ποταμῶν, ἐπείτε ἐκ Σαρδίων ὁρμηθέντες ἐπεχείρησαν τῇ ὁδῷ, ἐπέλιπε τὸ ῥέεθρον οὐδ' ἀπέχρησε τῇ στρατιῇ τε καὶ τοῖσι κτήνεσι πινόμενος· ἐπὶ τοῦτον δὴ τὸν ποταμὸν ὡς ἀπίκετο Ξέρξης, ἐς τὸ Πριάμου Πέργαμον ἀνέβη ἵμερον ἔχων θεήσασθαι· (2) θεησάμενος δὲ καὶ πυθόμενος ἐκείνων ἕκαστα τῇ Ἀθηναίῃ τῇ Ἰλιάδι ἔθυσε βοῦς χιλίας, χοὰς δὲ οἱ Μάγοι τοῖσι ἥρωσι ἐχέαντο. ταῦτα δὲ ποιησαμένοισι νυκτὸς φόβος ἐς τὸ στρατόπεδον ἐνέπεσε. ἅμα ἡμέρῃ δὲ ἐπορεύετο ἐνθεῦτεν, ἐν ἀριστερῇ μὲν ἀπέργων Ῥοίτιον πόλιν καὶ Ὀφρύνειον καὶ Δάρδανον, ἥ περ δὴ Ἀβύδῳ ὅμουρος ἐστί, ἐν δεξιῇ δὲ Γέργιθας Τευκρούς.

44 ἐπεὶ δ' ἐγένετο ἐν Ἀβύδῳ μέσῃ, ἠθέλησε Ξέρξης ἰδέσθαι πάντα τὸν στρατόν· καὶ προεπεποίητο γὰρ ἐπὶ κολωνοῦ ἐπίτηδες αὐτῷ ταύτῃ προεξέδρη λίθου λευκοῦ, ἐποίησαν δὲ Ἀβυδηνοὶ ἐντειλαμένου πρότερον βασιλέος, ἐνθαῦτα ὡς ἵζετο, κατορῶν ἐπὶ τῆς ἠιόνος ἐθηεῖτο καὶ τὸν πεζὸν καὶ τὰς νέας, θηεύμενος δὲ ἱμέρθη τῶν νεῶν ἅμιλ-

von zwei Stadien[42] sogar, danach folgte das übrige Heer bunt durcheinander.

42 (1) Das Heer nahm seinen Weg von Lydien aus zum Fluss Kaïkos und nach Mysien, vom Kaïkos zog es dann, den Berg Kane zur Linken, durch Atarneus zur Stadt Karene. Von dieser Stadt aus zog es durch die Ebene von Thebe, wobei es an der Stadt Atramytteion und dem pelasgischen Anandros vorbeizog. (2) Das Idagebirge zur Linken, schlug es den Weg in das Land von Ilion ein. Und als es am Fuß des Ida nachts lagerte, suchten es zunächst Donner und Gewitterstürme heim und vernichteten dort an Ort und Stelle eine recht große Menge.

43 (1) Als das Heer aber zum Skamander gekommen war, der als erster von den Flüssen, seit sie von Sardes aufgebrochen waren und sich auf den Weg gemacht hatten, sein Flussbett verlassen hatte und dem Heer und den Tieren zum Trinken nicht genügte, da stieg Xerxes, sobald er am Fluss angekommen war, nach Pergamon, der Stadt des Priamos, hinauf, da er es besichtigen wollte. (2) Nachdem er es besichtigt und sich nach jenen Ereignissen im Einzelnen erkundigt hatte, opferte er der ilischen Athene 1000 Rinder, die Magier aber spendeten den Heroen Trankopfer. Daraufhin befiel jedoch das Heer des Nachts Angst. Bei Tagesanbruch brach es von dort auf, wobei es links die Stadt Roiteion, Orphyneion und Dardanos, das Nachbarstadt von Abydos ist, rechts die teukrischen Gergithen liegen ließ.

44 In Abydos angekommen, wollte Xerxes eine Truppenschau des gesamten Heeres vornehmen. Auf einem Hügel war dort nämlich vorsorglich ein Thron aus weißem Stein für ihn errichtet worden – die Einwohner von Abydos hatten ihn errichtet, nachdem vorher der König den Auftrag gegeben hatte –, als er dort also saß, auf die Küste hinabblickte und das Fußvolk und die Schiffe betrachtete, überkam ihn, während er sie betrachtete, das Verlangen, eine Schiffsschlacht zu sehen. Als sie dann

λαν γινομένην ἰδέσθαι. ἐπεὶ δὲ ἐγένετό τε καὶ ἐνίκων Φοίνικες Σιδώνιοι, ἥσθη τε τῇ ἁμίλλῃ καὶ τῇ στρατιῇ.

45 ὡς δὲ ὥρα πάντα μὲν τὸν Ἑλλήσποντον ὑπὸ τῶν νεῶν ἀποκεκρυμμένον, πάσας δὲ τὰς ἀκτὰς καὶ τὰ Ἀβυδηνῶν πεδία ἐπίπλεα ἀνθρώπων, ἐνθαῦτα ὁ Ξέρξης ἑωυτὸν ἐμακάρισε, μετὰ δὲ τοῦτο ἐδάκρυσε.

46 (1) μαθὼν δέ μιν Ἀρτάβανος ὁ πάτρως, ὃς τὸ πρῶτον γνώμην ἀπεδέξατο ἐλευθέρως οὐ συμβουλεύων Ξέρξῃ στρατεύεσθαι ἐπὶ τὴν Ἑλλάδα, οὗτος ὡνὴρ φρασθεὶς Ξέρξην δακρύσαντα εἴρετο τάδε. «ὦ βασιλεῦ, ὡς πολλὸν ἀλλήλων κεχωρισμένα ἐργάσαο νῦν τε καὶ ὀλίγῳ πρότερον· μακαρίσας γὰρ σεωυτὸν δακρύεις.» (2) ὁ δὲ εἶπε «ἐσῆλθε γάρ με λογισάμενον κατοικτεῖραι ὡς βραχὺς εἴη ὁ πᾶς ἀνθρώπινος βίος, εἰ τούτων γε ἐόντων τοσούτων οὐδεὶς ἐς ἑκατοστὸν ἔτος περιέσται.» ὁ δὲ ἀμείβετο λέγων «ἕτερα τούτου παρὰ τὴν ζόην πεπόνθαμεν οἰκτρότερα. (3) ἐν γὰρ οὕτω βραχέι βίῳ οὐδεὶς οὕτω ἄνθρωπος ἐὼν εὐδαίμων πέφυκε οὔτε τούτων οὔτε τῶν ἄλλων, τῷ οὐ παραστήσεται πολλάκις καὶ οὐκὶ ἅπαξ τεθνάναι βούλεσθαι μᾶλλον ἢ ζώειν. αἵ τε γὰρ συμφοραὶ προσπίπτουσαι καὶ αἱ νοῦσοι συνταράσσουσαι καὶ βραχὺν ἐόντα μακρὸν δοκέειν εἶναι ποιεῦσι τὸν βίον. (4) οὕτω ὁ μὲν θάνατος μοχθηρῆς ἐούσης τῆς ζόης καταφυγὴ αἱρετωτάτη τῷ ἀνθρώπῳ γέγονε, ὁ δὲ θεὸς γλυκὺν γεύσας τὸν αἰῶνα φθονερὸς ἐν αὐτῷ εὑρίσκεται ἐών.»

47 (1) Ξέρξης δὲ ἀμείβετο λέγων «Ἀρτάβανε, βιοτῆς μέν νυν ἀνθρωπηίης πέρι, ἐούσης τοιαύτης οἵην περ σὺ διαιρέαι εἶναι, παυσώμεθα, μηδὲ κακῶν μεμνώμεθα χρηστὰ ἔχοντες πρήγματα ἐν χερσί, φράσον δέ μοι τόδε· εἴ τοι ἡ ὄψις τοῦ ἐνυπνίου μὴ ἐναργὴς οὕτω ἐφάνη, εἶχες ἂν τὴν ἀρχαίην γνώμην, οὐκ ἐῶν με στρατεύεσθαι ἐπὶ τὴν Ἑλλάδα, ἢ

stattfand und die Phoiniker aus Sidon Sieger waren, freute er sich an der Schlacht und der Flotte.

45 Wie er den gesamten Hellespont von Schiffen bedeckt sah und alle Küsten und die Ebenen von Abydos voll von Menschen sah, da pries Xerxes sich glücklich, danach aber brach er in Tränen aus.

46 (1) Als ihn sein Onkel Artabanos, der anfangs seine Meinung frei geäußert und von einem Feldzug gegen Griechenland abgeraten hatte,[43] bemerkt hatte und wahrnahm, wie Xerxes in Tränen ausgebrochen war, sagte er folgendes: »König, wie sehr voneinander Verschiedenes tust du jetzt und hast kurz vorher getan, denn nachdem du dich glücklich gepriesen hast, weinst du.« (2) Der aber antwortete: »Es überkam mich zu wehklagen, als ich überlegte, wie kurz das ganze menschliche Leben ist, wenn keiner von diesen, die so viele sind, zum 100. Jahr übrig sein wird.« Jener entgegnete mit folgenden Worten: »Anderes als dies, Beklagenswerteres, haben wir während unseres Lebens erfahren. (3) In einem so kurzen Leben nämlich ist kein Mensch so glücklich gewesen, weder einer von diesen noch von den anderen, dass sich ihm nicht der Wunsch einstellt, und zwar oftmals und nicht nur einmal, lieber tot zu sein als zu leben, denn Unglücksfälle, die uns treffen, und Krankheiten, die uns heimsuchen, bewirken, dass das Leben, obwohl es kurz ist, lang zu sein scheint. (4) So ist der Tod für den Menschen, wenn das Leben schlimm ist, die wünschenswerteste Zuflucht, Gott aber, der die Süßigkeit des Lebens hat kosten lassen, wird dabei als neidisch befunden.«

47 (1) Xerxes erwiderte: »Artabanos, lass uns aufhören über das menschliche Leben zu reden, das so ist, wie du jetzt darlegst, und nicht an die Leiden denken, da wir glückliche Umstände in Händen haben. Doch sag mir folgendes: Wenn das Traumgesicht nicht so deutlich erschienen wäre, würdest du immer noch deine anfängliche Meinung vertreten, nämlich mich nicht in den Krieg gegen

μετέστης ἄν; φέρε τοῦτό μοι ἀτρεκέως εἰπέ.» (2) ὁ δὲ ἀμείβετο λέγων «ὦ βασιλεῦ, ὄψις μὲν ἡ ἐπιφανεῖσα τοῦ ὀνείρου ὡς βουλόμεθα ἀμφότεροι τελευτήσειε, ἐγὼ δ' ἔτι καὶ ἐς τόδε δείματος εἰμὶ ὑπόπλεος οὐδ' ἐντὸς ἐμεωυτοῦ, ἄλλα τε πολλὰ ἐπιλεγόμενος καὶ δὴ καὶ ὁρῶν τοι δύο τὰ μέγιστα πάντων ἐόντα πολεμιώτατα.»

48 Ξέρξης δὲ πρὸς ταῦτα ἀμείβετο τοισίδε. «δαιμόνιε ἀνδρῶν, κοῖα ταῦτα λέγεις εἶναι δύο μοι πολεμιώτατα; κότερά τοι ὁ πεζὸς μεμπτὸς κατὰ πλῆθος ἐστὶ καὶ τὸ Ἑλληνικὸν στράτευμα φαίνεται πολλαπλήσιον ἔσεσθαι τοῦ ἡμετέρου, ἢ τὸ ναυτικὸν τὸ ἡμέτερον λείψεσθαι τοῦ ἐκείνων, ἢ καὶ συναμφότερα ταῦτα; εἰ γάρ τοι ταύτῃ φαίνεται ἐνδεέστερα εἶναι τὰ ἡμέτερα πρήγματα, στρατοῦ ἂν ἄλλου τις τὴν ταχίστην ἄγερσιν ποιέοιτο.»

49 (1) ὃ δ' ἀμείβετο λέγων «ὦ βασιλεῦ, οὔτε στρατὸν τοῦτον, ὅστις γε σύνεσιν ἔχει, μέμφοιτ' ἂν οὔτε τῶν νεῶν τὸ πλῆθος· ἢν δὲ πλεῦνας συλλέξῃς, τὰ δύο τοι τὰ λέγω πολλῷ ἔτι πολεμιώτερα γίνεται. τὰ δὲ δύο ταῦτα ἐστὶ γῆ τε καὶ θάλασσα. (2) οὔτε γὰρ τῆς θαλάσσης ἐστὶ λιμὴν τοσοῦτος οὐδαμόθι, ὡς ἐγὼ εἰκάζω, ὅστις ἐγειρομένου χειμῶνος δεξάμενός σευ τοῦτο τὸ ναυτικὸν φερέγγυος ἔσται διασῶσαι τὰς νέας. καίτοι οὐκὶ ἕνα αὐτὸν δεῖ εἶναι τὸν λιμένα, ἀλλὰ παρὰ πᾶσαν τὴν ἤπειρον παρ' ἣν δὴ κομίζεαι. (3) οὔκων δὴ ἐόντων τοι λιμένων ὑποδεξίων, μάθε ὅτι αἱ συμφοραὶ τῶν ἀνθρώπων ἄρχουσι καὶ οὐκὶ ὥνθρωποι τῶν συμφορέων. καὶ δὴ τῶν δύο τοι τοῦ ἑτέρου εἰρημένου τὸ ἕτερον ἔρχομαι ἐρέων. (4) γῆ δὲ πολεμίη τῇδέ τοι κατίσταται· εἰ θέλει τοι μηδὲν ἀντίξοον καταστῆναι, τοσούτῳ τοι γίνεται πολεμιωτέρη ὅσῳ ἂν προβαίνῃς ἑκαστέρω, τὸ πρόσω αἰεὶ κλεπτόμενος· εὐπρηξίης δὲ οὐκ ἔστι ἀνθρώποισι οὐδεμία πληθώρη. (5) καὶ δή τοι, ὡς οὐδενὸς

Griechenland ziehen zu lassen, oder hättest du deine Meinung geändert? Sag mir dies aufrichtig.« (2) Der aber gab zur Antwort: »Das Traumgesicht, das erschienen ist, möge ausgehen, wie wir beide es wollen. Ich aber bin so sehr voll Angst und außer mir, wenn ich viel anderes, aber insbesondere erwäge und sehe, dass dir zwei der allergrößten Feinde entgegenstehen.«

48 Xerxes erwiderte darauf folgendes: »Du unbegreiflicher Mensch, was meinst du damit, dass mir zwei sehr feindliche Dinge entgegenstünden? Ist dir das Fußvolk wegen seiner Menge tadelnswert und scheint dir das griechische Heer vielfach stärker zu sein als das unsere oder scheint dir unsere Flotte der jener nachzustehen oder dies beides zusammen? Wenn dir unsere Macht in dieser Beziehung mangelhafter zu sein scheint, so könnte man schnellstens ein weiteres Heer versammeln.«

49 (1) Jener aber entgegnete: »König, einer, der Verstand hat, dürfte weder dieses Heer noch die Anzahl der Schiffe kritisieren. Wenn du noch mehr versammelst, dann wird dir das, wovon ich spreche, noch viel feindlicher. Diese beiden Dinge sind das Meer und das Land. (2) Nirgendwo gibt es am Meer ja einen so großen Hafen, wie ich meine, der diese deine Flotte aufnehmen kann, wenn ein Unwetter aufkommt, und ausreichend sein wird, um die Schiffe zu schützen. Und es ist nicht nur ein einziger Hafen nötig, sondern mehrere an der gesamten Festlandküste, die du entlangsegelst. (3) Da es also für dich keine ausreichenden Häfen gibt, so verstehe, dass Zufälle das Leben der Menschen beherrschen und nicht die Menschen die Zufälle. Nachdem das eine von den zwei Dingen gesagt ist, will ich dir nun noch das andere sagen. (4) Das Land nun ist dir in folgender Hinsicht feindlich: Wenn sich dir nichts Widriges entgegenstellt, wird es umso feindlicher, je weiter du vorrückst, indem du dir das Vorrücken erschleichst. Für Menschen gibt es aber kein völliges Glück. (5) Ich sage also, wenn keiner sich

ἐναντιευμένου, λέγω τὴν χώρην πλεῦνα ἐν πλέονι χρόνῳ γινομένην λιμὸν τέξεσθαι. ἀνὴρ δὲ οὕτω ἂν εἴη ἄριστος, εἰ βουλευόμενος μὲν ἀρρωδέοι, πᾶν ἐπιλεγόμενος πείσεσθαι χρῆμα, ἐν δὲ τῷ ἔργῳ θρασὺς εἴη.»

50 (1) ἀμείβεται Ξέρξης τοῖσιδε. «Ἀρτάβανε, οἰκότως μὲν σύ γε τούτων ἕκαστα διαιρέαι· ἀτὰρ μήτε πάντα φοβέο μήτε πᾶν ὁμοίως ἐπιλέγεο. εἰ γὰρ δὴ βούλοιο ἐπὶ τῷ αἰεὶ ἐπεσφερομένῳ πρήγματι τὸ πᾶν ὁμοίως ἐπιλέγεσθαι, ποιήσειας ἂν οὐδαμὰ οὐδέν· κρέσσον δὲ πάντα θαρσέοντα ἥμισυ τῶν δεινῶν πάσχειν μᾶλλον ἢ πᾶν χρῆμα προδειμαίνοντα μηδαμὰ μηδὲν παθεῖν. (2) εἰ δὲ ἐρίζων πρὸς πᾶν τὸ λεγόμενον μὴ τὸ βέβαιον ἀποδέξεις, σφάλλεσθαι ὀφείλεις ἐν αὐτοῖσι ὁμοίως καὶ ὁ ὑπεναντία τούτοισι λέξας. τοῦτο μέν νυν ἐπ᾽ ἴσης ἔχει· εἰδέναι δὲ ἄνθρωπον ἐόντα κῶς χρὴ τὸ βέβαιον; δοκέω μὲν οὐδαμῶς. τοῖσι τοίνυν βουλομένοισι ποιέειν ὡς τὸ ἐπίπαν φιλέει γίνεσθαι τὰ κέρδεα, τοῖσι δὲ ἐπιλεγομένοισί τε πάντα καὶ ὀκνέουσι οὐ μάλα ἐθέλει. (3) ὁρᾷς τὰ Περσέων πρήγματα ἐς ὃ δυνάμιος προκεχώρηκε. εἰ τοίνυν ἐκεῖνοι οἱ πρὸ ἐμεῦ γενόμενοι βασιλέες γνώμῃσι ἐχρέωντο ὁμοίῃσι καὶ σύ, ἢ μὴ χρεώμενοι γνώμῃσι τοιαύτῃσι ἄλλους συμβούλους εἶχον τοιούτους, οὐκ ἄν κοτε εἶδες αὐτὰ ἐς τοῦτο προελθόντα· νῦν δὲ κινδύνους ἀναρριπτέοντες ἐς τοῦτο σφέα προηγάγοντο. μεγάλα γὰρ πρήγματα μεγάλοισι κινδύνοισι ἐθέλει καταιρέεσθαι. (4) ἡμεῖς τοίνυν ὁμοιεύμενοι ἐκείνοισι ὥρην τε τοῦ ἔτεος καλλίστην πορευόμεθα, καὶ καταστρεψάμενοι πᾶσαν τὴν Εὐρώπην νοστήσομεν ὀπίσω, οὔτε λιμῷ ἐντυχόντες οὐδαμόθι οὔτε ἄλλο ἄχαρι οὐδὲν παθόντες. τοῦτο μὲν γὰρ αὐτοὶ πολλὴν φορβὴν φερόμενοι πορευόμεθα,

entgegenstellt, wird das Land, je größer es in je längerer Zeit wird, Hunger mit sich bringen. Ein Mann aber dürfte dann am tüchtigsten sein, wenn er einerseits beim Planen furchtsam ist, indem er bedenkt, was er alles erleiden kann, andererseits beim Handeln mutig ist.«

50 (1) Xerxes erwiderte folgendes: »Artabanos, in gebührender Weise legst du alle Einzelheiten davon dar, aber sei nicht bei allem furchtsam und habe nicht in allem in gleicher Weise Bedenken. Wenn du nämlich bei allem, was immer eintreten könnte, alles gleichermaßen bedenken willst, dürftest du überhaupt nichts zustande bringen. Es ist besser, in allem mutig zu sein und die Hälfte des Schlimmen zu erleiden als von vornherein bei jeder Sache furchtsam zu sein und gar nichts zu erleiden. (2) Wenn du aber gegen alles, was gesagt wird, streitest und nichts Sicheres aufzeigen kannst, musst du dich dabei genauso täuschen wie derjenige, der das Gegenteil davon behauptet hat. Das nämlich läuft auf eins hinaus. Wie aber kann einer als Mensch wissen, was sicher ist? Ich glaube, es ist nicht möglich. Denen, die handeln wollen, pflegen in der Regel Erfolge zuteil zu werden, denen aber, die alles bedenken und zögern, wollen sie sich eben nicht einstellen. (3) Du siehst, zu welcher Macht sich die persischen Verhältnisse entwickelt haben. Wenn jene, die vor mir Könige gewesen sind, die gleichen Ansichten gehabt hätten wie du oder wenn sie selbst nicht solche Ansichten, aber andere, solche Berater gehabt hätten, dann hättest du nie diese Fortschritte gesehen. Jetzt aber haben sie, da sie Gefahren riskierten, die Macht so weit gebracht. Große Erfolge nämlich wollen unter großen Gefahren errungen werden. (4) Wir aber, die wir uns jenen gleichstellen, legen unseren Weg in der besten Jahreszeit zurück und werden, nachdem wir das ganze Europa unterworfen haben, wieder heimkehren, ohne irgendwo Hunger erlitten zu haben oder irgendetwas anderes Unwillkommenes erfahren zu haben. Einerseits haben wir auf unserem Weg

τοῦτο δέ, τῶν ἄν κου ἐπιβέωμεν γῆν καὶ ἔθνος, τούτων τὸν σῖτον ἕξομεν· ἐπ' ἀροτῆρας δὲ καὶ οὐ νομάδας στρατευόμεθα ἄνδρας.»

51 (1) λέγει Ἀρτάβανος μετὰ ταῦτα «ὦ βασιλεῦ, ἐπείτε ἀρρωδέειν οὐδὲν ἐᾷς πρῆγμα, σὺ δέ μευ συμβουλίην ἔνδεξαι· ἀναγκαίως γὰρ ἔχει περὶ πολλῶν πρηγμάτων πλεῦνα λόγον ἐκτεῖναι. Κῦρος ὁ Καμβύσεω Ἰωνίην πᾶσαν πλὴν Ἀθηναίων κατεστρέψατο δασμοφόρον εἶναι Πέρσῃσι. (2) τούτους ὦν τοὺς ἄνδρας συμβουλεύω τοι μηδεμιῇ μηχανῇ ἄγειν ἐπὶ τοὺς πατέρας· καὶ γὰρ ἄνευ τούτων οἷοί τε εἰμὲν τῶν ἐχθρῶν κατυπέρτεροι γίνεσθαι. ἢ γὰρ σφέας, ἢν ἕπωνται, δεῖ ἀδικωτάτους γίνεσθαι καταδουλουμένους τὴν μητρόπολιν, ἢ δικαιοτάτους συνελευθεροῦντας. (3) ἀδικώτατοι μέν νυν γινόμενοι οὐδὲν κέρδος μέγα ἡμῖν προσβάλλουσι, δικαιότατοι δὲ γινόμενοι οἷοί τε δηλήσασθαι μεγάλως τὴν σὴν στρατιὴν γίνονται. ἐς θυμὸν ὦν βάλευ καὶ τὸ παλαιὸν ἔπος ὡς εὖ εἴρηται, τὸ μὴ ἅμα ἀρχῇ πᾶν τέλος καταφαίνεσθαι.»

52 (1) ἀμείβεται πρὸς ταῦτα Ξέρξης «Ἀρτάβανε, τῶν ἀπεφήναο γνωμέων σφάλλεαι κατὰ ταύτην δὴ μάλιστα, ὃς Ἴωνας φοβέαι μὴ μεταβάλωσι, τῶν ἔχομεν γνῶμα μέγιστον, τῶν σύ τε μάρτυς γίνεαι καὶ οἱ συστρατευσάμενοι Δαρείῳ ἄλλοι ἐπὶ Σκύθας, ὅτι ἐπὶ τούτοισι ἡ πᾶσα Περσικὴ στρατιὴ ἐγένετο διαφθεῖραι καὶ περιποιῆσαι, οἳ δὲ δικαιοσύνην καὶ πιστότητα ἐνέδωκαν, ἄχαρι δὲ οὐδέν. (2) πάρεξ δὲ τούτου, ἐν τῇ ἡμετέρῃ καταλιπόντας τέκνα καὶ γυναῖκας καὶ χρήματα οὐδ' ἐπιλέγεσθαι χρὴ νεώτερόν τι ποιήσειν. οὕτω μηδὲ τοῦτο φοβέο, ἀλλὰ θυμὸν ἔχων ἀγαθὸν σῶζε οἶκόν τε τὸν ἐμὸν καὶ τυραννίδα τὴν ἐμήν· σοὶ γὰρ ἐγὼ μούνῳ ἐκ πάντων σκῆπτρα τὰ ἐμὰ ἐπιτράπω.»

viel Proviant dabei, andererseits werden wir deren Vorräte erhalten, durch deren Land und deren Volk wir hindurchziehen. Wir unternehmen einen Feldzug gegen Sesshafte, nicht gegen Nomaden.«

51 (1) Artabanos sagte daraufhin: »König, da du nicht zulässt vor irgendeiner Sache Angst zu haben, so nimm wenigstens meinen Rat an. Es ist ja notwendig über viele Dinge mehr Worte zu machen. Kyros, der Sohn des Kambyses, hat ganz Ionien unterworfen, so dass es den Persern tributpflichtig war, außer Athen. (2) Ich rate dir, unter keinen Umständen diese Männer gegen ihre Väter zu führen. Auch ohne sie sind wir in der Lage den Feinden überlegen zu sein. Entweder müssen sie nämlich, wenn sie mitziehen, größtes Unrecht tun, dadurch dass sie ihre Mutterstadt unterwerfen, oder größte Gerechtigkeit ausüben dadurch, dass sie diese mit befreien. (3) Handeln sie sehr ungerecht, so bringen sie für uns keinen großen Gewinn, handeln sie aber sehr gerecht, können sie deinem Heer sehr schaden. Nimm dir auch das alte Wort zu Herzen, das es trefflich sagt, nämlich dass nicht zugleich mit dem Anfang jedes Ende sichtbar wird.«

52 (1) Xerxes erwiderte darauf: »Artabanos, bei den Ansichten, die du geäußert hast, täuschst du dich darin am meisten, der du fürchtest, dass die Ionier abfallen. Diese haben wir bereits gut erprobt, wofür du und alle anderen, die zusammen mit Dareios gegen die Skythen gezogen sind, Zeugen seid: nämlich dass es bei ihnen lag, das gesamte persische Heer zu vernichten oder zu retten. Sie aber haben rechtes Handeln und Zuverlässigkeit und keinerlei Unfreundlichkeit bewiesen. (2) Abgesehen davon ist undenkbar, dass sie, da sie ihre Kinder, Frauen und ihre Besitztümer in unserem Land zurückgelassen haben, einen Aufstand machen werden. So fürchte dies also nicht, sondern sei guten Mutes und beschütze mein Haus und meine Herrschaft. Dir allein von allen vertraue ich nämlich mein Szepter an.«

53 (1) ταῦτα εἴπας καὶ Ἀρτάβανον ἀποστείλας ἐς Σοῦσα δεύτερα μετεπέμψατο Ξέρξης Περσέων τοὺς δοκιμωτάτους· ἐπεὶ δέ οἱ παρῆσαν, ἔλεγέ σφι τάδε. «ὦ Πέρσαι, τῶνδ' ἐγὼ ὑμέων χρηίζων συνέλεξα, ἄνδρας τε γενέσθαι ἀγαθοὺς καὶ μὴ καταισχύνειν τὰ πρόσθε ἐργασμένα Πέρσῃσι, ἐόντα μεγάλα τε καὶ πολλοῦ ἄξια, ἀλλ' εἷς τε ἕκαστος καὶ οἱ σύμπαντες προθυμίην ἔχωμεν· ξυνὸν γὰρ πᾶσι τοῦτο ἀγαθὸν σπεύδεται. (2) τῶνδε δὲ εἵνεκα προαγορεύω ἀντέχεσθαι τοῦ πολέμου ἐντεταμένως· ὡς γὰρ ἐγὼ πυνθάνομαι, ἐπ' ἄνδρας στρατευόμεθα ἀγαθούς, τῶν ἢν κρατήσωμεν, οὐ μή τις ἡμῖν ἄλλος στρατὸς ἀντιστῇ κοτε ἀνθρώπων. νῦν δὲ διαβαίνωμεν ἐπευξάμενοι τοῖσι θεοῖσι οἳ Πέρσας λελόγχασι.»

54 (1) ταύτην μὲν τὴν ἡμέρην παρεσκευάζοντο ἐς τὴν διάβασιν· τῇ δὲ ὑστεραίῃ ἀνέμενον τὸν ἥλιον ἐθέλοντες ἰδέσθαι ἀνίσχοντα, θυμιήματά τε παντοῖα ἐπὶ τῶν γεφυρέων καταγίζοντες καὶ μυρσίνῃσι στορνύντες τὴν ὁδόν. (2) ὡς δ' ἐπανέτελλε ὁ ἥλιος, σπένδων ἐκ χρυσέης φιάλης Ξέρξης ἐς τὴν θάλασσαν εὔχετο πρὸς τὸν ἥλιον μηδεμίαν οἱ συντυχίην τοιαύτην γενέσθαι, ἥ μιν παύσει καταστρέψασθαι τὴν Εὐρώπην πρότερον ἢ ἐπὶ τέρμασι τοῖσι ἐκείνης γένηται. εὐξάμενος δὲ ἐσέβαλε τὴν φιάλην ἐς τὸν Ἑλλήσποντον καὶ χρύσεον κρητῆρα καὶ Περσικὸν ξίφος, τὸν ἀκινάκην καλέουσι. (3) ταῦτα οὐκ ἔχω ἀτρεκέως διακρῖναι οὔτε εἰ τῷ ἡλίῳ ἀνατιθεὶς κατῆκε ἐς τὸ πέλαγος, οὔτε εἰ μετεμέλησέ οἱ τὸν Ἑλλήσποντον μαστιγώσαντι καὶ ἀντὶ τούτων τὴν θάλασσαν ἐδωρέετο.

55 (1) ὡς δὲ ταῦτά οἱ ἐπεποίητο, διέβαινον κατὰ μὲν τὴν ἑτέρην τῶν γεφυρέων τὴν πρὸς τοῦ Πόντου ὁ πεζός τε καὶ ἡ ἵππος ἅπασα, κατὰ δὲ τὴν πρὸς τὸ Αἰγαῖον τὰ ὑποζύγια

53 (1) Nachdem Xerxes dies gesagt und Artabanos nach Susa geschickt hatte, ließ er die angesehensten Perser ein zweites Mal kommen. Als sie sich eingefunden hatten, richtete er folgende Worte an sie: »Perser, ich habe euch versammelt, weil ich euch bitten möchte, tüchtige Männer zu sein und das von den Persern früher Erreichte, das bedeutend und viel wert ist, nicht zu entehren. Lasst uns vielmehr, jeder einzelne und alle zusammen, Einsatz zeigen. Damit wird nämlich ein Gut erstrebt, das allen gemeinsam ist. (2) Deswegen sage ich schon vorher, dass ihr euch mit aller Anstrengung auf den Krieg einlassen sollt. Wie ich nämlich erfahre, ziehen wir gegen tüchtige Männer in den Krieg; wenn wir sie besiegen, wird sich uns kein anderes Heer unter allen Menschen entgegenstellen. Jetzt aber lasst uns zu den Göttern beten, die das persische Land erhalten haben, und dann hinübergehen.«

54 (1) An diesem Tag rüsteten sie sich zur Überquerung, am folgenden Tag aber warteten sie, da sie die Sonne aufgehen sehen wollten, während sie vielerlei Räucherwerk auf den Brücken opferten und den Weg mit Myrtenzweigen bedeckten. (2) Sobald die Sonne aufging, goss Xerxes aus einer goldenen Schale ein Trankopfer ins Meer und betete zur Sonne, dass ihm nicht ein solches Unglück widerfahre, das ihn davon abhalten werde, Europa zu unterwerfen, bevor er an dessen Grenzen gelangt sei. Nach dem Gebet warf er die Schale sowie einen goldenen Mischkrug und ein persisches Schwert, das man Akinakes nennt, in den Hellespont. (3) Ich kann nicht mit Gewissheit entscheiden, ob er dies der Sonne opfernd ins Meer herabgelassen hat oder ob er es bereut hatte, den Hellespont ausgepeitscht zu haben und ob er dann dafür das Meer beschenkte.

55 (1) Als dies von ihm ausgeführt war, zogen das Fußvolk und die gesamte Reiterei auf der einen der beiden Brücken, nämlich auf der zum Pontos hin, hinüber, auf der anderen, nämlich derjenigen zur Ägäis hin, zogen die

καὶ ἡ θεραπηίη. (2) ἡγέοντο δὲ πρῶτα μὲν οἱ μύριοι Πέρσαι, ἐστεφανωμένοι πάντες, μετὰ δὲ τούτους ὁ σύμμικτος στρατὸς παντοίων ἐθνέων. ταύτην μὲν τὴν ἡμέρην οὗτοι, τῇ δὲ ὑστεραίῃ πρῶτοι μὲν οἵ τε ἱππόται καὶ οἱ τὰς λόγχας κάτω τρέποντες· ἐστεφάνωντο δὲ καὶ οὗτοι. (3) μετὰ δὲ οἵ τε ἵπποι οἱ ἱροὶ καὶ τὸ ἅρμα τὸ ἱρόν, ἐπὶ δὲ αὐτός τε Ξέρξης καὶ οἱ αἰχμοφόροι καὶ οἱ ἱππόται οἱ χίλιοι, ἐπὶ δὲ τούτοισι ὁ ἄλλος στρατός. καὶ αἱ νέες ἅμα ἀνήγοντο ἐς τὴν ἀπεναντίον. ἤδη δὲ ἤκουσα καὶ ὕστατον διαβῆναι βασιλέα πάντων.

56 (1) Ξέρξης δὲ ἐπεὶ διέβη ἐς τὴν Εὐρώπην, ἐθηεῖτο τὸν στρατὸν ὑπὸ μαστίγων διαβαίνοντα· διέβη δὲ ὁ στρατὸς αὐτοῦ ἐν ἑπτὰ ἡμέρῃσι καὶ ἐν ἑπτὰ εὐφρόνῃσι, ἐλινύσας οὐδένα χρόνον. (2) ἐνθαῦτα λέγεται, Ξέρξεω ἤδη διαβεβηκότος τὸν Ἑλλήσποντον, ἄνδρα εἰπεῖν Ἑλλησπόντιον «ὦ Ζεῦ, τί δὴ ἀνδρὶ εἰδόμενος Πέρσῃ καὶ οὔνομα ἀντὶ Διὸς Ξέρξην θέμενος ἀνάστατον τὴν Ἑλλάδα θέλεις ποιῆσαι, ἄγων πάντας ἀνθρώπους; καὶ γὰρ ἄνευ τούτων ἐξῆν τοι ποιέειν ταῦτα.»

57 (1) ὡς δὲ διέβησαν πάντες, ἐς ὁδὸν ὁρμημένοισι τέρας σφι ἐφάνη μέγα, τὸ Ξέρξης ἐν οὐδενὶ λόγῳ ἐποιήσατο καίπερ εὐσύμβλητον ἐόν· ἵππος γὰρ ἔτεκε λαγόν. εὐσύμβλητον ὦν τῇδε τοῦτο ἐγένετο, ὅτι ἔμελλε μὲν ἐλᾶν στρατιὴν ἐπὶ τὴν Ἑλλάδα Ξέρξης ἀγαυρότατα καὶ μεγαλοπρεπέστατα, ὀπίσω δὲ περὶ ἑωυτοῦ τρέχων ἥξειν ἐς τὸν αὐτὸν χῶρον. ἐγένετο δὲ καὶ ἕτερον αὐτῷ τέρας ἐόντι ἐν Σάρδισι· (2) ἡμίονος γὰρ ἔτεκε ἡμίονον διξὰ ἔχουσαν αἰδοῖα, τὰ μὲν ἔρσενος τὰ δὲ θηλέης· κατύπερθε δὲ ἦν τὰ τοῦ ἔρσενος.

Lasttiere und das Gefolge. (2) Die 10 000 Perser, allesamt bekränzt, machten den Anfang, nach ihnen kam buntgemischt das Heer aus vielerlei Völkern. An diesem Tag kamen also diese, am darauffolgenden kamen als erste die Reiter und diejenigen, die ihre Lanzenspitzen nach unten gekehrt hatten. Auch diese waren bekränzt. (3) Danach folgten die heiligen Pferde und der heilige Wagen, danach Xerxes selbst und die Lanzenträger und 1000 Reiter, nach ihnen das übrige Heer. Die Schiffe wurden zur gleichen Zeit ans gegenüberliegende Ufer gefahren. Ich habe auch schon gehört, dass der König als Letzter von allen hinübergezogen sei.

56 (1) Als Xerxes nach Europa hinübergegangen war, schaute er zu, wie das Heer unter Peitschenhieben hinüberzog. Sein Heer zog, ohne irgendeine Zeit zu rasten, an sieben Tagen und sieben Nächten hinüber. (2) Da soll, als Xerxes den Hellespont bereits überschritten hatte, ein am Hellespont wohnender Mann gesagt haben: »O Zeus, warum willst du, einem persischen Mann gleichend und den Namen Xerxes statt Zeus tragend,[44] Griechenland verwüsten, wofür du die gesamte Menschheit mit dir führst? Auch ohne sie wäre es dir möglich gewesen, dies zu tun.«

57 (1) Nachdem aber alle hinübergezogen waren, erschien ihnen, als sie ihren Weg fortsetzen wollten, ein großes Vorzeichen, dem Xerxes keine Beachtung schenkte, obwohl es leicht zu deuten gewesen wäre. Ein Ross brachte einen Hasen zur Welt. Das war dahingehend leicht zu deuten, dass Xerxes aufs prunkvollste und prahlerischste ein Heer gegen Europa ziehen lassen wollte, hinterher aber um sein Leben flüchtend an denselben Ort kommen sollte. (2) Es war ihm aber noch ein weiteres Vorzeichen begegnet, als er in Sardes weilte. Ein Maulesel brachte einen Maulesel mit zwei Geschlechtsteilen zur Welt, nämlich mit dem eines Männchens und dem eines Weibchens. Das des Männchens war über dem anderen.

58 (1) τῶν ἀμφοτέρων λόγον οὐδένα ποιησάμενος τὸ πρόσω ἐπορεύετο, σὺν δέ οἱ ὁ πεζὸς στρατός. ὁ δὲ ναυτικὸς ἔξω τὸν Ἑλλήσποντον πλέων παρὰ γῆν ἐκομίζετο, τὰ ἔμπαλιν πρήσσων τοῦ πεζοῦ. (2) ὃ μὲν γὰρ πρὸς ἑσπέρην ἔπλεε, ἐπὶ Σαρπηδονίης ἄκρης ποιεύμενος τὴν ἄπιξιν, ἐς τὴν αὐτῷ προείρητο ἀπικομένῳ περιμένειν· ὁ δὲ κατ' ἤπειρον στρατὸς πρὸς ἠῶ τε καὶ ἡλίου ἀνατολὰς ἐποιέετο τὴν ὁδὸν διὰ τῆς Χερσονήσου, ἐν δεξιῇ μὲν ἔχων τὸν Ἕλλης τάφον τῆς Ἀθάμαντος, ἐν ἀριστερῇ δὲ Καρδίην πόλιν, διὰ μέσης δὲ πορευόμενος πόλιος τῇ οὔνομα τυγχάνει ἐὸν Ἀγορή. (3) ἐνθεῦτεν δὲ κάμπτων τὸν κόλπον τὸν Μέλανα καλεόμενον καὶ Μέλανα ποταμόν, οὐκ ἀντισχόντα τότε τῇ στρατιῇ τὸ ῥέεθρον ἀλλ' ἐπιλιπόντα, τοῦτον τὸν ποταμὸν διαβάς, ἐπ' οὗ καὶ ὁ κόλπος οὗτος τὴν ἐπωνυμίην ἔχει, ἤιε πρὸς ἑσπέρην, Αἶνόν τε πόλιν Αἰολίδα καὶ Στεντορίδα λίμνην παρεξιών, ἐς ὃ ἀπίκετο ἐς Δορίσκον.

59 (1) ὁ δὲ Δορίσκος ἐστὶ τῆς Θρηίκης αἰγιαλός τε καὶ πεδίον μέγα, διὰ δὲ αὐτοῦ ῥέει ποταμὸς μέγας Ἕβρος· ἐν τῷ τεῖχός τε ἐδέδμητο βασιλήιον τοῦτο τὸ δὴ Δορίσκος κέκληται, καὶ Περσέων φρουρὴ ἐν αὐτῷ κατεστήκεε ὑπὸ Δαρείου ἐξ ἐκείνου τοῦ χρόνου ἐπείτε ἐπὶ Σκύθας ἐστρατεύετο. (2) ἔδοξε ὦν τῷ Ξέρξῃ ὁ χῶρος εἶναι ἐπιτήδεος ἐνδιατάξαι τε καὶ ἐξαριθμῆσαι τὸν στρατόν, καὶ ἐποίεε ταῦτα. τὰς μὲν δὴ νέας τὰς πάσας ἀπικομένας ἐς Δορίσκον οἱ ναύαρχοι κελεύσαντος Ξέρξεω ἐς τὸν αἰγιαλὸν τὸν προσεχέα Δορίσκῳ ἐκόμισαν, ἐν τῷ Σάλη τε Σαμοθρηικίη πεπόλισται πόλις καὶ Ζώνη, τελευτᾷ δὲ αὐτοῦ Σέρρειον ἄκρη ὀνομαστή. ὁ δὲ χῶρος οὗτος τὸ παλαιὸν ἦν Κικόνων. (3) ἐς τοῦτον τὸν αἰγιαλὸν κατασχόντες τὰς νέας ἀνέψυχον ἀνελκύσαντες. ὁ δὲ ἐν τῷ Δορίσκῳ τοῦτον τὸν χρόνον τῆς στρατιῆς ἀριθμὸν ἐποιέετο.

60 (1) ὅσον μέν νυν ἕκαστοι παρεῖχον πλῆθος ἐς ἀριθμόν, οὐκ ἔχω εἰπεῖν τὸ ἀτρεκές· οὐ γὰρ λέγεται πρὸς

58 (1) Ohne eines der beiden Vorzeichen zu beachten, zog er weiter, mit ihm aber das gesamte Fußvolk. Die Flotte segelte aus dem Hellespont heraus und fuhr dann an der Küste entlang in entgegengesetzter Richtung wie das Fußvolk. (2) Sie segelte nämlich gegen Westen, mit Ziel des Vorgebirges bei Sarpedon, wo ihr aufgetragen war, nach der Ankunft zu warten. Das Landheer marschierte gegen Osten und Sonnenaufgang durch den Chersones, das Grab der Helle, der Tochter des Athamas, auf der rechten Seite, die Stadt Kardia auf der linken Seite, und mitten durch eine Stadt namens Agora. (3) Von dort bog es dann an der sogenannten Schwarzen Bucht und am sogenannten Schwarzen Fluss ab, der damals für das Heer nicht genügend Wasser führte, sondern versiegte, überquerte den Fluss, von dem auch die Bucht den Namen hat, und zog dann weiter nach Westen, vorbei an der aiolischen Stadt Ainos und am See Stentoris, bis es nach Doriskos kam.

59 (1) Doriskos liegt an der Küste in Thrakien und ist eine weite Ebene, durch die der große Fluss Hebros fließt. Dort war eine königliche Festung namens Doriskos errichtet worden und in ihr war von Dareios, seit jener Zeit, als er gegen die Skythen gezogen war,[45] eine persische Wache eingesetzt worden. (2) Xerxes schien der Platz also geeignet zu sein, das Heer zu ordnen und zu zählen, und dies führte er dann auch aus. Alle Schiffe, die nach Doriskos kamen, brachten die Kapitäne auf Befehl des Xerxes an die Doriskos angrenzende Küste, wo die samothrakische Stadt Sale liegt und Zone, am äußersten Ende davon aber die bekannte Steilküste Serreion. Dieser Ort gehörte früher den Kikonen. (3) An diese Küste lenkten sie also die Schiffe und rasteten, nachdem sie diese an Land gezogen hatten. Er aber führte in Doriskos zu dieser Zeit eine Zählung des Heeres durch.

60 (1) Welche Menge an der Zahl die einzelnen stellten, kann ich nicht mit Sicherheit sagen – es wird nämlich

οὐδαμῶν ἀνθρώπων· σύμπαντος δὲ τοῦ στρατοῦ τοῦ πεζοῦ τὸ πλῆθος ἐφάνη ἑβδομήκοντα καὶ ἑκατὸν μυριάδες. (2) ἐξηρίθμησαν δὲ τόνδε τὸν τρόπον· συνήγαγόν τε ἐς ἕνα χῶρον μυριάδα ἀνθρώπων, καὶ συννάξαντες ταύτην ὡς μάλιστα εἶχον περιέγραψαν ἔξωθεν κύκλον· περιγράψαντες δὲ καὶ ἀπέντες τοὺς μυρίους αἱμασιὴν περιέβαλον κατὰ τὸν κύκλον, ὕψος ἀνήκουσαν ἀνδρὶ ἐς τὸν ὀμφαλόν· (3) ταύτην δὲ ποιήσαντες ἄλλους ἐσεβίβαζον ἐς τὸ περιοικοδομημένον, μέχρι οὗ πάντας τούτῳ τῷ τρόπῳ ἐξηρίθμησαν. ἀριθμήσαντες δὲ κατὰ ἔθνεα διέτασσον.

61 (1) οἱ δὲ στρατευόμενοι οἵδε ἦσαν, Πέρσαι μὲν ὧδε ἐσκευασμένοι· περὶ μὲν τῇσι κεφαλῇσι εἶχον τιάρας καλεομένους πίλους ἀπαγέας, περὶ δὲ τὸ σῶμα κιθῶνας χειριδωτοὺς ποικίλους, ⟨...⟩ λεπίδος σιδηρέης ὄψιν ἰχθυοειδέος, περὶ δὲ τὰ σκέλεα ἀναξυρίδας, ἀντὶ δὲ ἀσπίδων γέρρα· ὑπὸ δὲ φαρετρεῶνες ἐκρέμαντο· αἰχμὰς δὲ βραχέας εἶχον, τόξα δὲ μεγάλα, ὀιστοὺς δὲ καλαμίνους, πρὸς δὲ ἐγχειρίδια παρὰ τὸν δεξιὸν μηρὸν παραιωρεύμενα ἐκ τῆς ζώνης. (2) καὶ ἄρχοντα παρείχοντο Ὀτάνεα τὸν Ἀμήστριος πατέρα τῆς Ξέρξεω γυναικός, ἐκαλέοντο δὲ πάλαι ὑπὸ μὲν Ἑλλήνων Κηφῆνες, ὑπὸ μέντοι σφέων αὐτῶν καὶ τῶν περιοίκων Ἀρταῖοι. (3) ἐπεὶ δὲ Περσεὺς ὁ Δανάης τε καὶ Διὸς ἀπίκετο παρὰ Κηφέα τὸν Βήλου καὶ ἔσχε αὐτοῦ τὴν θυγατέρα Ἀνδρομέδην, γίνεται αὐτῷ παῖς τῷ οὔνομα ἔθετο Πέρσην, τοῦτον δὲ αὐτοῦ καταλείπει· ἐτύγχανε γὰρ ἄπαις ἐὼν ὁ Κηφεὺς ἔρσενος γόνου. ἐπὶ τούτου δὴ τὴν ἐπωνυμίην ἔσχον.

62 (1) Μῆδοι δὲ τὴν αὐτὴν ταύτην ἐσταλμένοι ἐστρατεύοντο· Μηδικὴ γὰρ αὕτη ἡ σκευή ἐστι καὶ οὐ Περσική.

bei keinem Menschen genannt; es zeigte sich jedoch, dass die Zahl des gesamten Fußvolkes 1 700 000 betrug. (2) Die Zählung wurde auf folgende Weise durchgeführt. Man versammelte an einem einzigen Platz eine Menge von 10 000 Menschen und nachdem man sie versammelt hatte, führte man sie möglichst eng zusammen und zog dann von außen einen Kreis. Nachdem man den Kreis gezogen und die 10 000 wieder weggeschickt hatte, errichtete man eine Mauer entlang des Kreises, in der Höhe bis zum Nabel eines Mannes reichend. (3) Als man dies getan hatte, ließ man immer wieder andere in die rings umbaute Absperrung eintreten, bis alle auf diese Weise gezählt waren. Nach der Zählung ordnete man sie nach Volksstämmen.

61 (1) Diejenigen, die an dem Feldzug teilnahmen, waren folgende: Einerseits die Perser, die so gerüstet waren: Auf dem Kopf trugen sie formlose Filzhüte, die sogenannten Tiaren, am Körper mit Ärmeln versehene bunte Chitone, ⟨…⟩ aus eisernen Schuppen vom Aussehen her wie Fischschuppen, an den Beinen lose Beinkleider und statt der schweren Schilde geflochtene Schilde. Darunter waren die Köcher aufgehängt. Sie hatten kurze Lanzen, aber große Bogen, Pfeile aus Schilfrohr, außerdem Dolche am rechten Schenkel, die am Gürtel hingen. (2) Ihr Heerführer war Otanes, der Vater der Amistris, der Frau des Xerxes. In alter Zeit wurden sie von den Griechen Kephener genannt, sie selbst und ihre Nachbarn nannten sie Artaier. (3) Als Perseus, der Sohn der Danaë und des Zeus,[46] zu Kepheus, dem Sohn des Belos gekommen war und dessen Tochter Andromeda zur Frau erhalten hatte, wurde ihm ein Sohn geboren, der den Namen Perses erhielt; diesen ließ er aber dort zurück. Kepheus hatte nämlich keinen männlichen Nachkommen. Von ihm also erhielten sie den Namen.

62 (1) Die Meder zogen mit der gleichen Ausrüstung in den Krieg. Die beschriebene Ausrüstung ist nämlich me-

οἱ δὲ Μῆδοι ἄρχοντα μὲν παρείχοντο Τιγράνην ἄνδρα Ἀχαιμενίδην, ἐκαλέοντο δὲ πάλαι πρὸς πάντων Ἄριοι, ἀπικομένης δὲ Μηδείης τῆς Κολχίδος ἐξ Ἀθηνέων ἐς τοὺς Ἀρίους τούτους μετέβαλον καὶ οὗτοι τὸ οὔνομα. αὐτοὶ περὶ σφέων ὧδε λέγουσι Μῆδοι. (2) Κίσσιοι δὲ στρατευόμενοι τὰ μὲν ἄλλα κατά περ Πέρσαι ἐσκευάδατο, ἀντὶ δὲ τῶν πίλων μιτρηφόροι ἦσαν. Κισσίων δὲ ἦρχε Ἀνάφης ὁ Ὀτάνεω. Ὑρκάνιοι δὲ κατά περ Πέρσαι ἐσεσάχατο, ἡγεμόνα παρεχόμενοι Μεγάπανον τὸν Βαβυλῶνος ὕστερον τούτων ἐπιτροπεύσαντα.

63 Ἀσσύριοι δὲ στρατευόμενοι περὶ μὲν τῇσι κεφαλῇσι εἶχον χάλκεά τε κράνεα καὶ πεπλεγμένα τρόπον τινὰ βάρβαρον οὐκ εὐαπήγητον, ἀσπίδας δὲ καὶ αἰχμὰς καὶ ἐγχειρίδια παραπλήσια τῇσι Αἰγυπτίῃσι εἶχον, πρὸς δὲ ῥόπαλα ξύλων τετυλωμένα σιδήρῳ, καὶ λινέους θώρηκας. οὗτοι δὲ ὑπὸ μὲν Ἑλλήνων καλέονται Σύριοι, ὑπὸ δὲ τῶν βαρβάρων Ἀσσύριοι ἐκλήθησαν. [τούτων δὲ μεταξὺ Χαλδαῖοι.] Ἦρχε δὲ σφέων Ὀτάσπης ὁ Ἀρταχαίεω.

64 (1) Βάκτριοι δὲ περὶ μὲν τῇσι κεφαλῇσι ἀγχότατα τῶν Μηδικῶν ἔχοντες ἐστρατεύοντο, τόξα δὲ καλάμινα ἐπιχώρια καὶ αἰχμὰς βραχέας. (2) Σάκαι δὲ οἱ Σκύθαι περὶ μὲν τῇσι κεφαλῇσι κυρβασίας ἐς ὀξὺ ἀπηγμένας ὀρθὰς εἶχον πεπηγυίας, ἀναξυρίδας δὲ ἐνεδεδύκεσαν, τόξα δὲ ἐπιχώρια καὶ ἐγχειρίδια, πρὸς δὲ καὶ ἀξίνας σαγάρις εἶχον. τούτους δὲ ἐόντας Σκύθας Ἀμυργίους Σάκας ἐκάλεον· οἱ γὰρ Πέρσαι πάντας τοὺς Σκύθας καλέουσι Σάκας. Βακτρίων δὲ καὶ Σακέων ἦρχε Ὑστάσπης ὁ Δαρείου τε καὶ Ἀτόσσης τῆς Κύρου.

65 Ἰνδοὶ δὲ εἵματα μὲν ἐνδεδυκότες ἀπὸ ξύλων πεποιημένα, τόξα δὲ καλάμινα εἶχον καὶ ὀιστοὺς καλαμίνους· ἐπὶ δὲ σίδηρος ἦν. ἐσταλμένοι μὲν δὴ ἦσαν οὕτω Ἰνδοί, προσ-

disch und nicht persisch. Die Meder hatten als Anführer den Achaimeniden Tigranes. In alter Zeit wurden sie von allen Arier genannt, als aber die Kolcherin Medea aus Athen zu diesen Ariern gekommen war, änderten auch diese ihren Namen. So erzählen es die Meder selbst über sich. (2) Die Kissier, die am Feldzug teilnahmen, waren in Bezug auf alles andere wie die Perser gerüstet, trugen aber anstelle der Filzhüte Kopfbinden. Die Kissier befehligte Anaphes, der Sohn des Otanes. Die Hyrkanier waren ausgerüstet wie die Perser, als Führer hatten sie Megapanos, der nach diesen Ereignissen Statthalter von Babylon wurde.

63 Die Assyrer, die am Feldzug beteiligt waren, trugen auf dem Kopf eherne Helme, die auf eine gewisse nicht leicht zu beschreibende, nicht griechische Art geschmiedet waren. Schilde, Lanzen und Dolche hatten sie den ägyptischen sehr ähnliche, außerdem noch Holzkeulen, die mit eisernen Buckeln beschlagen waren und leinene Brustpanzer. Diese wurden von den Griechen Syrer genannt, von den Nichtgriechen jedoch hatten sie den Namen Assyrer erhalten. Ihr Anführer war Otaspes, der Sohn des Artachaies.

64 (1) Die Baktrier zogen ins Feld mit einer den Medern sehr ähnlichen Kopfbedeckung, mit einheimischen Bogen aus Rohr und kurzen Lanzen. (2) Die Saker, ein skythischer Volksstamm, trugen am Kopf spitz zulaufende aufrechte und steife Tiaren, waren mit weiten Beinkleidern gekleidet, hatten einheimische Bogen und Dolche, außerdem hatten sie auch noch Doppelbeile als Streitäxte. Diese Skythen aus Amorges nannte man Saker. Die Perser nennen nämlich alle Skythen Saker. Die Baktrier und Saker führte Hystaspes an, ein Sohn des Dareios und der Atossa, der Tochter des Kyros.

65 Die Inder zogen ins Feld mit Gewändern aus Baumwolle bekleidet, sie hatten Bogen aus Rohr und ebenso Pfeile aus Rohr. An der Spitze war Eisen. So also wa-

ετετάχατο δὲ συστρατευόμενοι Φαρναζάθρῃ τῷ Ἀρταβάτεω.

66 (1) ἄριοι δὲ τόξοισι μὲν ἐσκευασμένοι ἦσαν Μηδικοῖσι, τὰ δὲ ἄλλα κατά περ Βάκτριοι. Ἀρίων δὲ ἦρχε Σισάμνης ὁ Ὑδάρνεος. Πάρθοι δὲ καὶ Χοράσμιοι καὶ Σόγδοι τε καὶ Γανδάριοι καὶ Δαδίκαι τὴν αὐτὴν σκευὴν ἔχοντες τὴν καὶ Βάκτριοι ἐστρατεύοντο. (2) τούτων δὲ ἦρχον οἵδε. Πάρθων μὲν καὶ Χορασμίων Ἀρτάβαζος ὁ Φαρνάκεος, Σόγδων δὲ Ἀζάνης ὁ Ἀρταίου, Γανδαρίων δὲ καὶ Δαδικέων Ἀρτύφιος ὁ Ἀρταβάνου.

67 (1) Κάσπιοι δὲ σισύρνας τε ἐνδεδυκότες καὶ τόξα ἐπιχώρια καλάμινα ἔχοντες καὶ ἀκινάκας ἐστρατεύοντο. οὗτοι μὲν οὕτω ἐσκευάδατο, ἡγεμόνα παρεχόμενοι Ἀριόμαρδον τὸν Ἀρτυφίου ἀδελφεόν, Σαράγγαι δὲ εἵματα μὲν βεβαμμένα ἐνέπρεπον ἔχοντες, πέδιλα δὲ ἐς γόνυ ἀνατείνοντα εἶχον, τόξα δὲ καὶ αἰχμὰς Μηδικάς. Σαραγγέων δὲ ἦρχε Φερενδάτης ὁ Μεγαβάζου. (2) Πάκτυες δὲ σισυρνοφόροι τε ἦσαν καὶ τόξα ἐπιχώρια εἶχον καὶ ἐγχειρίδια. Πάκτυες δὲ ἄρχοντα παρείχοντο Ἀρταΰντην τὸν Ἰθαμίτρεω.

68 Οὔτιοι δὲ καὶ Μύκοι τε καὶ Παρικάνιοι ἐσκευασμένοι ἦσαν κατά περ Πάκτυες. τούτων δὲ ἦρχον οἵδε, Οὐτίων μὲν καὶ Μύκων Ἀρσαμένης ὁ Δαρείου, Παρικανίων δὲ Σιρομίτρης ὁ Οἰοβάζου.

69 (1) Ἀράβιοι δὲ ζειρὰς ὑπεζωσμένοι ἦσαν, τόξα δέ παλίντονα εἶχον πρὸς δεξιά, μακρά. Αἰθίοπες δὲ παρδαλέας τε καὶ λεοντέας ἐναμμένοι, τόξα δὲ εἶχον ἐκ φοίνικος σπάθης πεποιημένα, μακρά, τετραπηχέων οὐκ ἐλάσσω, ἐπὶ δὲ καλαμίνους ὀιστοὺς μικρούς· ἀντὶ δὲ σιδήρου ἐπῆν λίθος ὀξὺς πεποιημένος, τῷ καὶ τὰς σφρηγῖδας γλύφουσι· πρὸς

ren die Inder ausgerüstet, während des Feldzugs waren sie dem Pharnazathres, dem Sohn des Artabateus, zugeteilt.

66 (1) Die Arier waren mit medischen Bogen ausgerüstet, in allem anderen so wie die Baktrier. Die Arier führte Sisamnes, der Sohn des Hydarnes, an. Die Parther, Chorasmier, Sogder, Gandarier und Dadiker zogen mit derselben Ausrüstung ins Feld wie die Baktrier. (2) Diese führten folgende Männer an: Die Parther und Chorasmier Artabazos, der Sohn des Pharnakes, die Sogder Azanes, der Sohn des Artaios, die Gandarier und Dadiker Artyphios, der Sohn des Artabanos.

67 (1) Die Kaspier zogen ins Feld, mit Pelzen bekleidet, und hatten einheimische Bogen aus Rohr und persische krumme Säbel. Diese waren also so ausgerüstet, als Führer hatten sie Ariomardos, den Bruder des Artyphios. Die Saranger stachen heraus mit ihren gefärbten Gewändern, ferner hatten sie Stiefel, die bis zum Knie reichten, Bogen und medische Lanzen. Die Saranger befehligte Pherendates, der Sohn des Megabazos. (2) Die Paktyer trugen Pelze und hatten einheimische Bogen und Dolche. Als Anführer hatten die Paktyer den Artauntes, den Sohn des Ithamitres.

68 Die Utier, Myker und Parikanier waren ausgerüstet wie die Paktyer. Ihre Befehlshaber waren folgende Männer: Der der Utier und Myker Arsamenes, der Sohn des Dareios, der Parikanier aber Siromitres, der Sohn des Oiobazos.

69 (1) Die Araber trugen ein Obergewand, das unten gegürtet war. Sie hatten an der rechten Seite lange Bogen, die gegen die Krümmung gespannt wurden. Die Aithiopier hatten Panther- und Löwenfelle um sich gebunden, sie hatten Bogen, die aus dem Blütenzweig der Dattelpalme gefertigt waren, nicht weniger als vier Ellen[47] lang, dazu hatten sie kleine Pfeile aus Rohr, anstelle von Eisen war ein scharfer Stein an der Spitze befestigt, mit dem sie

δὲ αἰχμὰς εἶχον, ἐπὶ δὲ κέρας δορκάδος ἐπῆν ὀξὺ πεποιημένον τρόπον λόγχης· εἶχον δὲ καὶ ῥόπαλα τυλωτά. τοῦ δὲ σώματος τὸ μὲν ἥμισυ ἐξηλείφοντο γύψῳ ἰόντες ἐς μάχην, τὸ δὲ ἄλλο ἥμισυ μίλτῳ. (2) Ἀραβίων δὲ καὶ Αἰθιόπων τῶν ὑπὲρ Αἰγύπτου οἰκημένων ἦρχε Ἀρσάμης ὁ Δαρείου καὶ Ἀρτυστώνης τῆς Κύρου θυγατρός, τὴν μάλιστα στέρξας τῶν γυναικῶν Δαρεῖος εἰκὼ χρυσέην σφυρήλατον ἐποιήσατο.

70 (1) τῶν μὲν δὴ ὑπὲρ Αἰγύπτου Αἰθιόπων καὶ Ἀραβίων ἦρχε Ἀρσάμης, οἱ δὲ ἀπὸ ἡλίου ἀνατολέων Αἰθίοπες διξοὶ γὰρ δὴ ἐστρατεύοντο προσετετάχατο τοῖσι Ἰνδοῖσι, διαλλάσσοντες εἶδος μὲν οὐδὲν τοῖσι ἑτέροισι, φωνὴν δὲ καὶ τρίχωμα μοῦνον· οἱ μὲν γὰρ ἀπὸ ἡλίου Αἰθίοπες ἰθύτριχές εἰσί, οἱ δ᾽ ἐκ τῆς Λιβύης οὐλότατον τρίχωμα ἔχουσι πάντων ἀνθρώπων. (2) οὗτοι δὲ οἱ ἐκ τῆς Ἀσίης Αἰθίοπες τὰ μὲν πλέω κατά περ Ἰνδοὶ ἐσεσάχατο, προμετωπίδια δὲ ἵππων εἶχον ἐπὶ τῇσι κεφαλῇσι σύν τε τοῖσι ὠσὶ ἐκδεδαρμένα καὶ τῇ λοφιῇ· καὶ ἀντὶ μὲν λόφου ἡ λοφιὴ κατέχρα, τὰ δὲ ὦτα τῶν ἵππων ὀρθὰ πεπηγότα εἶχον· προβλήματα δὲ ἀντ᾽ ἀσπίδων ἐποιεῦντο γεράνων δοράς.

71 Λίβυες δὲ σκευὴν μὲν σκυτίνην ἤισαν ἔχοντες, ἀκοντίοισι δὲ ἐπικαύτοισι χρεώμενοι, ἄρχοντα δὲ παρείχοντο Μασσάγην τὸν Ὀαρίζου.

72 (1) Παφλαγόνες δὲ ἐστρατεύοντο ἐπὶ μὲν τῇσι κεφαλῇσι κράνεα πεπλεγμένα ἔχοντες, ἀσπίδας δὲ μικρὰς αἰχμάς τε οὐ μεγάλας, πρὸς δὲ ἀκόντια καὶ ἐγχειρίδια, περὶ δὲ τοὺς πόδας πέδιλα ἐπιχώρια ἐς μέσην κνήμην ἀνατείνοντα. Λίγυες δὲ καὶ Ματιηνοὶ καὶ Μαριανδυνοί τε καὶ

auch ihre Siegel schneiden. Außerdem hatten sie Lanzen, oben darauf ein Gazellenhorn, das spitz gemacht war, nach Art einer Lanzenspitze. Sie hatten aber auch Keulen mit eisernen Buckeln beschlagen. Wenn sie in die Schlacht zogen, bestrichen sie die eine Hälfte ihres Körpers mit Gips, die andere Hälfte mit roter Farbe. (2) Die Araber und Aithiopier, die oberhalb von Ägypten siedelten, führte Arsames an, der Sohn des Dareios und der Artystone, der Tochter des Kyros, die Dareios am meisten von seinen Frauen liebgewonnen hatte und für die deshalb ein aus Gold getriebenes Bild er hatte anfertigen lassen.

70 (1) Die Aithiopier oberhalb Ägyptens und die Araber führte also Arsames an, die Aithiopier aus dem Osten – zweierlei Stämme nahmen nämlich am Feldzug teil – waren den Indern zugeteilt. Sie unterschieden sich im Aussehen überhaupt nicht von den anderen, nur in der Sprache und im Haarwuchs. Die Aithiopier aus dem Osten nämlich haben glattes Haar, die aus Libyen aber haben von allen Menschen das krauseste Haar. (2) Die Aithiopier aus Asien waren größtenteils so ausgerüstet wie die Inder, trugen auf ihrem Kopf aber die Kopfhäute von Pferden, die mitsamt den Ohren und der Mähne abgezogen waren. Und anstelle eines Helmbusches hatten sie die Mähne, die Ohren der Pferde aber hatten sie steif aufgerichtet. Statt der Schilde benützten sie als Schutz Kranichhäute.

71 Die Libyer zogen mit einer Ausrüstung aus Ziegenleder und mit an der Spitze gehärteten Wurfspeeren ins Feld. Als Befehlshaber hatten sie Massages, den Sohn des Oarizos.

72 (1) Die Paphlagonen trugen beim Feldzug auf dem Kopf geflochtene Helme, hatten kleine Schilde und keine großen Lanzen, außerdem Wurfspieße und Dolche und an den Füßen einheimische Stiefel, die bis zur Mitte der Schienbeine reichten. Die Ligyer, Matineer, Mariandyner

Σύριοι τὴν αὐτὴν ἔχοντες Παφλαγόσι ἐστρατεύοντο. οἱ δὲ Σύριοι οὗτοι ὑπὸ Περσέων Καππαδόκαι καλέονται. (2) Παφλαγόνων μέν νυν καὶ Ματιηνῶν Δῶτος ὁ Μεγασίδρου ἦρχε, Μαριανδυνῶν δὲ καὶ Λιγύων καὶ Συρίων Γοβρύης ὁ Δαρείου τε καὶ Ἀρτυστώνης.

73 Φρύγες δὲ ἀγχοτάτω τῆς Παφλαγονικῆς σκευὴν εἶχον, ὀλίγον παραλλάσσοντες. οἱ δὲ Φρύγες, ὡς Μακεδόνες λέγουσι, ἐκαλέοντο Βρίγες χρόνον ὅσον Εὐρωπήιοι ἐόντες σύνοικοι ἦσαν Μακεδόσι, μεταβάντες δὲ ἐς τὴν Ἀσίην ἅμα τῇ χώρῃ καὶ τὸ οὔνομα μετέβαλον ἐς Φρύγας. Ἀρμένιοι δὲ κατά περ Φρύγες ἐσεσάχατο, ἐόντες Φρυγῶν ἄποικοι. τούτων συναμφοτέρων ἦρχε Ἀρτόχμης Δαρείου ἔχων θυγατέρα.

74 (1) Λυδοὶ δὲ ἀγχοτάτω τῶν Ἑλληνικῶν εἶχον ὅπλα. οἱ δὲ Λυδοὶ Μηίονες ἐκαλεῦντο τὸ πάλαι, ἐπὶ δὲ Λυδοῦ τοῦ Ἄτους ἔσχον τὴν ἐπωνυμίην, μεταβαλόντες τὸ οὔνομα. Μυσοὶ δὲ ἐπὶ μὲν τῇσι κεφαλῇσι εἶχον κράνεα ἐπιχώρια, ἀσπίδας δὲ μικράς, ἀκοντίοισι δὲ ἐχρέωντο ἐπικαύτοισι. (2) οὗτοι δὲ εἰσὶ Λυδῶν ἄποικοι, ἀπ᾽ Ὀλύμπου δὲ ὄρεος καλέονται Ὀλυμπιηνοί. Λυδῶν δὲ καὶ Μυσῶν ἦρχε Ἀρταφρένης ὁ Ἀρταφρένεος ὃς ἐς Μαραθῶνα ἐσέβαλε ἅμα Δάτι.

75 (1) Θρήικες δὲ ἐπὶ μὲν τῇσι κεφαλῇσι ἀλωπεκέας ἔχοντες ἐστρατεύοντο, περὶ δὲ τὸ σῶμα κιθῶνας, ἐπὶ δὲ ζειρὰς περιβεβλημένοι ποικίλας, περὶ δὲ τοὺς πόδας τε καὶ τὰς κνήμας πέδιλα νεβρῶν, πρὸς δὲ ἀκόντιά τε καὶ πέλτας καὶ ἐγχειρίδια μικρά. (2) οὗτοι δὲ διαβάντες μὲν ἐς τὴν Ἀσίην ἐκλήθησαν Βιθυνοί, τὸ δὲ πρότερον ἐκαλέοντο, ὡς αὐτοὶ λέγουσι, Στρυμόνιοι, οἰκέοντες ἐπὶ Στρυμόνι· ἐξαναστῆναι δὲ φασὶ ἐξ ἠθέων ὑπὸ Τευκρῶν τε καὶ Μυ-

und Syrer zogen mit der gleichen Ausrüstung wie die Paphlagoner ins Feld. Diese Syrer werden von den Persern Kappadoker genannt. (2) Die Paphlagoner und Matiener führte Dotos, der Sohn des Megasidros, an, die Mariandyner, Ligyer und Syrer Gobryas, der Sohn des Dareios und der Artystone.

73 Die Phryger hatten eine Ausrüstung, die der paphlagonischen sehr ähnlich war, mit geringfügigen Unterschieden. Die Phryger aber wurden, wie die Makedonen behaupten, zu der Zeit, als sie als Europäer mit den Makedonen zusammen siedelten, Briger genannt. Als sie aber nach Asien hinübergezogen waren, änderten sie zusammen mit dem Land auch ihren Namen. Die Armenier waren wie die Phryger ausgerüstet, da sie Abkömmlinge der Phryger sind. Diese beiden befehligte Artochmes, der eine Tochter des Dareios zur Frau hatte.

74 (1) Die Lyder hatten Waffen, die den griechischen sehr ähnlich sind. Die Lyder wurden in alter Zeit Meioner genannt, zur Zeit des Lydos, des Sohnes des Atys, erhielten sie aber ihren jetzigen Namen, indem sie ihren Namen änderten. Die Myser hatten auf dem Kopf einheimische Helme, kleine Schilde und benutzten Wurfspieße mit angebrannten Spitzen. (2) Diese sind Abkömmlinge der Lyder, nach dem Berg Olympos werden sie Olympiener genannt. Die Lyder und Myser führte Artaphrenes, Sohn des Artaphrenes, an, der zusammen mit Datis nach Marathon eingefallen war.

75 (1) Die Thraker zogen mit Fuchsfellmützen auf dem Kopf ins Feld. Am Körper trugen sie Hemden, darüber bunte Mäntel, an den Füßen und Schienbeinen Sandalen aus Hirschleder, außerdem hatten sie Wurfspieße, kleine leichte Lederschilde und kleine Dolche. (2) Diese wurden, als sie nach Asien hinübergezogen waren, Bithyner genannt, früher hießen sie, wie sie selbst sagen, Strymonier, weil sie am Strymon wohnten. Sie behaupten, sie seien von den Teukrern und Mysern aus ihren Wohnsitzen

σῶν. Θρηίκων δὲ τῶν ἐν τῇ Ἀσίῃ ἦρχε Βασσάκης ὁ Ἀρταβάνου.

76 ⟨…⟩ ἀσπίδας δὲ ὠμοβοΐνας εἶχον σμικράς, καὶ προβόλους δύο λυκιοεργέας ἕκαστος εἶχε, ἐπὶ δὲ τῇσι κεφαλῇσι κράνεα χάλκεα· πρὸς δὲ τοῖσι κράνεσι ὦτά τε καὶ κέρεα προσῆν βοὸς χάλκεα, ἐπῆσαν δὲ καὶ λόφοι· τὰς δὲ κνήμας ῥάκεσι φοινικέοισι κατειλίχατο. ἐν τούτοισι τοῖσι ἀνδράσι Ἄρεος ἐστὶ χρηστήριον.

77 Καβηλέες δὲ οἱ Μηίονες, Λασόνιοι δὲ καλεύμενοι, τὴν αὐτὴν Κίλιξι εἶχον σκευήν, τὴν ἐγώ, ἐπεὰν κατὰ τὴν Κιλίκων τάξιν διεξιὼν γένωμαι, τότε σημανέω. Μιλύαι δὲ αἰχμάς τε βραχέας εἶχον καὶ εἵματα ἐνεπεπορπέατο· εἶχον δὲ αὐτῶν τόξα μετεξέτεροι Λύκια, περὶ δὲ τῇσι κεφαλῇσι ἐκ διφθερέων πεποιημένας κυνέας. τούτων πάντων ἦρχε Βάδρης ὁ Ὑστάνεος.

78 Μόσχοι δὲ περὶ μὲν τῇσι κεφαλῇσι κυνέας ξυλίνας εἶχον, ἀσπίδας δὲ καὶ αἰχμὰς σμικράς· λόγχαι δὲ ἐπῆσαν μεγάλαι. Τιβαρηνοὶ δὲ καὶ Μάκρωνες καὶ Μοσσύνοικοι κατά περ Μόσχοι ἐσκευασμένοι ἐστρατεύοντο. τούτους δὲ συνέτασσον ἄρχοντες οἵδε, Μόσχους μὲν καὶ Τιβαρηνοὺς Ἀριόμαρδος ὁ Δαρείου τε παῖς καὶ Πάρμυος τῆς Σμέρδιος τοῦ Κύρου, Μάκρωνας δὲ καὶ Μοσσυνοίκους Ἀρταΰκτης ὁ Χεράσμιος, ὃς Σηστὸν τὴν ἐν Ἑλλησπόντῳ ἐπετρόπευε.

79 Μᾶρες δὲ ἐπὶ μὲν τῇσι κεφαλῇσι κράνεα ἐπιχώρια πλεκτὰ εἶχον, ἀσπίδας δὲ δερματίνας μικρὰς καὶ ἀκόντια. Κόλχοι δὲ περὶ μὲν τῇσι κεφαλῇσι κράνεα ξύλινα, ἀσπίδας δὲ ὠμοβοΐνας μικρὰς αἰχμάς τε βραχέας, πρὸς δὲ μαχαίρας εἶχον. Μαρῶν δὲ καὶ Κόλχων ἦρχε Φαρανδάτης ὁ Τεάσπιος. Ἀλαρόδιοι δὲ καὶ Σάσπειρες κατά περ Κόλχοι ὡπλισμένοι ἐστρατεύοντο. τούτων δὲ Μασίστιος ὁ Σιρομίτρεω ἦρχε.

80 τὰ δὲ νησιωτικὰ ἔθνεα τὰ ἐκ τῆς Ἐρυθρῆς θαλάσσης ἑπόμενα, νήσων δὲ ἐν τῇσι τοὺς ἀνασπάστους καλεομέ-

vertrieben worden. Die in Asien ansässigen Thraker führte Bassakes, der Sohn des Artabanos, an.

76 Die ⟨...⟩[48] hatten kleine Schilde aus ungegerbter Rindshaut und jeder hatte zwei Jagdspeere von lykischer Arbeit, auf dem Kopf aber bronzene Helme. An den Helmen waren Ohren und Hörner eines Rindes aus Bronze angebracht, obendrauf waren auch Helmbüsche. Um die Schienbeine waren rote Lappen gewickelt. Bei diesen Leuten gibt es ein Orakel des Ares.

77 Die Kabeleer, Meionier, die Lasonier genannt werden, hatten die gleiche Ausrüstung wie die Kiliker, die ich dann beschreiben werde, wenn ich zu der Aufstellung der Kiliker komme. Die Milyer hatten kurze Lanzen und ihre Gewänder waren mit einer Spange zusammengehalten. Einige andere von ihnen hatten lykische Bogen, am Kopf trugen sie aus Leder gefertigte Hüte. All diese führte Badres, der Sohn des Hystanes, an.

78 Die Moscher hatten am Kopf Helme aus Holz, Schilde und kurze Lanzen. Die Spitzen obendrauf waren groß. Die Tibarener, Makroner und Mossynoiker zogen mit der gleichen Ausrüstung ins Feld wie die Moscher. Diese befehligten folgende Heerführer: Die Moscher und Tibarener Ariomadros, Sohn des Dareios und der Parmys, Tochter des Smerdes, der ein Sohn des Kyros war, die Makroner und Mossynoiker Atrauktes, der Sohn des Cherasmis, der Statthalter von Sestos am Hellespont war.

79 Die Marer hatten auf dem Kopf die landesüblichen geflochtenen Helme, kleine Schilde aus Leder und Wurfspieße. Die Kolcher hatten am Kopf hölzerne Helme, kleine Schilde aus ungegerbtem Rinderfell, kurze Lanzen und dazu noch Messer. Die Marer und Kolcher befehligte Pharandates, der Sohn des Teaspes. Die Alarodier und Saspeirer zogen wie die Kolcher bewaffnet ins Feld. Diese befehligte Masistios, der Sohn des Siromitres.

80 Die Inselstämme, die vom Roten Meer mitzogen, und zwar von Inseln, auf denen der König die sogenann-

νους κατοικίζει βασιλεύς, ἀγχοτάτω τῶν Μηδικῶν εἶχον ἐσθῆτά τε καὶ ὅπλα. τούτων δὲ τῶν νησιωτέων ἦρχε Μαρδόντης ὁ Βαγαίου, ὃς ἐν Μυκάλῃ στρατηγέων δευτέρῳ ἔτεϊ τούτων ἐτελεύτησε ἐν τῇ μάχῃ.

81 ταῦτα ἦν τὰ κατ' ἤπειρον στρατευόμενά τε ἔθνεα καὶ τεταγμένα ἐς τὸν πεζόν. τούτου ὦν τοῦ στρατοῦ ἦρχον μὲν οὗτοι οἵ περ εἰρέαται, καὶ οἱ διατάξαντες καὶ ἐξαριθμήσαντες οὗτοι ἦσαν καὶ χιλιάρχας τε καὶ μυριάρχας ἀποδέξαντες, ἑκατοντάρχας δὲ καὶ δεκάρχας οἱ μυριάρχαι. τελέων δὲ καὶ ἐθνέων ἦσαν ἄλλοι σημάντορες.

82 Ἦσαν μὲν δὴ οὗτοι οἵ περειρέαται ἄρχοντες, ἐστρατήγεον δὲ τούτων τε καὶ τοῦ σύμπαντος στρατοῦ τοῦ πεζοῦ Μαρδόνιός τε ὁ Γοβρύεω καὶ Τριτανταίχμης ὁ Ἀρταβάνου τοῦ γνώμην θεμένου μὴ στρατεύεσθαι ἐπὶ Ἑλλάδα καὶ Σμερδομένης ὁ Ὀτάνεω, Δαρείου ἀμφότεροι οὗτοι ἀδελφεῶν παῖδες, Ξέρξῃ δὲ ἐγίνοντο ἀνεψιοί, καὶ Μασίστης ὁ Δαρείου τε καὶ Ἀτόσσης παῖς καὶ Γέργις ὁ Ἀριάζου καὶ Μεγάβυζος ὁ Ζωπύρου.

83 (1) οὗτοι ἦσαν στρατηγοὶ τοῦ σύμπαντος πεζοῦ χωρὶς τῶν μυρίων· τῶν δὲ μυρίων τούτων Περσέων τῶν ἀπολελεγμένων ἐστρατήγεε μὲν Ὑδάρνης ὁ Ὑδάρνεος, ἐκαλέοντο δὲ ἀθάνατοι οἱ Πέρσαι οὗτοι ἐπὶ τοῦδε· εἴ τις αὐτῶν ἐξέλιπε τὸν ἀριθμὸν ἢ θανάτῳ βιηθεὶς ἢ νούσῳ, ἄλλος ἀνὴρ ἀραίρητο, καὶ ἐγίνοντο οὐδαμὰ οὔτε πλεῦνες μυρίων οὔτε ἐλάσσονες. (2) κόσμον δὲ πλεῖστον παρείχοντο διὰ πάντων Πέρσαι, καὶ αὐτοὶ ἄριστοι ἦσαν· σκευὴν μὲν τοιαύτην εἶχον ἥ περ εἴρηται, χωρὶς δὲ χρυσόν τε πολλὸν καὶ ἄφθονον ἔχοντες ἐνέπρεπον, ἁρμαμάξας τε

ten »Ausgewiesenen«[49] ansiedelt, hatten eine Kleidung und Bewaffnung, die der medischen sehr ähnlich war. Diese Inselbewohner führte Mardontes, der Sohn des Bagaios, an. Dieser fiel im zweiten Jahr danach[50] im Kampf, als er bei Mykale den Oberbefehl hatte.

81 Das waren die Volksstämme, die zu Lande am Feldzug teilnahmen und zum Fußvolk aufgestellt waren. Dieses Heer also befehligten die Genannten und diese waren es auch, die die Aufstellung und Musterung durchführten und die Befehlshaber über 1000 und 10 000 Mann ernannten, die Befehlshaber über 10 000 Mann aber waren diejenigen, die die Befehlshaber über 100 und 10 Mann ernannten. Befehlshaber der einzelnen Abteilungen und Mannschaften waren wieder andere.

82 Diejenigen, die genannt worden sind, waren also die Befehlshaber. Diese wiederum und das gesamte Landheer befehligten Mardonios, der Sohn des Gobryas, und Tritantaichmes, der Sohn jenes Artabanos, der die Meinung vertreten hatte, man solle nicht gegen Griechenland ziehen, und Smerdomenes, der Sohn des Otanes, beide Söhne von Geschwistern des Dareios, Vettern des Xerxes, und Masistes, ein Sohn des Dareios und der Atossa, und Gergis, der Sohn des Ariazos und Megabyxos, Sohn des Zopyros.

83 (1) Das waren die Oberbefehlshaber des gesamten Landheeres abgesehen von den 10 000. Diese 10 000 auserlesenen Perser befehligte Hydarnes, der Sohn des Hydarnes; aus folgendem Grund wurden diese Perser »Unsterbliche« genannt:[51] Wenn einer von ihnen, entweder durch Tod oder Krankheit gezwungen, an der Zahl fehlte, war bereits ein anderer Mann gewählt und so wurden es nie mehr oder weniger als 10 000. (2) Den größten Schmuck unter allen hatten die Perser und auch sie selbst waren die besten. Sie hatten eine Rüstung wie oben beschrieben, außerdem fielen sie auf, weil sie überaus reichlich Goldschmuck trugen. Sie führten Reisewagen mit

ἅμα ἤγοντο, ἐν δὲ παλλακὰς καὶ θεραπηίην πολλήν τε καὶ εὖ ἐσκευασμένην· σῖτα δέ σφι, χωρὶς τῶν ἄλλων στρατιωτέων, κάμηλοί τε καὶ ὑποζύγια ἦγον.

84 ἱππεύει δὲ ταῦτα τὰ ἔθνεα· πλὴν οὐ πάντα παρείχετο ἵππον, ἀλλὰ τοσάδε μοῦνα, Πέρσαι μὲν τὴν αὐτὴν ἐσκευασμένοι καὶ ὁ πεζὸς αὐτῶν· πλὴν ἐπὶ τῇσι κεφαλῇσι εἶχον ἔνιοι αὐτῶν καὶ χάλκεα καὶ σιδήρεα ἐξεληλαμένα ποιήματα.

85 (1) εἰσὶ δὲ τινὲς νομάδες ἄνθρωποι Σαγάρτιοι καλεόμενοι, ἔθνος μὲν Περσικὸν καὶ φωνῇ, σκευὴν δὲ μεταξὺ ἔχουσι πεποιημένην τῆς τε Περσικῆς καὶ τῆς Πακτυϊκῆς· οἳ παρείχοντο μὲν ἵππον ὀκτακισχιλίην, ὅπλα δὲ οὐ νομίζουσι ἔχειν οὔτε χάλκεα οὔτε σιδήρεα ἔξω ἐγχειριδίων, χρέωνται δὲ σειρῇσι πεπλεγμένῃσι ἐξ ἱμάντων· (2) ταύτῃσι πίσυνοι ἔρχονται ἐς πόλεμον. ἡ δὲ μάχη τούτων τῶν ἀνδρῶν ἥδε· ἐπεὰν συμμίσγωσι τοῖσι πολεμίοισι, βάλλουσι τὰς σειρὰς ἐπ᾽ ἄκρῳ βρόχους ἐχούσας· ὅτευ δ᾽ ἂν τύχῃ, ἤν τε ἵππου ἤν τε ἀνθρώπου, ἐπ᾽ ἑωυτὸν ἕλκει· οἳ δὲ ἐν ἕρκεσι ἐμπαλασσόμενοι διαφθείρονται.

86 (1) τούτων μὲν αὕτη ἡ μάχη, καὶ ἐπετετάχατο ἐς τοὺς Πέρσας· Μῆδοι δὲ τήν περ ἐν τῷ πεζῷ εἶχον σκευήν, καὶ Κίσσιοι ὡσαύτως. Ἰνδοὶ δὲ σκευῇ μὲν ἐσεσάχατο τῇ αὐτῇ καὶ ἐν τῷ πεζῷ, ἤλαυνον δὲ κέλητας καὶ ἅρματα· ὑπὸ δὲ τοῖσι ἅρμασι ὑπῆσαν ἵπποι καὶ ὄνοι ἄγριοι. Βάκτριοι δὲ ἐσκευάδατο ὡσαύτως καὶ ἐν τῷ πεζῷ, καὶ Κάσπιοι ὁμοίως. (2) Λίβυες δὲ καὶ αὐτοὶ κατά περ ἐν τῷ πεζῷ· ἤλαυνον δὲ καὶ οὗτοι πάντες ἅρματα. ὣς δ᾽ αὕτως Κάσπιοι καὶ Παρικάνιοι ἐσεσάχατο ὁμοίως καὶ ἐν τῷ πεζῷ. Ἀράβιοι δὲ σκευὴν μὲν εἶχον τὴν αὐτὴν καὶ ἐν τῷ πεζῷ, ἤλαυνον δὲ πάντες καμήλους ταχυτῆτα οὐ λειπομένας ἵππων.

87 ταῦτα τὰ ἔθνεα μοῦνα ἱππεύει. ἀριθμὸς δὲ τῆς ἵππου

sich, darauf ihre Nebenfrauen und eine große und gut ausgestattete Dienerschaft. Ihre Vorräte transportierten Kamele und Zugtiere, getrennt von den übrigen Soldaten.

84 Folgende Volksstämme bilden die Reiterei; nicht alle jedoch stellten ein Pferd, sondern nur so viele: Die Perser waren ausgerüstet wie das Fußvolk, auf dem Kopf trugen einige von ihnen allerdings Helme, aus Bronze und Eisen getrieben.

85 (1) Einige sind Nomaden, die sogenannten Sagartier, ein persischer Volksstamm auch der Sprache nach, sie haben jedoch eine Ausrüstung, die halb persisch, halb paktyisch ist. Diese stellten 8000 Reiter, Waffen aus Bronze oder Eisen zu besitzen ist bei ihnen nicht üblich mit Ausnahme von Dolchen, aber sie gebrauchen aus Lederriemen geflochtene Seile. (2) Auf diese vertrauend ziehen sie in den Krieg. Die Kampfweise dieser Männer sieht so aus: Wenn sie mit dem Feind zusammenstoßen, werfen sie ihre Seile, die an der Spitze Schlingen haben, aus. Wen auch immer sie treffen, Pferd oder Mensch, ziehen sie zu sich heran. Wer in die Schlinge geraten ist, wird getötet. Das ist also ihre Kampfweise und sie waren den Persern zugeordnet.

86 (1) Die Meder hatten die gleiche Ausrüstung wie beim Fußvolk, ebenso die Kissier. Die Inder waren ebenfalls wie das Fußvolk ausgerüstet, führten aber Rennpferde und Wagen mit sich. Vor diese Wagen waren Pferde und wilde Esel gespannt. Auch die Baktrier waren wie das Fußvolk ausgerüstet, ebenso die Kaspier. (2) Die Libyer waren ebenfalls ausgerüstet wie beim Fußvolk. Auch diese alle führten Wagen mit sich. Kaspier und Parikanier waren ähnlich ausgerüstet wie beim Fußvolk. Ferner hatten die Araber die gleiche Ausrüstung wie beim Fußvolk, sie alle aber führten Kamele mit sich, die an Schnelligkeit den Pferden nicht nachstanden.

87 Nur diese Stämme bildeten die Reiterei, die Zahl

ἐγένετο ὀκτὼ μυριάδες, πάρεξ τῶν καμήλων καὶ τῶν ἁρμάτων. οἱ μέν νυν ἄλλοι ἱππέες ἐτετάχατο κατὰ τέλεα, Ἀράβιοι δὲ ἔσχατοι ἐπετετάχατο· ἅτε γὰρ τῶν ἵππων οὔτι ἀνεχομένων τὰς καμήλους, ὕστεροι ἐτετάχατο, ἵνα μὴ φοβέοιτο τὸ ἱππικόν.

88 (1) Ἵππαρχοι δὲ ἦσαν Ἁρμαμίθρης τε καὶ Τίθαιος Δάτιος παῖδες. ὁ δὲ τρίτος σφι συνίππαρχος Φαρνούχης κατελέλειπτο ἐν Σάρδισι νοσέων. ὡς γὰρ ὁρμῶντο ἐκ Σαρδίων, ἐπὶ συμφορὴν περιέπεσε ἀνεθέλητον· ἐλαύνοντι γάρ οἱ ὑπὸ τοὺς πόδας τοῦ ἵππου ὑπέδραμε κύων, καὶ ὁ ἵππος οὐ προϊδὼν ἐφοβήθη τε καὶ στὰς ὀρθὸς ἀπεσείσατο τὸν Φαρνούχεα, πεσὼν δὲ αἷμά τε ἤμεε καὶ ἐς φθίσιν περιῆλθε ἡ νοῦσος. (2) τὸν δὲ ἵππον αὐτίκα κατ' ἀρχὰς ἐποίησαν ὡς ἐκέλευε· ἀπαγαγόντες οἱ οἰκέται ἐς τὸν χῶρον ἐν τῷ περ κατέβαλε τὸν δεσπότην, ἐν τοῖσι γούνασι ἀπέταμον τὰ σκέλεα. Φαρνούχης μὲν οὕτω παρελύθη τῆς ἡγεμονίης.

89 (1) τῶν δὲ τριηρέων ἀριθμὸς μὲν ἐγένετο ἑπτὰ καὶ διηκόσιαι καὶ χίλιαι, παρείχοντο δὲ αὐτὰς οἵδε, Φοίνικες μὲν σὺν Σύροισι τοῖσι ἐν τῇ Παλαιστίνῃ τριηκοσίας, ὧδε ἐσκευασμένοι· περὶ μὲν τῇσι κεφαλῇσι κυνέας εἶχον ἀγχοτάτω πεποιημένας τρόπον τὸν Ἑλληνικόν, ἐνδεδυκότες δὲ θώρηκας λινέους, ἀσπίδας δὲ ἴτυς οὐκ ἐχούσας εἶχον καὶ ἀκόντια. (2) οὗτοι δὲ οἱ Φοίνικες τὸ παλαιὸν οἴκεον, ὡς αὐτοὶ λέγουσι, ἐπὶ τῇ Ἐρυθρῇ θαλάσσῃ, ἐνθεῦτεν δὲ ὑπερβάντες τῆς Συρίης οἰκέουσι τὸ παρὰ θάλασσαν· τῆς δὲ Συρίης τοῦτο τὸ χωρίον καὶ τὸ μέχρι Αἰγύπτου πᾶν Παλαιστίνη καλέεται. Αἰγύπτιοι δὲ νέας παρείχοντο διηκοσίας. (3) οὗτοι δὲ εἶχον περὶ μὲν τῇσι κεφαλῇσι κράνεα χηλευτά, ἀσπίδας δὲ κοίλας, τὰς ἴτυς μεγάλας ἐχούσας, καὶ δόρατά τε ναύμαχα καὶ τύχους μεγάλους. τὸ δὲ πλῆθος αὐτῶν θωρηκοφόροι ἦσαν, μαχαίρας δὲ μεγάλας εἶχον.

90 οὗτοι μὲν οὕτω ἐστάλατο, Κύπριοι δὲ παρείχοντο νέας πεντήκοντα καὶ ἑκατόν, ἐσκευασμένοι ὧδε· τὰς μὲν κε-

der Reiterei betrug 80 000, ohne die Kamele und Wagen. Die übrigen Reiter waren Abteilungen zugeordnet, die Araber kamen am Schluss. Da die Pferde die Kamele gar nicht leiden können, wurden sie als letzte aufgestellt, damit die Pferde nicht scheuten.

88 (1) Befehlshaber der Reiterei waren Harmamithres und Tithaios, Söhne des Datis. Der dritte, der mit ihnen Befehlshaber war, Pharnuches, war in Sardes zurückgelassen worden, weil er krank war. Als sie nämlich von Sardes aufbrachen, widerfuhr ihm ein unerwartetes Unglück. Als er nämlich dahinritt, lief ein Hund unter die Füße des Pferdes und das Pferd scheute, da es dies nicht vorher bemerkt hatte, bäumte sich auf und schüttelte Pharnuches ab, er aber stürzte, spie Blut und die Krankheit ging in Schwindsucht über. (2) An dem Pferd aber handelten seine Leute gleich am Anfang wie er befahl. Sie führten es an den Platz, wo es seinen Herrn abgeworfen hatte und schnitten ihm an den Knien die Beine ab. So also hatte Pharnuches den Oberbefehl eingebüßt.

89 (1) Die Zahl der Triëren betrug 1207, folgende Völker stellten diese: Die Phoiniker mit den Syrern aus Palästina 300; sie waren folgendermaßen ausgerüstet: Auf dem Kopf trugen sie Helme, die dem griechischen Helm sehr ähnlich gefertigt waren, sie trugen Panzer aus Leinen, sie hatten Schilde ohne Schildkranz und Wurfspeere. (2) Diese Phoiniker wohnten früher, wie sie selbst behaupten, am Roten Meer, von dort aber sind sie hinübergezogen und bewohnen nun das Küstengebiet von Syrien. Dieses Gebiet von Syrien und das ganze Gebiet bis Ägypten wird Palästina genannt. 200 Schiffe stellten die Ägypter. (3) Diese trugen auf dem Kopf geflochtene Helme, sie hatten gewölbte Schilde mit großen Schildkränzen, Speere für die Seeschlacht und große Streitäxte. Die meisten von ihnen trugen Brustpanzer und hatten große Säbel.

90 Diese waren also so ausgerüstet, die Kyprier aber stellten 150 Schiffe und waren folgendermaßen ausgerüs-

φαλὰς εἰλίχατο μίτρῃσι οἱ βασιλέες αὐτῶν, οἱ δὲ ἄλλοι εἶχον κιθῶνας, τὰ δὲ ἄλλα κατά περ Ἕλληνες. τούτων δὲ τοσάδε ἔθνεα εἰσί, οἳ μὲν ἀπὸ Σαλαμῖνος καὶ Ἀθηνέων, οἳ δὲ ἀπ' Ἀρκαδίης, οἳ δὲ ἀπὸ Κύθνου, οἳ δὲ ἀπὸ Φοινίκης, οἳ δὲ ἀπὸ Αἰθιοπίης, ὡς αὐτοὶ Κύπριοι λέγουσι.

91 Κίλικες δὲ ἑκατὸν παρείχοντο νέας. οὗτοι δ' αὖ περὶ μὲν τῇσι κεφαλῇσι κράνεα ἐπιχώρια, λαισήια δὲ εἶχον ἀντ' ἀσπίδων ὠμοβοέης πεποιημένα, καὶ κιθῶνας εἰρινέους ἐνδεδυκότες· δύο δὲ ἀκόντια ἕκαστος καὶ ξίφος εἶχον, ἀγχοτάτω τῇσι Αἰγυπτίῃσι μαχαίρῃσι πεποιημένα. οὗτοι δὲ τὸ παλαιὸν Ὑπαχαιοὶ ἐκαλέοντο, ἐπὶ δὲ Κίλικος τοῦ Ἀγήνορος ἀνδρὸς Φοίνικος ἔσχον τὴν ἐπωνυμίην. Πάμφυλοι δὲ τριήκοντα παρείχοντο νέας Ἑλληνικοῖσι ὅπλοισι ἐσκευασμένοι. οἱ δὲ Πάμφυλοι οὗτοι εἰσὶ τῶν ἐκ Τροίης ἀποσκεδασθέντων ἅμα Ἀμφιλόχῳ καὶ Κάλχαντι.

92 Λύκιοι δὲ παρείχοντο νέας πεντήκοντα θωρηκοφόροι τε ἐόντες καὶ κνημιδοφόροι, εἶχον δὲ τόξα κρανέινα καὶ ὀιστοὺς καλαμίνους ἀπτέρους καὶ ἀκόντια, ἐπὶ δὲ αἰγὸς δέρμα περὶ τοὺς ὤμους αἰωρεύμενον, περὶ δὲ τῇσι κεφαλῇσι πίλους πτεροῖσι περιεστεφανωμένους· ἐγχειρίδια δὲ καὶ δρέπανα εἶχον. Λύκιοι δὲ Τερμίλαι ἐκαλέοντο ἐκ Κρήτης γεγονότες, ἐπὶ δὲ Λύκου τοῦ Πανδίονος ἀνδρὸς Ἀθηναίου ἔσχον τὴν ἐπωνυμίην.

93 Δωριέες δὲ οἱ ἐκ τῆς Ἀσίης τριήκοντα παρείχοντο νέας, ἔχοντές τε Ἑλληνικὰ ὅπλα καὶ γεγονότες ἀπὸ Πελοποννήσου. Κᾶρες δὲ ἑβδομήκοντα παρείχοντο νέας, τὰ μὲν ἄλλα κατά περ Ἕλληνες ἐσταλμένοι, εἶχον δὲ καὶ δρέπανα καὶ ἐγχειρίδια. οὗτοι δὲ οἵτινες πρότερον ἐκαλέοντο, ἐν τοῖσι πρώτοισι τῶν λόγων εἴρηται.

94 Ἴωνες δὲ ἑκατὸν νέας παρείχοντο ἐσκευασμένοι ὡς Ἕλληνες. Ἴωνες δὲ ὅσον μὲν χρόνον ἐν Πελοποννήσῳ

tet: Ihre Könige hatten ihre Köpfe mit Binden umwickelt, alle anderen trugen Panzerröcke, ansonsten waren sie ausgerüstet wie die Griechen. So viele Volksstämme gehören zu diesen: Die einen kamen ursprünglich von Salamis und Athen, andere von Arkadien, von Kythnos, von Phoinikien und von Aithiopien, wie die Kyprier selbst sagen.

91 Die Kiliker aber stellten 100 Schiffe. Diese wiederum trugen am Kopf einheimische Helme und hatten statt Schilde Tartschen aus Rindsleder gefertigt und waren mit Röcken aus Wolle bekleidet. Jeder hatte zwei Speere und ein Schwert, sehr ähnlich den ägyptischen Säbeln. Diese hießen in alter Zeit Hypachaioi, zur Zeit des Kilix aber, des Sohnes des Agenor, eines Mannes aus Phoinikien, erhielten sie den jetzigen Namen. Die Pamphylier stellten 30 Schiffe und waren mit griechischen Waffen ausgerüstet. Diese Pamphylier stammen von denjenigen, die aus Troja zusammen mit Amphilochos und Kalchas zerstreut worden waren.

92 Die Lykier stellten 50 Schiffe, sie trugen Panzer und Beinschienen, sie hatten Bogen aus Hartriegel, ungeflügelte Pfeile aus Rohr und Wurfspeere, außerdem trugen sie Ziegenfelle, die um die Schultern gehängt waren, und am Kopf Hüte, die ringsherum mit Federn besetzt waren. Sie hatten ferner Dolche und Sicheln. Die Lykier, die aus Kreta stammten, hießen Termilen, unter Lykos, dem Sohn des Pandion, einem Athener, erhielten sie ihren jetzigen Namen.

93 Die Dorer aus Asien stellten 30 Schiffe, sie hatten griechische Waffen und stammten ursprünglich aus der Peloponnes. Die Karer stellten 70 Schiffe, in allem anderen waren sie ausgerüstet wie die Griechen, sie hatten aber auch Sicheln und Dolche. Wie sie früher genannt wurden, ist in den ersten *logoi* gesagt worden.[52]

94 Die Ionier stellten 100 Schiffe, sie waren ausgerüstet wie die Griechen. Die Ionier wurden zu der Zeit, als sie

οἴκεον τὴν νῦν καλεομένην Ἀχαιίην, καὶ πρὶν ἢ Δαναόν τε καὶ Ξοῦθον ἀπικέσθαι ἐς Πελοπόννησον, ὡς Ἕλληνες λέγουσι, ἐκαλέοντο Πελασγοὶ Αἰγιαλέες, ἐπὶ δὲ Ἴωνος τοῦ Ξούθου Ἴωνες.

95 (1) νησιῶται δὲ ἑπτακαίδεκα παρείχοντο νέας, ὡπλισμένοι ὡς Ἕλληνες, καὶ τοῦτο Πελασγικὸν ἔθνος; ὕστερον δὲ Ἰωνικὸν ἐκλήθη κατὰ τὸν αὐτὸν λόγον καὶ οἱ δυωδεκαπόλιες Ἴωνες οἱ ἀπ' Ἀθηνέων. Αἰολέες δὲ ἑξήκοντα νέας παρείχοντο, ἐσκευασμένοι τε ὡς Ἕλληνες καὶ τὸ πάλαι καλεόμενοι Πελασγοί, ὡς Ἑλλήνων λόγος. (2) Ἑλλησπόντιοι δὲ πλὴν Ἀβυδηνῶν Ἀβυδηνοῖσι γὰρ προσετέτακτο ἐκ βασιλέος κατὰ χώρην μένουσι φύλακας εἶναι τῶν γεφυρέων οἱ δὲ λοιποὶ οἱ ἐκ τοῦ Πόντου στρατευόμενοι παρείχοντο μὲν ἑκατὸν νέας, ἐσκευασμένοι δὲ ἦσαν ὡς Ἕλληνες. οὗτοι δὲ Ἰώνων καὶ Δωριέων ἄποικοι.

96 (1) ἐπεβάτευον δὲ ἐπὶ πασέων τῶν νεῶν Πέρσαι καὶ Μῆδοι καὶ Σαάκαι. τούτων δὲ ἄριστα πλεούσας παρείχοντο νέας Φοίνικες καὶ Φοινίκων Σιδώνιοι. τούτοισι πᾶσι καὶ τοῖσι ἐς τὸν πεζὸν τεταγμένοισι αὐτῶν ἐπῆσαν ἑκάστοισι ἐπιχώριοι ἡγεμόνες, τῶν ἐγώ, οὐ γὰρ ἀναγκαίῃ ἐξέργομαι ἐς ἱστορίης λόγον, οὐ παραμέμνημαι. (2) οὔτε γὰρ ἔθνεος ἑκάστου ἐπάξιοι ἦσαν οἱ ἡγεμόνες, ἔν τε ἔθνεϊ ἑκάστῳ ὅσαι περ πόλιες τοσοῦτοι καὶ ἡγεμόνες ἦσαν, εἵποντο δὲ ὡς οὐ στρατηγοὶ ἀλλ' ὥσπερ οἱ ἄλλοι στρατευόμενοι δοῦλοι· ἐπεὶ στρατηγοί γε οἱ τὸ πᾶν ἔχοντες κράτος καὶ ἄρχοντες τῶν ἐθνέων ἑκάστων, ὅσοι αὐτῶν ἦσαν Πέρσαι, εἰρέαταί μοι.

97 τοῦ δὲ ναυτικοῦ ἐστρατήγεον Ἀριαβίγνης τε ὁ Δαρείου καὶ Πρηξάσπης ὁ Ἀσπαθίνεω καὶ Μεγάβαζος ὁ Μεγα-

auf der Peloponnes das heutige Achaia bewohnten, und zwar bevor Danaos und Xuthos auf die Peloponnes kamen, wie die Griechen sagen, pelasgische Aigialeer genannt. Unter Ion, dem Sohn des Xuthos, aber wurden sie Ionier genannt.

95 (1) Die Inselbewohner stellten 17 Schiffe, sie waren wie die Griechen bewaffnet; auch diese waren ein pelasgischer Volksstamm, später wurde er ionisch genannt, und zwar aus demselben Grund wie die Bewohner der ionischen Dodekapolis, die von den Athenern abstammen. Die Aioler stellten 60 Schiffe, sie waren wie die Griechen ausgerüstet und hießen nach Aussage der Griechen in alter Zeit Pelasger. (2) Die Bewohner des Hellespont mit Ausnahme der Einwohner von Abydos – ihnen war nämlich vom König aufgetragen worden im Lande zu bleiben und die Brücken zu bewachen – und die übrigen, die aus dem Pontos am Feldzug teilnahmen, stellten 100 Schiffe, sie waren ausgerüstet wie die Griechen. Diese sind Abkömmlinge der Ionier und Dorer.

96 (1) Als Schiffsbesatzung dienten auf allen Schiffen Perser, Meder und Saker. Von diesen boten die Phoiniker und unter den Phoinikern die Sidonier die am besten segelnden Schiffe. Alle diese und diejenigen von ihnen, die dem Fußvolk zugeordnet waren, befehligten jeweils einheimische Führer, die ich nicht erwähnt habe, denn ich brauche sie für meinen *logos* der Erkundung[53] nicht. (2) Die Führer eines jeden einzelnen Volksstammes waren nämlich nicht erwähnenswert und bei jedem Stamm waren es so viele Führer wie Poleis. Sie aber zogen nicht wie Feldherren mit, sondern wie alle anderen, die als Untertanen am Feldzug teilnahmen, da die Feldherren, die den gesamten Oberbefehl hatten, und die Befehlshaber der einzelnen Volksstämme, soweit sie Perser waren, von mir bereits genannt worden sind.

97 Die Flotte befehligten folgende Männer: Ariabignes, der Sohn des Dareios, Prexaspes, der Sohn des Aspa-

βάτεω καὶ Ἀχαιμένης ὁ Δαρείου, τῆς μὲν Ἰάδος τε καὶ Καρικῆς στρατιῆς Ἀριαβίγνης ὁ Δαρείου τε παῖς καὶ τῆς Γοβρύεω θυγατρός· Αἰγυπτίων δὲ ἐστρατήγεε Ἀχαιμένης Ξέρξεω ἐὼν ἀπ' ἀμφοτέρων ἀδελφεός, τῆς δὲ ἄλλης στρατιῆς ἐστρατήγεον οἱ δύο. τριηκόντεροι δὲ καὶ πεντηκόντεροι καὶ κέρκουροι καὶ ἱππαγωγὰ πλοῖα μακρὰ συνελθόντα ἐς τὸν ἀριθμὸν ἐφάνη τρισχίλια.

98 τῶν δὲ ἐπιπλεόντων μετά γε τοὺς στρατηγοὺς οἵδε ἦσαν ὀνομαστότατοι, Σιδώνιος Τετράμνηστος Ἀνύσου, καὶ Τύριος Ματτὴν Σιρώμου, καὶ Ἀράδιος Μέρβαλος Ἀγβάλου, καὶ Κίλιξ Συέννεσις Ὠρομέδοντος, καὶ Λύκιος Κυβερνίσκος Σίκα, καὶ Κύπριοι Γόργος τε ὁ Χέρσιος καὶ Τιμῶναξ ὁ Τιμαγόρεω, καὶ Καρῶν Ἱστιαῖός τε ὁ Τύμνεω καὶ Πίγρης ὁ Ὑσσελδώμου, καὶ Δαμασίθυμος ὁ Κανδαύλεω.

99 (1) τῶν μέν νυν ἄλλων οὐ παραμέμνημαι ταξιάρχων ὡς οὐκ ἀναγκαζόμενος, Ἀρτεμισίης δὲ τῆς μάλιστα θῶμα ποιεῦμαι ἐπὶ τὴν Ἑλλάδα στρατευσαμένης γυναικός· ἥτις ἀποθανόντος τοῦ ἀνδρὸς αὐτή τε ἔχουσα τὴν τυραννίδα καὶ παιδὸς ὑπάρχοντος νεηνίεω ὑπὸ λήματός τε καὶ ἀνδρηίης ἐστρατεύετο, οὐδεμιῆς οἱ ἐούσης ἀναγκαίης. (2) οὔνομα μὲν δὴ ἦν αὐτῇ Ἀρτεμισίη, θυγάτηρ δὲ ἦν Λυγδάμιος, γένος δὲ ἐξ Ἁλικαρνησσοῦ τὰ πρὸς πατρός, τὰ μητρόθεν δὲ Κρῆσσα. ἡγεμόνευε δὲ Ἁλικαρνησσέων τε καὶ Κῴων καὶ Νισυρίων τε καὶ Καλυδνίων, πέντε νέας παρεχομένη. (3) καὶ συναπάσης τῆς στρατιῆς, μετά γε τὰς Σιδωνίων, νέας εὐδοξοτάτας παρείχετο, πάντων τε τῶν συμμάχων γνώμας ἀρίστας βασιλέι ἀπεδέξατο. τῶν δὲ κατ-

thines, Megabazos, der Sohn des Megabates, und Aichamenes, der Sohn des Dareios, die ionische und karische Flotte befehligte Ariabignes, der Sohn des Dareios und der Tochter des Gobryas. Die Ägypter führte Achaimenes an, der ein vollbürtiger Bruder des Xerxes war, die übrige Flotte befehligten die beiden anderen. Die Zahl der Trieren, Penteren, leichten Schiffe und kleinen Pferdetransportschiffe, die zusammengekommen waren, belief sich auf 3000.

98 Von denen, die als Befehlshaber mitfuhren, waren nach den Oberbefehlshabern die namhaftesten folgende, nämlich der Sidonier Tetramnestos, der Sohn des Anysos, der Tyrier Matten, der Sohn des Siromos, der Aradier Merbalos, der Sohn des Agbalos, der Kilikier Syennesis, der Sohn des Oromedon, der Lykier Kyberniskos, der Sohn des Sikas, die Kyprier Gorgos, der Sohn des Chersis, und Timonax, der Sohn des Timagores, von den Karern Histiaios, der Sohn des Tymnes, Pigres, der Sohn des Hysseldomos, und Damasithymos, der Sohn des Kandaules.

99 (1) Alle anderen Befehlshaber habe ich nicht erwähnt, da es nicht nötig ist. Artemisia hingegen erwähne ich, die ich ganz besonders bewundere, da sie sich als Frau dem Feldzug gegen Griechenland angeschlossen hatte.[54] Sie hatte nach dem Tod ihres Mannes die Herrschaft inne und nahm aus Entschlossenheit und Tapferkeit am Feldzug teil, obwohl ihr Sohn für einen Kriegszug alt genug war und ohne dass für sie eine Notwendigkeit bestand. (2) Ihr Name war also Artemisia, sie war die Tochter des Lygdamis, väterlicherseits stammte sie aus Halikarnassos, mütterlicherseits aus Kreta. Sie befehligte die Leute aus Halikarnassos, Kos, Nissyros und Kalydna, wobei sie fünf Schiffe stellte. (3) Von der gesamten Flotte stellte sie nächst zu den Schiffen der Sidonier die berühmtesten Schiffe und von allen Bundesgenossen gab sie dem König die besten Ratschläge. Von allen Poleis, die sie, wie

έλεξα πολίων ἡγεμονεύειν αὐτήν, τὸ ἔθνος ἀποφαίνω πᾶν ἐὸν Δωρικόν, Ἁλικαρνησσέας μὲν Τροιζηνίους, τοὺς δὲ ἄλλους Ἐπιδαυρίους. ἐς μὲν τοσόνδε ὁ ναυτικὸς στρατὸς εἴρηται.

100 (1) Ξέρξης δέ, ἐπεὶ ἠριθμήθη τε καὶ διετάχθη ὁ στρατός, ἐπεθύμησε αὐτός σφεας διεξελάσας θεήσασθαι· μετὰ δὲ ἐποίεε ταῦτα, καὶ διεξελαύνων ἐπὶ ἅρματος παρὰ ἔθνος ἓν ἕκαστον ἐπυνθάνετο. καὶ ἀπέγραφον οἱ γραμματισταί, ἕως ἐξ ἐσχάτων ἐς ἔσχατα ἀπίκετο καὶ τῆς ἵππου καὶ τοῦ πεζοῦ. (2) ὡς δὲ ταῦτά οἱ ἐπεποίητο, τῶν νεῶν κατελκυσθεισέων ἐς θάλασσαν, ἐνθαῦτα ὁ Ξέρξης μετεκβὰς ἐκ τοῦ ἅρματος ἐς νέα Σιδωνίην ἵζετο ὑπὸ σκηνῇ χρυσέῃ καὶ παρέπλεε παρὰ τὰς πρῴρας τῶν νεῶν, ἐπειρωτῶν τε ἑκάστας ὁμοίως καὶ τὸν πεζὸν καὶ ἀπογραφόμενος. (3) τὰς δὲ νέας οἱ ναύαρχοι ἀναγαγόντες ὅσον τε τέσσερα πλέθρα ἀπὸ τοῦ αἰγιαλοῦ ἀνεκώχευον, τὰς πρῴρας ἐς γῆν τρέψαντες πάντες μετωπηδόν, καὶ ἐξοπλίσαντες τοὺς ἐπιβάτας ὡς ἐς πόλεμον. ὃ δ᾽ ἐντὸς τῶν πρωρέων πλέων ἐθηεῖτο καὶ τοῦ αἰγιαλοῦ.

101 (1) ὡς δὲ καὶ ταύτας διεξέπλωσε καὶ ἐξέβη ἐκ τῆς νεός, μετεπέμψατο Δημάρητον τὸν Ἀρίστωνος συστρατευόμενον αὐτῷ ἐπὶ τὴν Ἑλλάδα, καλέσας δ᾽ αὐτὸν εἴρετο τάδε. «Δημάρητε, νῦν μοι σὲ ἡδύ τι ἐστὶ εἰρέσθαι τὰ θέλω. σὺ εἶς Ἕλλην τε, καὶ ὡς ἐγὼ πυνθάνομαι σεῦ τε καὶ τῶν ἄλλων Ἑλλήνων τῶν ἐμοὶ ἐς λόγους ἀπικνεομένων, πόλιος οὔτ᾽ ἐλαχίστης οὔτ᾽ ἀσθενεστάτης. (2) νῦν ὦν μοι τόδε φράσον, εἰ Ἕλληνες ὑπομενέουσι χεῖρας ἐμοὶ ἀνταειρόμενοι. οὐ γάρ, ὡς ἐγὼ δοκέω, οὐδ᾽ εἰ πάντες Ἕλληνες καὶ οἱ λοιποὶ οἱ πρὸς ἑσπέρης οἰκέοντες ἄνθρωποι συλλεχθείησαν, οὐκ ἀξιόμαχοι εἰσὶ ἐμὲ ἐπιόντα ὑπομεῖναι, μὴ ἐόντες

ich aufgelistet habe, befehligte, kann ich nachweisen, dass der gesamte Volksstamm dorisch ist, die Einwohner von Halikarnassos einerseits Troizenier, die anderen aber Epidaurier. So viel also sei zur Flotte gesagt.

100 (1) Xerxes aber wollte das Heer, als es gezählt und aufgestellt war, selbst beim Durchreiten inspizieren. Er tat dies dann auch und, indem er auf einem Wagen zu jedem Volksstamm fuhr, fragte er nach jedem einzelnen und die Schreiber notierten es,[55] bis er bei Reiterei und Fußvolk von einem Ende zum anderen gekommen war. (2) Nachdem dies von ihm durchgeführt worden war, und als die Schiffe ins Wasser gezogen waren, da stieg Xerxes vom Wagen auf ein sidonisches Schiff, nahm dann unter einem goldenen Zelt Platz und fuhr an den Schnäbeln der Schiffe vorbei, wobei er sich wie beim Fußvolk nach jedem einzelnen Schiff erkundigte und aufschreiben ließ. (3) Die Kapitäne hatten die Schiffe vier Plethren weit[56] vom Strand hinausfahren und dort ankern lassen, indem sie alle die Schnäbel in geradliniger Front zum Land hin gewendet und die Besatzung wie zum Kampf bewaffnet hatten. Er aber fuhr zwischen den Schnäbeln und dem Strand hindurch und inspizierte sie.

101 (1) Als er auch an diesen vorbeigefahren und vom Schiff gestiegen war, ließ er Demaratos, den Sohn des Ariston, kommen, der mit ihm gegen Griechenland zog,[57] und fragte ihn, nachdem er ihn gerufen hatte: »Demaratos, es kommt mir jetzt gelegen, dich zu fragen, was ich will. Du bist ein Grieche und wie ich von dir und den anderen Griechen, die mit mir ins Gespräch kommen, erfahre, kommst du aus einer Stadt, die nicht die unbedeutendste und schwächste ist. (2) Sag mir also nun folgendes, ob sich die Griechen mir widersetzen werden, indem sie Gegenwehr leisten? Auch wenn nämlich alle Griechen und alle übrigen Menschen, die im Westen wohnen, sich zusammentun sollten, sind sie, wie ich meine, nicht stark genug meinem Angriff Gegenwehr zu leisten, wenn sie

ἄρθμιοι. (3) θέλω μέντοι καὶ τὸ ἀπὸ σεῦ, ὁκοῖόν τι λέγεις περὶ αὐτῶν, πυθέσθαι.» ὃ μὲν ταῦτα εἰρώτα, ὁ δὲ ὑπολαβὼν ἔφη «βασιλεῦ, κότερα ἀληθείῃ χρήσωμαι πρὸς σὲ ἢ ἡδονῇ;» ὁ δέ μιν ἀληθείῃ χρήσασθαι ἐκέλευε, φὰς οὐδέν οἱ ἀηδέστερον ἔσεσθαι ἢ πρότερον ἦν.

102 (1) ὡς δὲ ταῦτα ἤκουσε Δημάρητος, ἔλεγε τάδε. «βασιλεῦ, ἐπειδὴ ἀληθείῃ διαχρήσασθαι πάντως κελεύεις ταῦτα λέγοντα τὰ μὴ ψευδόμενός τις ὕστερον ὑπὸ σεῦ ἁλώσεται, τῇ Ἑλλάδι πενίη μὲν αἰεί κοτε σύντροφος ἐστί, ἀρετὴ δὲ ἔπακτος ἐστί, ἀπό τε σοφίης κατεργασμένη καὶ νόμου ἰσχυροῦ· τῇ διαχρεωμένη ἡ Ἑλλὰς τήν τε πενίην ἀπαμύνεται καὶ τὴν δεσποσύνην. (2) αἰνέω μέν νυν πάντας Ἕλληνας τοὺς περὶ ἐκείνους τοὺς Δωρικοὺς χώρους οἰκημένους, ἔρχομαι δὲ λέξων οὐ περὶ πάντων τούσδε τοὺς λόγους ἀλλὰ περὶ Λακεδαιμονίων μούνων, πρῶτα μὲν ὅτι οὐκ ἔστι ὅκως κοτὲ σοὺς δέξονται λόγους δουλοσύνην φέροντας τῇ Ἑλλάδι, αὖτις δὲ ὡς ἀντιώσονταί τοι ἐς μάχην καὶ ἢν οἱ ἄλλοι Ἕλληνες πάντες τὰ σὰ φρονέωσι. (3) ἀριθμοῦ δὲ πέρι, μὴ πύθῃ ὅσοι τινὲς ἐόντες ταῦτα ποιέειν οἷοί τε εἰσί· ἤν τε γὰρ τύχωσι ἐξεστρατευμένοι χίλιοι, οὗτοι μαχήσονταί τοι, ἤν τε ἐλάσσονες τούτων ἤν τε καὶ πλεῦνες.»

103 (1) ταῦτα ἀκούσας Ξέρξης γελάσας ἔφη «Δημάρητε, οἷον ἐφθέγξαο ἔπος, ἄνδρας χιλίους στρατιῇ τοσῇδε μαχήσεσθαι. ἄγε εἰπέ μοι· σὺ φῂς τούτων τῶν ἀνδρῶν βασιλεὺς αὐτὸς γενέσθαι· σὺ ὦν ἐθελήσεις αὐτίκα μάλα πρὸς ἄνδρας δέκα μάχεσθαι; καίτοι εἰ τὸ πολιτικὸν ὑμῖν πᾶν ἐστι τοιοῦτον οἷον σὺ διαιρέεις, σέ γε τὸν κείνων βασιλέα πρέπει πρὸς τὸ διπλήσιον ἀντιτάσσεσθαι κατὰ νόμους τοὺς ὑμετέρους. (2) εἰ γὰρ κείνων ἕκαστος δέκα ἀνδρῶν

nicht einträchtig sind. (3) Freilich will ich auch von dir erfahren, was du über sie zu sagen hast.« Er stellte also diese Frage, der aber gab zur Antwort: »König, soll ich dir gegenüber die Wahrheit sagen oder dir zu Gefallen reden?« Er aber hieß ihn die Wahrheit zu sagen, wobei er beteuerte, dass es für ihn keineswegs unangenehmer sein werde als vorher.

102 (1) Als Demaratos dies vernommen hatte, sagte er folgendes: »König, da du ja ausdrücklich befiehlst, mich an die Wahrheit zu halten, indem ich das vorbringe, wofür man nachher von dir nicht der Lüge bezichtigt werden kann, so ist mit Griechenland die Armut schon immer von Natur aus verbunden, die Tüchtigkeit aber ist hinzugewonnen, von kluger Einsicht und einem starken Gesetz bewirkt. Mit ihrer Hilfe schützt Griechenland sich vor Armut und Unterdrückung. (2) Ich lobe nun zwar alle Griechen, die in jenen dorischen Orten wohnen, komme aber nun dazu, nicht über alle diese Worte zu machen, sondern nur über die Lakedaimonier, erstens, weil sie auf keinen Fall deine Worte annehmen werden, die Griechenland Knechtschaft bringen, ferner, weil sie sich dir im Kampf stellen werden, auch wenn alle anderen Griechen sich dir anhängen werden. (3) Frage aber nicht nach der Zahl, wie viele es sind, dass sie dies tun können. Auch wenn nämlich nur 1000 ins Feld gezogen sind, sei es dass es mehr oder weniger als diese sind, werden sie gegen dich kämpfen.«

103 (1) Als Xerxes dies gehört hatte, lachte er auf und sagte: »Demaratos, was für ein Wort hast du da von dir gegeben, dass 1000 Männer mit einer so gewaltigen Streitmacht kämpfen werden. Sag mir doch, du behauptest, dass du selbst König dieser Männer warst? Wirst du auf der Stelle gegen zehn Männer kämpfen wollen? Doch wenn euer ganzes Polis-Wesen so ist, wie du beschreibst, so ziemt es sich nach euren Gesetzen, dass du dich als ihr König der doppelten Zahl entgegenstellst. (2) Wenn näm-

τῆς στρατιῆς τῆς ἐμῆς ἀντάξιος ἐστί, σὲ δέ γε δίζημαι εἴκοσι εἶναι ἀντάξιον, καὶ οὕτω μὲν ὀρθοῖτ' ἂν ὁ λόγος ὁ παρὰ σέο λεγόμενος· εἰ δὲ τοιοῦτοί τε ἐόντες καὶ μεγάθεα τοσοῦτοι, ὅσοι σύ τε καὶ οἳ παρ' ἐμὲ φοιτῶσι Ἑλλήνων ἐς λόγους αὐχέετε τοσοῦτον, ὅρα μὴ μάτην κόμπος ὁ λόγος οὗτος εἰρημένος ᾖ. (3) ἐπεὶ φέρε ἴδω παντὶ τῷ οἰκότι· κῶς ἂν δυναίατο χίλιοι ἢ καὶ μύριοι ἢ καὶ πεντακισμύριοι, ἐόντες γε ἐλεύθεροι πάντες ὁμοίως καὶ μὴ ὑπ' ἑνὸς ἀρχόμενοι, στρατῷ τοσῷδε ἀντιστῆναι; ἐπεί τοι πλεῦνες περὶ ἕνα ἕκαστον γινόμεθα ἢ χίλιοι, ἐόντων ἐκείνων πέντε χιλιάδων. (4) ὑπὸ μὲν γὰρ ἑνὸς ἀρχόμενοι κατὰ τρόπον τὸν ἡμέτερον γενοίατ' ἄν, δειμαίνοντες τοῦτον, καὶ παρὰ τὴν ἑωυτῶν φύσιν ἀμείνονες, καὶ ἴοιεν ἀναγκαζόμενοι μάστιγι ἐς πλεῦνας ἐλάσσονες ἐόντες· ἀνειμένοι δὲ ἐς τὸ ἐλεύθερον οὐκ ἂν ποιέοιεν τούτων οὐδέτερα. δοκέω δὲ ἔγωγε καὶ ἀνισωθέντας πλήθεϊ χαλεπῶς ἂν Ἕλληνας Πέρσῃσι μούνοισι μάχεσθαι. (5) ἀλλὰ παρ' ἡμῖν μὲν μούνοισι τοῦτο ἐστὶ τὸ σὺ λέγεις, ἔστι γε μὲν οὐ πολλὸν ἀλλὰ σπάνιον· εἰσὶ γὰρ Περσέων τῶν ἐμῶν αἰχμοφόρων οἳ ἐθελήσουσι Ἑλλήνων ἀνδράσι τρισὶ ὁμοῦ μάχεσθαι· τῶν σὺ ἐὼν ἄπειρος πολλὰ φλυηρέεις.»

104 (1) πρὸς ταῦτα Δημάρητος λέγει «ὦ βασιλεῦ, ἀρχῆθεν ἠπιστάμην ὅτι ἀληθείῃ χρεώμενος οὐ φίλα τοι ἐρέω· σὺ δ' ἐπεὶ ἠνάγκασας λέγειν τῶν λόγων τοὺς ἀληθεστάτους, ἔλεγον τὰ κατήκοντα Σπαρτιήτῃσι. (2) καίτοι ὡς ἐγὼ τυγχάνω τὰ νῦν τάδε ἐστοργὼς ἐκείνους, αὐτὸς μάλιστα ἐξεπίστεαι, οἵ με τιμήν τε καὶ γέρεα ἀπελόμενοι πατρώια ἄπολίν τε καὶ φυγάδα πεποιήκασι, πατὴρ δὲ σὸς ὑποδεξάμενος βίον τέ μοι καὶ οἶκον ἔδωκε. οὔκων οἰκός

lich jeder von ihnen zehn Männern meines Heeres gewachsen ist, dann fordere ich, dass du 20 Männern gewachsen bist. Und so dürfte die von dir gemachte Aussage bewahrheitet werden. Wenn aber solche und so großartige Leute wie du und diejenigen Griechen, die mit mir ins Gespräch kommen, sich so sehr rühmen, dann sieh zu, dass dieses Wort nicht als eitle Prahlerei gesagt ist, (3) denn lass mich dies nach aller Wahrscheinlichkeit betrachten: Wie dürften 1000 oder auch 10 000 oder sogar 50 000, wenn sie alle in gleicher Weise frei sind und nicht von einem beherrscht werden, sich einem so großen Heer entgegenstellen? Von uns treffen ja mehr als 1000 Mann auf jeden einzelnen, selbst wenn es 5000 sind. (4) Wenn sie nämlich nach unsrer Art von einem einzigen beherrscht würden, so dürften sie diesen fürchten und über ihre eigene Veranlagung hinaus stark sein und mit der Peitsche gezwungen als zahlenmäßig Unterlegene gegen eine Mehrheit in den Kampf ziehen. Der Freiheit überlassen, dürften sie jedoch keines von beidem tun. Ich freilich glaube, dass die Griechen, selbst wenn sie zahlenmäßig gleich wären, nur schwer gegen die Perser allein kämpfen könnten. (5) Doch bei uns allein ist es so, wie du sagst, allerdings nicht häufig, sondern selten. Es gibt nämlich unter meinen persischen Lanzenträgern einige, die gegen drei Griechen zugleich kämpfen werden wollen. Da du sie nicht kennst, schwatzt du viel leeres Zeug.«

104 (1) Darauf erwiderte Demaratos: »König, ich wusste von Anfang an, dass ich, wenn ich mich an die Wahrheit halte, dir Unangenehmes sagen werde. Da du mich aber gezwungen hast, die reine Wahrheit zu sagen, brachte ich vor, was auf die Spartiaten zutrifft. (2) Wie ich sie in meiner jetzigen Lage liebe, weißt du selbst am besten, die mir Ehre und mein väterliches Erbe genommen haben und mich heimatlos und zum Flüchtling gemacht haben, während dein Vater mich aufgenommen, mir Lebensunterhalt und Unterkunft gewährt hat. Es ist ja nicht wahr-

ἐστι ἄνδρα τὸν σώφρονα εὐνοίην φαινομένην διωθέεσθαι, ἀλλὰ στέργειν μάλιστα. (3) ἐγὼ δὲ οὔτε δέκα ἀνδράσι ὑπίσχομαι οἷός τε εἶναι μάχεσθαι οὔτε δυοῖσι, ἑκών τε εἶναι οὐδ' ἂν μουνομαχέοιμι. εἰ δὲ ἀναγκαίη εἴη ἢ μέγας τις ὁ ἐποτρύνων ἀγών, μαχοίμην ἂν πάντων ἥδιστα ἑνὶ τούτων τῶν ἀνδρῶν οἳ Ἑλλήνων ἕκαστος φησὶ τριῶν ἄξιος εἶναι. (4) ὣς δὲ καὶ Λακεδαιμόνιοι κατὰ μὲν ἕνα μαχόμενοι οὐδαμῶν εἰσι κακίονες ἀνδρῶν, ἁλέες δὲ ἄριστοι ἀνδρῶν ἁπάντων. ἐλεύθεροι γὰρ ἐόντες οὐ πάντα ἐλεύθεροι εἰσί· ἔπεστι γάρ σφι δεσπότης νόμος, τὸν ὑποδειμαίνουσι πολλῷ ἔτι μᾶλλον ἢ οἱ σοὶ σέ. (5) ποιεῦσι γῶν τὰ ἂν ἐκεῖνος ἀνώγῃ· ἀνώγει δὲ τὠυτὸ αἰεί, οὐκ ἐῶν φεύγειν οὐδὲν πλῆθος ἀνθρώπων ἐκ μάχης, ἀλλὰ μένοντας ἐν τῇ τάξι ἐπικρατέειν ἢ ἀπόλλυσθαι. σοὶ δὲ εἰ φαίνομαι ταῦτα λέγων φλυηρέειν, τἄλλα σιγᾶν θέλω τὸ λοιπόν· νῦν τε ἀναγκασθεὶς ἔλεξα. γένοιτο μέντοι κατὰ νόον τοι, βασιλεῦ.»

105 ὃ μὲν δὴ ταῦτα ἀμείψατο, Ξέρξης δὲ ἐς γέλωτά τε ἔτρεψε καὶ οὐκ ἐποιήσατο ὀργὴν οὐδεμίαν, ἀλλ' ἠπίως αὐτὸν ἀπεπέμψατο. τούτῳ δὲ ἐς λόγους ἐλθὼν Ξέρξης, καὶ ὕπαρχον ἐν τῷ Δορίσκῳ τούτῳ καταστήσας Μασκάμην τὸν Μεγαδόστεω, τὸν δὲ ὑπὸ Δαρείου σταθέντα καταπαύσας, ἐξήλαυνε τὸν στρατὸν διὰ τῆς Θρηίκης ἐπὶ τὴν Ἑλλάδα.

106 (1) κατέλιπε δὲ ἄνδρα τοιόνδε Μασκάμην γενόμενον, τῷ μούνῳ Ξέρξης δῶρα πέμπεσκε ὡς ἀριστεύοντι πάντων ὅσους αὐτὸς κατέστησε ἢ Δαρεῖος ὑπάρχους, πέμπεσκε δὲ ἀνὰ πᾶν ἔτος· ὣς δὲ καὶ Ἀρτοξέρξης ὁ Ξέρξεω τοῖσι

scheinlich, dass ein vernünftiger Mann das ihm gewährte Wohlwollen von sich stößt, sondern es ganz besonders schätzt. (3) Ich aber gestehe, dass ich nicht in der Lage bin, gegen zehn Männer oder gegen zwei Männer zu kämpfen, und auch nicht gern gegen einen einzigen kämpfe. Wenn es aber notwendig sein sollte oder wenn es einen hohen Kampfpreis gibt, der antreibt, dann würde ich am liebsten von allen mit einem einzigen dieser Männer kämpfen, die behaupten, dass jeder drei Griechen gewachsen sei. (4) So sind auch die Lakedaimonier im Einzelkampf keinem unterlegen, zusammen aber sind sie die stärksten aller Männer. Obwohl sie nämlich frei sind, sind sie nicht in allem frei. Über ihnen steht nämlich als Herr das Gesetz, das sie noch viel mehr fürchten als deine Leute dich. (5) Sie tun jedenfalls, was jenes befiehlt. Es befiehlt aber immer dasselbe, indem es nicht zulässt vor irgendeinem Aufgebot an Menschen aus der Schlacht zu fliehen, sondern befiehlt, in der Schlachtreihe zu bleiben und entweder zu siegen oder zu sterben. Wenn ich dir mit diesen Worten leeres Geschwätz vorzubringen scheine, will ich in Zukunft schweigen. Nun aber habe ich ja, weil ich gezwungen wurde, gesprochen. Es möge dir freilich nach deinem Wunsch geschehen, König.«

105 Er gab dieses also zur Antwort, Xerxes aber nahm die Sache nicht ernst und geriet nicht in Zorn, sondern schickte ihn gnädig weg. Nachdem Xerxes mit diesem gesprochen und in jenem Doriskos[58] den Maskames, den Sohn des Megadostes, als Statthalter eingesetzt hatte, den von Dareios eingesetzten aber seines Amtes enthoben hatte, führte er das Heer durch Thrakien[59] gegen Griechenland.

106 (1) Maskames, den er zurückgelassen hatte, bewährte sich als so tüchtiger Mann, dass Xerxes ihm allein immer wieder Geschenke schickte, in der Meinung, er sei der beste von allen, die er selbst oder Dareios als Statthalter eingesetzt hatte; er schickte diese jedes Jahr. So

Μασκαμείοισι ἐκγόνοισι. κατέστασαν γὰρ ἔτι πρότερον ταύτης τῆς ἐλάσιος ὕπαρχοι ἐν τῇ Θρηίκῃ καὶ τοῦ Ἑλλησπόντου πανταχῇ. (2) οὗτοι ὦν πάντες οἵ τε ἐκ Θρηίκης καὶ τοῦ Ἑλλησπόντου, πλὴν τοῦ ἐν Δορίσκῳ, ὑπὸ Ἑλλήνων ὕστερον ταύτης τῆς στρατηλασίης ἐξαιρέθησαν· τὸν δὲ ἐν Δορίσκῳ Μασκάμην οὐδαμοί κω ἐδυνάσθησαν ἐξελεῖν πολλῶν πειρησαμένων. διὰ τοῦτο δή οἱ τὰ δῶρα πέμπεται παρὰ τοῦ βασιλεύοντος αἰεὶ ἐν Πέρσῃσι.

107 (1) τῶν δὲ ἐξαιρεθέντων ὑπὸ Ἑλλήνων οὐδένα βασιλεὺς Ξέρξης ἐνόμισε εἶναι ἄνδρα ἀγαθὸν εἰ μὴ Βόγην μοῦνον τὸν ἐξ Ἠιόνος, τοῦτον δὲ αἰνέων οὐκ ἐπαύετο, καὶ τοὺς περιεόντας αὐτοῦ ἐν Πέρσῃσι παῖδας ἐτίμα μάλιστα, ἐπεὶ καὶ ἄξιος αἴνου μεγάλου ἐγένετο Βόγης· ὃς ἐπειδὴ ἐπολιορκέετο ὑπὸ Ἀθηναίων καὶ Κίμωνος τοῦ Μιλτιάδεω, παρεὸν αὐτῷ ὑπόσπονδον ἐξελθεῖν καὶ νοστῆσαι ἐς τὴν Ἀσίην, οὐκ ἠθέλησε, μὴ δειλίῃ δόξειε περιεῖναι βασιλέι, ἀλλὰ διεκαρτέρεε ἐς τὸ ἔσχατον. (2) ὡς δ᾽ οὐδὲν ἔτι φορβῆς ἐνῆν ἐν τῷ τείχεϊ, συννήσας πυρὴν μεγάλην ἔσφαξε τὰ τέκνα καὶ τὴν γυναῖκα καὶ τὰς παλλακὰς καὶ τοὺς οἰκέτας καὶ ἔπειτα ἐσέβαλε ἐς τὸ πῦρ, μετὰ δὲ ταῦτα τὸν χρυσὸν ἅπαντα τὸν ἐκ τοῦ ἄστεος καὶ τὸν ἄργυρον ἔσπειρε ἀπὸ τοῦ τείχεος ἐς τὸν Στρυμόνα, ποιήσας δὲ ταῦτα ἑωυτὸν ἐσέβαλε ἐς τὸ πῦρ. οὕτω μὲν οὗτος δικαίως αἰνέεται ἔτι καὶ ἐς τόδε ὑπὸ Περσέων.

108 (1) Ξέρξης δὲ ἐκ τοῦ Δορίσκου ἐπορεύετο ἐπὶ τὴν Ἑλλάδα, τοὺς δὲ αἰεὶ γινομένους ἐμποδὼν συστρατεύεσθαι ἠνάγκαζε· ἐδεδούλωτο γάρ, ὡς καὶ πρότερόν μοι δεδήλωται, ἡ μέχρι Θεσσαλίης πᾶσα καὶ ἦν ὑπὸ βασιλέα δασμοφόρος, Μεγαβάζου τε καταστρεψαμένου καὶ ὕστερον Μαρδονίου. (2) παραμείβετο δὲ πορευόμενος ἐκ

auch Artoxerxes, der Sohn des Xerxes, den Nachkommen des Maskames. Noch vor diesem Feldzug waren nämlich Statthalter in Thrakien und überall am Hellespont eingesetzt worden. (2) Alle diese, diejenigen aus Thrakien und vom Hellespont mit Ausnahme dessen in Doriskos, wurden von den Griechen nach diesem Feldzug vertrieben. Den Maskames in Doriskos aber konnte niemand vertreiben, obwohl es viele versucht hatten. Deswegen werden ihm vom jeweiligen König unter den Persern Geschenke geschickt.

107 (1) Von denjenigen, die von den Griechen vertrieben worden waren, hielt König Xerxes keinen mehr für einen tüchtigen Mann außer Boges allein, den Mann aus Eion. Er hörte nicht auf, diesen zu loben und schätzte seine überlebenden Kinder unter den Persern am meisten, da Boges wirklich großes Lob verdiente. Als er von den Athenern und Kimon, dem Sohn des Miltiades, belagert wurde, wollte er, obwohl es ihm möglich gewesen wäre, einen Waffenstillstand zu schließen und nach Asien zurückzukehren, dies nicht tun, damit der König nicht meine, er habe aus Feigheit überlebt, vielmehr hielt er bis zum Äußersten aus. (2) Als es in der Festung keine Nahrungsmittel mehr gab, ließ er einen großen Scheiterhaufen aufschichten, tötete seine Kinder, seine Frau, seine Nebenfrauen und Diener und warf sie dann ins Feuer, danach streute er alles Gold aus der Stadt und das Silber von der Mauer in den Strymon und als er dies getan hatte, stürzte er sich selbst ins Feuer. So wird dieser Mann zu Recht auch noch bis zum heutigen Tage von den Persern gerühmt.

108 (1) Xerxes brach also von Doriskos gegen Griechenland auf, diejenigen, die ihm jeweils begegneten, zwang er mitzuziehen. Wie von mir früher schon dargelegt,[60] war nämlich das ganze Gebiet bis Thessalien unterworfen und dem König tributpflichtig, nachdem Megabazos und später Mardonios es unterworfen hatten. (2) Von

Δορίσκου πρῶτα μὲν τὰ Σαμοθρηίκια τείχεα, τῶν ἐσχάτη πεπόλισται πρὸς ἑσπέρης πόλις τῇ οὔνομα ἐστὶ Μεσαμβρίη. ἔχεται δὲ ταύτης Θασίων πόλις Στρύμη, διὰ δὲ σφέων τοῦ μέσου Λίσος ποταμὸς διαρρέει, ὃς τότε οὐκ ἀντέσχε τὸ ὕδωρ παρέχων τῷ Ξέρξεω στρατῷ ἀλλ' ἐπέλιπε. (3) ἡ δὲ χώρη αὕτη πάλαι μὲν ἐκαλέετο Γαλλαϊκή, νῦν δὲ Βριαντική· ἔστι μέντοι τῷ δικαιοτάτῳ τῶν λόγων καί αὕτη Κικόνων.

109 (1) διαβὰς δὲ τοῦ Λίσου ποταμοῦ τὸ ῥέεθρον ἀπεξηρασμένον πόλιας Ἑλληνίδας τάσδε παραμείβετο, Μαρώνειαν Δίκαιαν Ἄβδηρα. ταύτας τε δὴ παρεξήιε καὶ κατὰ ταύτας λίμνας ὀνομαστὰς τάσδε, Μαρωνείης μὲν μεταξὺ καὶ Στρύμης κειμένην Ἰσμαρίδα, κατὰ δὲ Δίκαιαν Βιστονίδα, ἐς τὴν ποταμοὶ δύο ἐσιεῖσι τὸ ὕδωρ, Τραῦός τε καὶ Κόμψαντος. κατὰ δὲ Ἄβδηρα λίμνην μὲν οὐδεμίαν ἐοῦσαν ὀνομαστὴν παραμείψατο Ξέρξης, ποταμὸν δὲ Νέστον ῥέοντα ἐς θάλασσαν. (2) μετὰ δὲ ταύτας τὰς χώρας ἰὼν τὰς ἠπειρώτιδας πόλις παρήιε, τῶν ἐν μιῇ λίμνη ἐοῦσα τυγχάνει ὡσεὶ τριήκοντα σταδίων μάλιστά κῃ τὴν περίοδον, ἰχθυώδης τε καὶ κάρτα ἁλμυρή· ταύτην τὰ ὑποζύγια μοῦνα ἀρδόμενα ἀνεξήρηνε. τῇ δὲ πόλι ταύτῃ οὔνομα ἐστὶ Πίστυρος. ταύτας μὲν δὴ τὰς πόλιας τὰς παραθαλασσίας τε καὶ Ἑλληνίδας ἐξ εὐωνύμου χειρὸς ἀπέργων παρεξήιε·

110 ἔθνεα δὲ Θρηίκων δι' ὧν τῆς χώρης ὁδὸν ἐποιέετο τοσάδε, Παῖτοι Κίκονες Βίστονες Σαπαῖοι Δερσαῖοι Ἠδωνοὶ Σάτραι. τούτων οἱ μὲν παρὰ θάλασσαν κατοικημένοι ἐν τῇσι νηυσὶ εἵποντο· οἱ δὲ αὐτῶν τὴν μεσόγαιαν οἰκέοντες καταλεχθέντες τε ὑπ' ἐμεῦ, πλὴν Σατρέων, οἱ ἄλλοι πάντες πεζῇ ἀναγκαζόμενοι εἵποντο.

111 (1) Σάτραι δὲ οὐδενός κω ἀνθρώπων ὑπήκοοι ἐγένοντο, ὅσον ἡμεῖς ἴδμεν, ἀλλὰ διατελεῦσι τὸ μέχρι ἐμεῦ

Doriskos aus zog er zunächst an den Festungen von Samothrake vorbei, von denen die äußerste im Westen besiedelte Stadt Mesambria heißt. Danach folgt Stryme, eine Stadt der Thasier; in der Mitte zwischen diesen beiden fließt der Fluss Lisos, der damals für das Heer des Xerxes nicht genügend Wasser bot, sondern versiegte. (3) Dieses Land wurde früher Gallaike genannt, heute heißt es Briantike. Nach dem Bericht, der am meisten verbürgt ist, gehört auch dieses Land den Kikonen.

109 (1) Nachdem er das ausgetrocknete Flussbett des Lisos überquert hatte, zog er an folgenden griechischen Poleis vorbei: Maroneia, Dikaia und Abdera. An diesen zog er also vorbei und entlang den folgenden bekannten Seen, nämlich dem Ismaris, der zwischen Maroneia und Stryme liegt, ferner dem Bistonis bei Dikaia, in den zwei Flüsse, nämlich der Trauos und der Kompsatos, ihr Wasser ergießen. In der Nähe von Abdera zog Xerxes an keinem nennenswerten See vorbei, aber am Fluss Nestos, der ins Meer mündet. (2) Nach diesen Gegenden der Thasier zog er an Poleis auf dem Festland vorbei; bei einer von diesen liegt ein See, mit einem Umfang von ungefähr höchstens 30 Stadien,[61] der fischreich und sehr salzig ist. Diesen ließen allein die Zugtiere, die an ihm getränkt wurden, versiegen. Diese Stadt heißt Pistyros. An diesen am Meer gelegenen, griechischen Poleis zog er vorbei, indem er sie links liegen ließ.

110 Die Volksstämme der Thraker, durch deren Land er zog, waren folgende: die Paiter, Kikonen, Bistonen, Sapaier, Dersaier, Edoner und Satren. Von diesen folgten diejenigen, die am Meer wohnten, auf Schiffen. Diejenigen unter ihnen, die im Landesinneren wohnten und von mir aufgezählt worden waren, folgten alle außer den Satren unter Zwang dem Fußvolk.

111 (1) Die Satren waren, soweit wir wissen, noch nie irgendeinem Menschen untertan, sondern blieben als einzige von den Thrakern bis in meine Zeit stets frei. Sie be-

αἰεὶ ἐόντες ἐλεύθεροι μοῦνοι Θρηίκων· οἰκέουσί τε γὰρ ὄρεα ὑψηλά, ἴδῃσί τε παντοίῃσι καὶ χιόνι συνηρεφέα, καὶ εἰσὶ τὰ πολέμια ἄκροι. (2) οὗτοι οἱ Διονύσου τὸ μαντήιον εἰσὶ ἐκτημένοι· τὸ δὲ μαντήιον τοῦτο ἔστι μὲν ἐπὶ τῶν ὀρέων τῶν ὑψηλοτάτων, Βησσοὶ δὲ τῶν Σατρέων εἰσὶ οἱ προφητεύοντες τοῦ ἱροῦ, πρόμαντις δὲ ἡ χρέωσα κατά περ ἐν Δελφοῖσι, καὶ οὐδὲν ποικιλώτερον.

112 παραμειψάμενος δὲ ὁ Ξέρξης τὴν εἰρημένην, δεύτερα τούτων παραμείβετο τείχεα τὰ Πιέρων, τῶν ἐνὶ Φάγρης ἐστὶ οὔνομα καὶ ἑτέρῳ Πέργαμος. ταύτῃ μὲν δὴ παρ' αὐτὰ τὰ τείχεα τὴν ὁδὸν ἐποιέετο, ἐκ δεξιῆς χειρὸς τὸ Πάγγαιον ὄρος ἀπέργων, ἐὸν μέγα τε καὶ ὑψηλόν, ἐν τῷ χρύσεά τε καὶ ἀργύρεα ἔνι μέταλλα, τὰ νέμονται Πίερές τε καὶ Ὀδόμαντοι καὶ μάλιστα Σάτραι.

113 (1) ὑπεροικέοντας δὲ τὸ Πάγγαιον πρὸς βορέω ἀνέμου Παίονας Δόβηράς τε καὶ Παιόπλας παρεξιὼν ἤιε πρὸς ἑσπέρην, ἐς ὃ ἀπίκετο ἐπὶ ποταμόν τε Στρυμόνα καὶ πόλιν Ἠιόνα, τῆς ἔτι ζωὸς ἐὼν ἦρχε Βόγης τοῦ περ ὀλίγῳ πρότερον τούτων λόγον ἐποιεύμην. (2) ἡ δὲ γῆ αὕτη ἡ περὶ τὸ Πάγγαιον ὄρος καλέεται Φυλλίς, κατατείνουσα τὰ μὲν πρὸς ἑσπέρην ἐπὶ ποταμὸν Ἀγγίτην ἐκδιδόντα ἐς τὸν Στρυμόνα, τὰ δὲ πρὸς μεσαμβρίην τείνουσα ἐς αὐτὸν τὸν Στρυμόνα· ἐς τὸν οἱ Μάγοι ἐκαλλιερέοντο σφάζοντες ἵππους λευκούς.

114 (1) φαρμακεύσαντες δὲ ταῦτα ἐς τὸν ποταμὸν καὶ ἄλλα πολλὰ πρὸς τούτοισι ἐν Ἐννέα ὁδοῖσι τῇσι Ἠδωνῶν ἐπορεύοντο κατὰ τὰς γεφύρας, τὸν Στρυμόνα εὑρόντες ἐζευγμένον. Ἐννέα δὲ ὁδοὺς πυνθανόμενοι τὸν χῶρον τοῦτον καλέεσθαι, τοσούτους ἐν αὐτῷ παῖδάς τε καὶ παρθένους ἀνδρῶν τῶν ἐπιχωρίων ζώοντας κατώρυσσον. (2) Περσικὸν δὲ τὸ ζώοντας κατορύσσειν, ἐπεὶ καὶ Ἄμηστριν τὴν Ξέρξεω γυναῖκα πυνθάνομαι γηράσασαν δὶς

wohnen nämlich hohe Berge, die mit allerlei Wäldern und Schnee dicht bedeckt sind und sie sind im Kampf vortrefflich. (2) Diese sind es, welche die bekannte Orakelstätte des Dionysos besitzen. Diese Orakelstätte liegt ganz oben in den Bergen. Die Besser, zu den Satren gehörig, sind die Wahrsager des Heiligtums, eine Priesterin aber ist es, die die Orakelsprüche erteilt, ganz so wie in Delphi, und es gibt nichts Ungewöhnlicheres darüber hinaus.

112 Nachdem Xerxes an dem erwähnten Gebiet vorbeigezogen war, kam er hierauf an Festungen der Pierer vorbei, die eine namens Phagres, die andere Pergamos. Dort setzte er seinen Weg unmittelbar entlang den Festungen fort, wobei er zur Rechten das Pangaiongebirge liegen ließ, das groß und hoch ist. Dort gibt es Gold- und Silberbergwerke, die die Pierer, Odomanter und in erster Linie die Satren betreiben.

113 (1) An den Paioniern, Doberern und Paioplern vorbeiziehend, die oberhalb des Pangaiongebirges gegen Norden wohnen, setzte er seinen Weg nach Westen fort, bis er den Fluss Strymon und die Stadt Eion erreichte, in der der damals noch lebende Boges weilte, den ich kurz vorher erwähnt habe. (2) Dieses Land um das Pangaiongebirge herum heißt Phyllis, das sich westwärts bis zum Fluss Angites erstreckt, der in den Strymon mündet, südwärts bis zum Strymon selbst. Ihn versuchten die Magier, indem sie weiße Pferde schlachteten, gnädig zu stimmen.

114 (1) Nachdem sie diese Mittel zur Beschwichtigung des Flusses angewandt hatten und außerdem noch vieles anderes, zogen sie bei Enneaodoi im Land der Edoner über die Brücken, da sie den Strymon überbrückt vorgefunden hatten. Als sie erfuhren, dass dieser Ort Enneaodoi hieß, vergruben sie dort so viele[62] Jungen und Mädchen einheimischer Männer bei lebendigem Leib. (2) Lebend zu begraben ist ein persischer Brauch, da ich höre, dass auch Amestris, die Frau des Xerxes, als sie alt ge-

ἑπτὰ Περσέων παῖδας ἐόντων ἐπιφανέων ἀνδρῶν ὑπὲρ ἑωυτῆς τῷ ὑπὸ γῆν λεγομένῳ εἶναι θεῷ ἀντιχαρίζεσθαι κατορύσσουσαν.

115 (1) ὡς δὲ ἀπὸ τοῦ Στρυμόνος ἐπορεύετο ὁ στρατός, ἐνθαῦτα πρὸς ἡλίου δυσμέων ἐστὶ αἰγιαλὸς ἐν τῷ οἰκημένην Ἄργιλον πόλιν Ἑλλάδα παρεξήιε· αὕτη δὲ καὶ ἡ κατύπερθε ταύτης καλέεται Βισαλτίη. (2) ἐνθεῦτεν δὲ κόλπον τὸν ἐπὶ Ποσιδηίου ἐξ ἀριστερῆς χειρὸς ἔχων ἤιε διὰ Συλέος πεδίου καλεομένου, Στάγειρον πόλιν Ἑλλάδα παραμειβόμενος, καὶ ἀπίκετο ἐς Ἄκανθον, ἅμα ἀγόμενος τούτων ἕκαστον τῶν ἐθνέων καὶ τῶν περὶ τὸ Πάγγαιον ὄρος οἰκεόντων, ὁμοίως καὶ τῶν πρότερον κατέλεξα, τοὺς μὲν παρὰ θάλασσαν ἔχων οἰκημένους ἐκ νησυὶ στρατευομένους, τοὺς δ' ὑπὲρ θαλάσσης πεζῇ ἑπομένους. (3) τὴν δὲ ὁδὸν ταύτην, τῇ βασιλεὺς Ξέρξης τὸν στρατὸν ἤλασε, οὔτε συγχέουσι Θρήικες οὔτ' ἐπισπείρουσι σέβονταί τε μεγάλως τὸ μέχρι ἐμεῦ.

116 ὡς δὲ ἄρα ἐς τὴν Ἄκανθον ἀπίκετο, ξεινίην τε ὁ Ξέρξης τοῖσι Ἀκανθίοισι προεῖπε καὶ ἐδωρήσατο σφέας ἐσθῆτι Μηδικῇ ἐπαίνεέ τε, ὁρέων καὶ αὐτοὺς προθύμους ἐόντας ἐς τὸν πόλεμον καὶ τὸ ὄρυγμα ἀκούων.

117 (1) ἐν Ἀκάνθῳ δὲ ἐόντος Ξέρξεω συνήνεικε ὑπὸ νούσου ἀποθανεῖν τὸν ἐπεστεῶτα τῆς διώρυχος Ἀρταχαίην, δόκιμον ἐόντα παρὰ Ξέρξῃ καὶ γένος Ἀχαιμενίδην, μεγάθεΐ τε μέγιστον ἐόντα Περσέων ἀπὸ γὰρ πέντε πηχέων βασιληίων ἀπέλειπε τέσσερας δακτύλους φωνέοντά τε μέγιστον ἀνθρώπων, ὥστε Ξέρξην συμφορὴν ποιησάμενον μεγάλην ἐξενεῖκαί τε αὐτὸν κάλλιστα καὶ θάψαι· ἐτυμβοχόεε δὲ πᾶσα ἡ στρατιή. (2) τούτῳ δὲ τῷ Ἀρταχαίῃ

worden war, zweimal sieben Kinder der Perser, und zwar von namhaften Männern, für sich vergrub und damit dem Gott, der unter der Erde wohnen soll, gedankt haben soll.

115 (1) Als das Heer vom Strymon aufbrach, so liegt dort gegen Westen ein Küstengebiet, wo es an Argilos, einer griechischen Stadt, vorbeizog. Dieses Gebiet und das oberhalb davon liegende heißt Bisaltia. (2) Von dort zog Xerxes, die Meeresbucht bei Posideion links liegen lassend, durch die sogenannte Syleusebene, vorbei an der griechischen Stadt Stageiros, und gelangte nach Akanthos, wobei er jeden dieser Stämme und derjenigen, die um das Pangaiongebirge wohnten, mit sich führte, ähnlich wie bei denen, die ich vorher aufgezählt habe; die einen, die an der Küste wohnten, ließ er auf Schiffen am Heereszug teilnehmen, die anderen, die oberhalb des Meeres wohnten, ließ er dem Fußvolk folgen. (3) Diese Straße, auf welcher der König Xerxes sein Heer ziehen ließ, lassen die Thraker nicht verkommen noch säen sie darauf, vielmehr halten sie diese bis in meine Zeit in Ehren.

116 Als Xerxes also nach Akanthos gekommen war, ließ er den Akanthiern Gastfreundschaft ankündigen, beschenkte sie mit medischer Kleidung und lobte sie, da er sah, dass sie zum Krieg bereit waren und weil er von der Grabung hörte.

117 (1) Während Xerxes in Akanthos weilte, geschah es, dass der Aufseher der Grabung Artachaies infolge einer Krankheit starb.[63] Er stand bei Xerxes in hohem Ansehen und war vom Geschlecht her ein Achaimenide, der an Körpergröße alle Perser übertraf – zu fünf königlichen Ellen fehlten nämlich nur vier Fingerbreit[64] – und der unter den Menschen die lauteste Stimme hatte, so dass Xerxes ihn, da er seinen Tod als großes Unglück empfand, aufs prächtigste zu Grabe tragen und bestatten ließ. Das gesamte Heer schüttete einen Grabhügel auf. (2) Diesem Artachaies bringen die Akanthier nach einem Orakel-

θύουσι Ἀκάνθιοι ἐκ θεοπροπίου ὡς ἥρωι, ἐπονομάζοντες τὸ οὔνομα. βασιλεὺς μὲν δὴ Ξέρξης ἀπολομένου Ἀρταχαίεω ἐποιέετο συμφορήν.

118 οἱ δὲ ὑποδεκόμενοι Ἑλλήνων τὴν στρατιὴν καὶ δειπνίζοντες Ξέρξην ἐς πᾶν κακοῦ ἀπίκατο, οὕτω ὥστε ἀνάστατοι ἐκ τῶν οἴκων ἐγίνοντο· ὅκου Θασίοισι ὑπὲρ τῶν ἐν τῇ ἠπείρῳ πολίων τῶν σφετερέων δεξαμένοισι τὴν Ξέρξεω στρατιὴν καὶ δειπνίσασι Ἀντίπατρος ὁ Ὀργέος ἀραιρημένος, τῶν ἀστῶν ἀνὴρ δόκιμος ὅμοια τῷ μάλιστα, ἀπέδεξε ἐς τὸ δεῖπνον τετρακόσια τάλαντα ἀργυρίου τετελεσμένα.

119 (1) ὣς δὲ παραπλησίως καὶ ἐν τῇσι ἄλλῃσι πόλισι οἱ ἐπεστεῶτες ἀπεδείκνυσαν τὸν λόγον. τὸ γὰρ δεῖπνον τοιόνδε τι ἐγίνετο, οἷα ἐκ πολλοῦ χρόνου προειρημένον καὶ περὶ πολλοῦ ποιευμένων· (2) τοῦτο μέν, ὡς ἐπύθοντο τάχιστα τῶν κηρύκων τῶν περιαγγελλόντων, δασάμενοι σῖτον ἐν τῇσι πόλισι οἱ ἀστοὶ ἄλευρά τε καὶ ἄλφιτα ἐποίευν πάντες ἐπὶ μῆνας συχνούς· τοῦτο δὲ κτήνεα ἐσίτευον ἐξευρίσκοντες τιμῆς τὰ κάλλιστα, ἔτρεφόν τε ὄρνιθας χερσαίους καὶ λιμναίους ἔν τε οἰκήμασι καὶ λάκκοισι, ἐς ὑποδοχὰς τοῦ στρατοῦ· τοῦτο δὲ χρύσεά τε καὶ ἀργύρεα ποτήριά τε καὶ κρητῆρας ἐποιεῦντο καὶ τἆλλα ὅσα ἐπὶ τράπεζαν τιθέαται πάντα. (3) ταῦτα μὲν αὐτῷ τε βασιλέι καὶ τοῖσι ὁμοσίτοισι μετ' ἐκείνου ἐπεποίητο, τῇ δὲ ἄλλῃ στρατιῇ τὰ ἐς φορβὴν μοῦνα τασσόμενα. ὅκως δὲ ἀπίκοιτο ἡ στρατιή, σκηνὴ μὲν ἔσκε πεπηγυῖα ἑτοίμη ἐς τὴν αὐτὸς σταθμὸν ποιεέσκετο Ξέρξης, ἡ δὲ ἄλλη στρατιὴ ἔσκε ὑπαίθριος. (4) ὡς δὲ δείπνου ἐγίνετο ὥρη, οἱ μὲν δεκόμενοι ἔχεσκον πόνον, οἳ δὲ ὅκως πλησθέντες νύκτα αὐτοῦ ἀγάγοιεν, τῇ ὑστεραίῃ τήν τε σκηνὴν ἀνασπάσαντες καὶ τὰ ἔπιπλα πάντα λαβόντες οὕτω ἀπελαύνεσκον, λείποντες οὐδὲν ἀλλὰ φερόμενοι.

spruch wie einem Heroen Opfer dar, wobei sie seinen Namen anrufen. König Xerxes also hielt es für ein Unglück, dass Artachaies gestorben war.

118 Diejenigen unter den Griechen, die das Heer aufnahmen und Xerxes bewirteten, waren in höchste Not geraten, so dass sie Haus und Hof verloren, da nämlich Antipatros, der Sohn des Orges, ein unter den Bürgern so angesehener Mann wie kein anderer, der als Sachwalter gewählt worden war, den Thasiern, die für ihre Poleis auf dem Festland das Heer des Xerxes aufgenommen und verköstigt hatten, nachwies, dass für die Verpflegung 400 Talente Silber[65] gezahlt worden waren.

119 (1) Desgleichen legten auch in anderen Poleis die Sachwalter die Rechnung vor. Die Verköstigung, die ja seit geraumer Zeit vorher angekündigt war und auf die man viel Wert legte, geschah folgendermaßen: (2) Zum einen verteilten die Bürger, sobald sie es von den Herolden, die es ankündigten, erfahren hatten, das Getreide unter den Poleis auf und stellten alle über mehrere Monate Weizen- und Gerstenmehl her. Zum anderen mästeten sie Vieh, wobei sie das wertvollste ausfindig machten, und fütterten Landvögel und in Sümpfen lebende Vögel in Käfigen und in Teichen zur Aufnahme des Heeres. Ferner stellten sie goldene und silberne Trinkgefäße und Mischkrüge her und alles übrige Tafelgeschirr. (3) Dies war für den König selbst und seine Tischgenossen gemacht, für das restliche Heer nur das, was zur Nahrung gehört. Sobald das Heer ankam, war ein aufgeschlagenes Zelt bereit, in das Xerxes selbst einkehrte, das restliche Heer blieb unter freiem Himmel. (4) Immer wenn es Zeit für eine Mahlzeit war, hatten diejenigen, die sie aufnahmen, ihre liebe Not, jene hingegen, sowie sie sich gesättigt und dort die Nacht verbracht hatten, brachen am folgenden Tag das Zelt ab, nahmen alle Gerätschaften mit sich und zogen so ab, wobei sie nichts zurückließen, sondern alles mitnahmen.

120 (1) ἔνθα δὴ Μεγακρέοντος ἀνδρὸς Ἀβδηρίτεω ἔπος εὖ εἰρημένον ἐγένετο, ὃς συνεβούλευσε Ἀβδηρίτῃσι πανδημεί, αὐτοὺς καὶ γυναῖκας, ἐλθόντας ἐς τὰ σφέτερα ἱρὰ ἵζεσθαι ἱκέτας τῶν θεῶν παραιτεομένους καὶ τὸ λοιπόν σφι ἀπαμύνειν τῶν ἐπιόντων κακῶν τὰ ἡμίσεα, τῶν τε παροιχομένων ἔχειν σφι μεγάλην χάριν, ὅτι βασιλεὺς Ξέρξης οὐ δὶς ἑκάστης ἡμέρης ἐνόμισε σῖτον αἱρέεσθαι· (2) παρέχειν γὰρ ἂν Ἀβδηρίτῃσι, εἰ καὶ ἄριστον προείρητο ὅμοια τῷ δείπνῳ παρασκευάζειν, ἢ μὴ ὑπομένειν Ξέρξην ἐπιόντα ἢ καταμείναντας κάκιστα πάντων ἀνθρώπων διατριβῆναι.

121 (1) οἳ μὲν δὴ πιεζόμενοι ὅμως τὸ ἐπιτασσόμενον ἐπετέλεον. Ξέρξης δὲ ἐκ τῆς Ἀκάνθου, ἐντειλάμενος τοῖσι στρατηγοῖσι τοῦ ναυτικοῦ στρατοῦ ὑπομένειν ἐν Θέρμῃ, ἀπῆκε ἀπ' ἑωυτοῦ πορεύεσθαι τὰς νέας, Θέρμῃ δὲ τῇ ἐν τῷ Θερμαίῳ κόλπῳ οἰκημένῃ, ἀπ' ἧς καὶ ὁ κόλπος οὗτος τὴν ἐπωνυμίην ἔχει· ταύτῃ γὰρ ἐπυνθάνετο συντομώτατον εἶναι. (2) μέχρι μὲν γὰρ Ἀκάνθου ὧδε τεταγμένος ὁ στρατὸς ἐκ Δορίσκου τὴν ὁδὸν ἐποιέετο· τρεῖς μοίρας ὁ Ξέρξης δασάμενος πάντα τὸν πεζὸν στρατόν, μίαν αὐτέων ἔταξε παρὰ θάλασσαν ἰέναι ὁμοῦ τῷ ναυτικῷ· (3) ταύτης μὲν δὴ ἐστρατήγεον Μαρδόνιός τε καὶ Μασίστης, ἑτέρη δὲ τεταγμένη ἤιε τοῦ στρατοῦ τριτημορὶς τὴν μεσόγαιαν, τῆς ἐστρατήγεον Τριτανταίχμης τε καὶ Γέργις· ἡ δὲ τρίτη τῶν μοιρέων, μετ' ἧς ἐπορεύετο αὐτὸς Ξέρξης, ἤιε μὲν τὸ μέσον αὐτῶν, στρατηγοὺς δὲ παρείχετο Σμερδομένεά τε καὶ Μεγάβυζον.

122 ὁ μέν νυν ναυτικὸς στρατὸς ὡς ἀπείθη ὑπὸ Ξέρξεω καὶ διεξέπλωσε τὴν διώρυχα τὴν ἐν τῷ Ἄθῳ γενομένην, διέχουσαν δὲ ἐς κόλπον ἐν τῷ Ἄσσα τε πόλις καὶ Πίλωρος καὶ Σίγγος καὶ Σάρτη οἴκηνται, ἐνθεῦτεν, ὡς καὶ ἐκ τουτέ-

120 (1) Damals hat Megakreon, ein Mann aus Abdera, eine treffende Äußerung gemacht. Er riet den Einwohnern von Abdera, sie und ihre Frauen sollten sich mit Kind und Kegel in ihre Heiligtümer begeben und sich als Schutzflehende der Götter dort niederlassen, darum bittend, dass sie ihnen auch in Zukunft die Hälfte der auf sie zukommenden Übel abwehrten und ihnen für die, die vorüber waren, sehr danken sollten, dass König Xerxes nicht zweimal pro Tag ein Essen einzunehmen pflegte. (2) Ansonsten hätten die Abderiten die Wahl, wenn angekündigt sei, auch ein Frühstück gleichermaßen wie die Hauptmahlzeit zu bereiten, entweder nicht zu warten, bis Xerxes komme, oder wenn sie blieben, am allerelendsten unter den Menschen zugrunde zu gehen.

121 (1) Obwohl sie in Bedrängnis waren, erfüllten sie dennoch, was ihnen aufgetragen wurde, Xerxes aber schickte die Schiffe aus Akanthos zur Weiterfahrt von sich weg, nachdem er den Feldherren befohlen hatte, dass die Flotte in Therme warten solle, in Therme, das an der thermaiischen Bucht liegt, wovon diese Bucht auch ihren Namen hat. Er hatte nämlich erfahren, dass der Weg in diese Richtung am kürzesten war. (2) Von Doriskos bis Akanthos nämlich legte das Heer folgendermaßen aufgestellt seinen Weg zurück: Xerxes hatte das gesamte Fußvolk in drei Teile geteilt, einen Teil hieß er mit der Flotte zur Seite am Meer entlangziehen; (3) diesen Teil befehligten Mardonios und Masistes, der zweite Teil, ein Drittel des Heeres, zog durchs Landesinnere; Tritantaichmes und Gergis führten ihn an. Der dritte Teil, mit dem Xerxes selbst mitzog, nahm seinen Weg in der Mitte der anderen beiden, als Befehlshaber hatte er Smerdomenes und Megabyxos.

122 Als die Flotte von Xerxes entsandt worden war und den Graben durchfahren hatte, der am Athos gebaut worden war und sich bis zu der Bucht erstreckte, an der die Poleis Assa, Piloros, Singos und Sarte liegen, fuhr sie

ων τῶν πολίων στρατιὴν παρέλαβε, ἔπλεε ἀπιέμενος ἐς τὸν Θερμαῖον κόλπον, κάμπτων δὲ Ἄμπελον τὴν Τορωναίην ἄκρην παραμείβετο Ἑλληνίδας γε τάσδε πόλις, ἐκ τῶν νέας τε καὶ στρατιὴν παρελάμβανε, Τορώνην Γαληψὸν Σερμύλην Μηκύβερναν Ὄλυνθον.

123 (1) ἡ μέν νυν χώρη αὕτη Σιθωνίη καλέεται, ὁ δὲ ναυτικὸς στρατὸς ὁ Ξέρξεω συντάμνων ἀπ᾽ Ἀμπέλου ἄκρης ἐπὶ Καναστραίην ἄκρην, τὸ δὴ πάρης τῆς Παλλήνης ἀνέχει μάλιστα, ἐνθεῦτεν νέας τε καὶ στρατιὴν παρελάμβανε ἐκ Ποτιδαίης καὶ Ἀφύτιος καὶ Νέης πόλιος καὶ Αἰγῆς καὶ Θεράμβω καὶ Σκιώνης καὶ Μένδης καὶ Σάνης· αὗται γὰρ εἰσὶ αἱ τὴν νῦν Παλλήνην πρότερον δὲ Φλέγρην καλεομένην νεμόμεναι. (2) παραπλέων δὲ καὶ ταύτην τὴν χώρην ἔπλεε ἐς τὸ προειρημένον, παραλαμβάνων στρατιὴν καὶ ἐκ τῶν προσεχέων πολίων τῇ Παλλήνῃ, ὁμουρεουσέων δὲ τῷ Θερμαίῳ κόλπῳ, τῇσι οὐνόματα ἐστὶ τάδε, Λίπαξος Κώμβρεια Αἶσα Γίγωνος Κάμψα Σμίλα Αἴνεια· ἡ δε τουτέων χώρη Κροσσαίη ἔτι καὶ ἐς τόδε καλέεται. (3) ἀπὸ δὲ Αἰνείης, ἐς τὴν ἐτελεύτων καταλέγων τὰς πόλις, ἀπὸ ταύτης ἤδη ἐς αὐτόν τε τὸν Θερμαῖον κόλπον ἐγίνετο τῷ ναυτικῷ στρατῷ ὁ πλόος καὶ γῆν τὴν Μυγδονίην, πλέων δὲ ἀπίκετο ἔς τε τὴν προειρημένην Θέρμην καὶ Σίνδον τε πόλιν καὶ Χαλέστρην ἐπὶ τὸν Ἄξιον ποταμόν, ὃς οὐρίζει χώρην τὴν Μυγδονίην τε καὶ Βοττιαιίδα, τῆς ἔχουσι τὸ παρὰ θάλασσαν στεινὸν χωρίον πόλιες Ἴχναι τε καὶ Πέλλα.

124 ὁ μὲν δὴ ναυτικὸς στρατὸς αὐτοῦ περὶ Ἄξιον ποταμὸν καὶ πόλιν Θέρμην καὶ τὰς μεταξὺ πόλιας τούτων περιμένων Βασιλέα ἐστρατοπεδεύετο, Ξέρξης δὲ καὶ ὁ πεζὸς στρατὸς ἐπορεύετο ἐκ τῆς Ἀκάνθου τὴν μεσόγαιαν τάμνων τῆς ὁδοῦ, βουλόμενος ἐς τὴν Θέρμην ἀπικέσθαι· ἐπορεύετο δὲ διὰ τῆς Παιονικῆς καὶ Κρηστωνικῆς ἐπὶ ποταμὸν Χείδωρον, ὃς ἐκ Κρηστωναίων ἀρξάμενος ῥέει διὰ Μυγδονίης χώρης καὶ ἐξιεῖ παρὰ τὸ ἕλος τὸ ἐπ᾽ Ἀξίῳ ποταμῷ.

von dort, als sie auch von diesen Poleis Mannschaften erhalten hatte, zur thermaiischen Bucht weiter, umschiffte Ampelos, das toronaiische Kap, und passierte folgende griechische Poleis, von denen sie Schiffe und Mannschaft erhielt: Torone, Galepsos, Sermyle, Mekyberna und Olynthos. Dieses Land nun heißt Sithonia.

123 (1) Die Flotte des Xerxes fuhr vom Kap Ampelos geradewegs zur kanastraischen Steilküste, dem äußersten Punkt von ganz Pallene; dort erhielt sie Schiffe und Mannschaften aus Potideia, Aphytis, Neapolis, Aige, Therambos, Skione, Mende und Sane. Dies sind die Poleis, die auf dem heutigen Pallene liegen, das früher Phlegre hieß. (2) Auch an diesem Landstrich segelte sie vorbei und fuhr zum angegebenen Ziel, wobei sie auch von den zu Pallene gehörenden Poleis, die der thermaiischen Bucht benachbart sind, Mannschaften aufnahm. Diese Poleis heißen Lipaxos, Kombreia, Lisai, Gigonos, Kampsa, Smila, Aineia. Deren Land wird heute noch Krossaie genannt. (3) Von Aineia aus, das ich bei meiner Aufzählung der Poleis als letzte genannt habe, von dort also ging die Fahrt der Flotte unmittelbar zum thermaiischen Meerbusen und zur Landschaft Mygdonia und gelangte dann weiterfahrend nach Therme, das als Ziel angegeben worden war, und nach Sindos und Chalestre zum Fluss Axios, der die Landschaft Mygdonia und Bottiaiis trennt, wo im Küstengebiet, einem schmalen Landstrich, die Poleis Ichnai und Pella liegen.

124 Die Flotte ankerte eben dort in der Gegend des Flusses Axios, der Stadt Therme und den dazwischenliegenden Poleis, in Erwartung des Königs; Xerxes und das Fußvolk brachen aber von Akanthos auf und nahmen den Weg mitten durchs Landesinnere, mit der Absicht nach Therme zu gelangen. Sie zogen durch Paionien und Krestonien zum Fluss Echeidoros, der im Land der Krestonaier entspringt, durch Mygdonien fließt und sich in das Sumpfgebiet beim Fluss Axios ergießt.

125 πορευομένῳ δὲ ταύτῃ λέοντές οἱ ἐπεθήκαντο τῇσι σιτοφόροισι καμήλοισι. καταφοιτέοντες γὰρ οἱ λέοντες τὰς νύκτας καὶ λείποντες τὰ σφέτερα ἤθεα ἄλλου μὲν οὐδενὸς ἅπτοντο οὔτε ὑποζυγίου οὔτε ἀνθρώπου, οἳ δὲ τὰς καμήλους ἐκεράιζον μούνας. θωμάζω δὲ τὸ αἴτιον, ὅ τι κοτὲ ἦν τῶν ἄλλων τὸ ἀναγκάζον ἀπεχομένους τοὺς λέοντας τῇσι καμήλοισι ἐπιτίθεσθαι, τὸ μήτε πρότερον ὀπώπεσαν θηρίον μήτ' ἐπεπειρέατο αὐτοῦ.

126 εἰσὶ δὲ κατὰ ταῦτα τὰ χωρία καὶ λέοντες πολλοὶ καὶ βόες ἄγριοι, τῶν τὰ κέρεα ὑπερμεγάθεα ἐστὶ τὰ ἐς Ἕλληνας φοιτέοντα. οὖρος δὲ τοῖσι λέουσι ἐστὶ ὅ τε δι' Ἀβδήρων ῥέων ποταμὸς Νέστος καὶ ὁ δι' Ἀκαρνανίης ῥέων Ἀχελῷος· οὔτε γὰρ τὸ πρὸς τὴν ἠῶ τοῦ Νέστου οὐδαμόθι πάσης τῆς ἔμπροσθε Εὐρώπης ἴδοι τις ἂν λέοντα, οὔτε πρὸς ἑσπέρης τοῦ Ἀχελῴου ἐν τῇ ἐπιλοίπῳ ἠπείρῳ, ἀλλ' ἐν τῇ μεταξὺ τούτων τῶν ποταμῶν γίνονται.

127 (1) ὡς δὲ ἐς τὴν Θέρμην ἀπίκετο ὁ Ξέρξης, ἵδρυσε αὐτοῦ τὴν στρατιήν. ἐπέσχε δὲ ὁ στρατὸς αὐτοῦ στρατοπεδευόμενος τὴν παρὰ θάλασσαν χώρην τοσήνδε, ἀρξάμενος ἀπὸ Θέρμης πόλιος καὶ τῆς Μυγδονίης μέχρι Λυδίεώ τε ποταμοῦ καὶ Ἁλιάκμονος, οἳ οὐρίζουσι γῆν τὴν Βοττιαιίδα τε καὶ Μακεδονίδα, ἐς τὠυτὸ ῥέεθρον τὸ ὕδωρ συμμίσγοντες. (2) ἐστρατοπεδεύοντο μὲν δὴ ἐν τούτοισι τοῖσι χωρίοισι οἱ βάρβαροι, τῶν δὲ καταλεχθέντων τούτων ποταμῶν ἐκ Κρηστωναίων ῥέων Χείδωρος μοῦνος οὐκ ἀντέχρησε τῇ στρατιῇ πινόμενος ἀλλ' ἐπέλιπε.

128 (1) Ξέρξης δὲ ὁρέων ἐκ τῆς Θέρμης ὄρεα τὰ Θεσσαλικά, τόν τε Ὄλυμπον καὶ τὴν Ὄσσαν, μεγάθεΐ τε ὑπερμήκεα ἐόντα, διὰ μέσου τε αὐτῶν αὐλῶνα στεινὸν πυνθανόμενος εἶναι δι' οὗ ῥέει ὁ Πηνειός, ἀκούων τε ταύτῃ εἶναι

125 Während sie durch dieses Gebiet zogen, überfielen Löwen die Kamele, die die Lebensmittel transportierten. Die Löwen kamen nachts und verließen ihre gewöhnlichen Aufenthaltsorte, vergingen sich an nichts anderem, weder Lasttier noch Mensch, nur die Kamele rissen sie. Ich frage mich, was denn der Grund war, was die Löwen zwang, sich von allem anderen fernzuhalten und die Kamele anzugreifen, ein Tier, das sie vorher nie gesehen noch eine Erfahrung damit gemacht hatten.

126 Es gibt in diesen Gegenden viele Löwen und wilde Ochsen, deren Hörner, die zu den Griechen gelangen, riesengroß sind. Eine Grenze für die Löwen aber ist einerseits der Fluss Nestos, der durch das Gebiet von Abdera fließt, und andererseits der Fluss Acheloos, der durch Akarnania fließt. Niemals könnte man nämlich östlich vom Nestos irgendwo im ganzen vorderen Europa einen Löwen sehen, noch westlich vom Acheloos auf dem restlichen Festland, sondern sie kommen nur zwischen diesen beiden Flüssen vor.

127 (1) Als Xerxes nach Therme kam, ließ er das Heer dort lagern. Das Heer nahm, während es dort lagerte, ein Gebiet entlang des Meeres ein, das folgendes Ausmaß hatte, nämlich angefangen von der Stadt Therme und der Landschaft Mygdonia bis zum Fluss Lydias und Haliakmon, die die Grenze zwischen dem Land Bottiaidis und dem Land der Makedonen bilden, indem sie sich zum selben Strom vereinigen. (2) In diesem Gebiet also schlugen die Nichtgriechen ihr Lager auf. Von diesen aufgezählten Flüssen reichte nur der Echeidoros, der aus dem Land der Krestonaier kommt, nicht zum Trinken für das Heer aus, sondern versiegte.

128 (1) Als Xerxes von Therme aus die thessalischen Berge sah, den Olymp und den Ossa, die beide sehr hoch sind, und als er erfuhr, dass mitten zwischen beiden ein enges Tal liegt, durch das der Peneios fließt, und als er hörte, dass dort ein Weg nach Thessalien führt, wollte er

ὁδὸν ἐς Θεσσαλίην φέρουσαν, ἐπεθύμησε πλώσας θεήσασθαι τὴν ἐκβολὴν τοῦ Πηνειοῦ, ὅτι τὴν ἄνω ὁδὸν ἔμελλε ἐλᾶν διὰ Μακεδόνων τῶν κατύπερθε οἰκημένων ἔστε Περραιβοὺς παρὰ Γόννον πόλιν· ταύτῃ γὰρ ἀσφαλέστατον ἐπυνθάνετο εἶναι. (2) ὡς δὲ ἐπεθύμησε, καὶ ἐποίεε ταῦτα· ἐσβὰς ἐς Σιδωνίην νέα, ἐς τήν περ ἐσέβαινε αἰεὶ ὅκως τι ἐθέλοι τοιοῦτο ποιῆσαι, ἀνέδεξε σημήιον καὶ τοῖσι ἄλλοισι ἀνάγεσθαι, καταλιπὼν αὐτοῦ τὸν πεζὸν στρατόν. ἐπεὶ δὲ ἀπίκετο καὶ ἐθεήσατο Ξέρξης τὴν ἐκβολὴν τοῦ Πηνειοῦ, ἐν θώματι μεγάλῳ ἐνέσχετο, καλέσας δὲ τοὺς κατηγεμόνας τῆς ὁδοῦ εἴρετο εἰ τὸν ποταμὸν ἐστὶ παρατρέψαντα ἑτέρῃ ἐς θάλασσαν ἐξαγαγεῖν.

129 (1) τὴν δὲ Θεσσαλίην λόγος ἐστὶ τὸ παλαιὸν εἶναι λίμνην, ὥστε γε συγκεκλῃιμένην πάντοθεν ὑπερμήκεσι ὄρεσι. τὰ μὲν γὰρ αὐτῆς πρὸς τὴν ἠῶ ἔχοντα τό τε Πήλιον ὄρος καὶ ἡ Ὄσσα ἀποκλῄει συμμίσγοντα τὰς ὑπωρείας ἀλλήλοισι, τὰ δὲ πρὸς βορέω ἀνέμου Ὄλυμπος, τὰ δὲ πρὸς ἑσπέρην Πίνδος, τὰ δὲ πρὸς μεσαμβρίην τε καὶ ἄνεμον νότον ἡ Ὄθρυς· τὸ μέσον δὲ τούτων τῶν λεχθέντων ὀρέων ἡ Θεσσαλίη ἐστὶ ἐοῦσα κοίλη. (2) ὥστε ὦν ποταμῶν ἐς αὐτὴν καὶ ἄλλων συχνῶν ἐσβαλλόντων, πέντε δὲ τῶν δοκίμων μάλιστα τῶνδε, Πηνειοῦ καὶ Ἀπιδανοῦ καὶ Ὀνοχώνου καὶ Ἐνιπέος καὶ Παμίσου, οἵ μέν νυν ἐς τὸ πεδίον τοῦτο συλλεγόμενοι ἐκ τῶν ὀρέων τῶν περικλῃιόντων τὴν Θεσσαλίην ὀνομαζόμενοι δι' ἑνὸς αὐλῶνος καὶ τούτου στεινοῦ ἔκροον ἔχουσι ἐς θάλασσαν, προσυμμίσγοντες τὸ ὕδωρ πάντες ἐς τὠυτό· (3) ἐπεὰν δὲ συμμιχθέωσι τάχιστα, ἐνθεῦτεν ἤδη ὁ Πηνειὸς τῷ οὐνόματι κατακρατέων ἀνωνύμους τοὺς ἄλλους εἶναι ποιέει. τὸ δὲ παλαιὸν λέγεται, οὐκ ἐόντος κω τοῦ αὐλῶνος καὶ διεκρόου τούτου, τοὺς ποταμοὺς τούτους, καὶ πρὸς τοῖσι ποταμοῖσι τούτοισι τὴν Βοιβηίδα λίμνην, οὔτε ὀνομάζεσθαι κατά περ

mit dem Schiff die Mündung des Peneios erkunden, weil er den höher gelegenen Weg durch das Gebiet der Makedonen, die weiter oben wohnten, zu den Bewohnern von Perrhaibia an der Stadt Gonnos vorbei nehmen wollte. Er hatte nämlich erfahren, dass es dort am sichersten war. (2) Wie er es wollte, so tat er es auch. Er bestieg das sidonische Schiff, das er immer bestieg, wenn er ein solches Vorhaben hatte, und gab dann auch den anderen das Zeichen zur Abfahrt, das Fußvolk ließ er eben dort zurück. Als Xerxes angekommen war und die Mündung des Peneios gesehen hatte, wurde er von großem Staunen erfasst, rief die Wegführer zu sich und fragte sie, ob es möglich sei, den Lauf des Flusses zu ändern und den Fluss an anderer Stelle ins Meer zu leiten.

129 (1) Es wird erzählt, dass Thessalien in früherer Zeit ein See gewesen sei, da es von allen Seiten von sehr hohen Bergen umschlossen ist. Sein gegen Osten ausgerichtetes Gebiet schließen das Peliongebirge und der Ossa ab, wobei die Berge sich am Fuß miteinander vereinigen, das Gebiet gegen Norden der Olymp, das nach Westen der Pindos, das nach Süden und Südwesten der Othrys. In der Mitte zwischen diesen genannten Bergen liegt als Talkessel Thessalien. (2) Da auch noch zahlreiche andere Flüsse dorthin münden, die fünf bedeutendsten von diesen aber der Peneios, Apidanos, Onochonos, Enipeus und Pamisos, so haben sie, die sich in dieser Ebene aus den Bergen, die Thessalien rings einschließen, unter eigenem Namen sammeln, durch eine einzige und zwar enge Schlucht ihren Ausgang ins Meer, wobei sich alle vorher zu einem Strom vereinigen. (3) Sobald sie sich vereinigt haben, lässt der Peneios, der sich mit seinem Namen durchsetzt, die anderen namenlos werden. In alten Zeiten – so wird erzählt –, als es diese Schlucht und diesen Durchfluss noch nicht gab, haben diese Flüsse und außer diesen Flüssen der See Boibeis nicht so geheißen wie heute, haben aber keineswegs weniger Wasser

νῦν ῥέειν τε οὐδὲν ἧσσον ἢ νῦν, ῥέοντας δὲ ποιέειν τὴν Θεσσαλίην πᾶσαν πέλαγος. (4) αὐτοὶ μέν νυν Θεσσαλοί φασι Ποσειδέωνα ποιῆσαι τὸν αὐλῶνα δι᾽ οὗ ῥέει ὁ Πηνειός, οἰκότα λέγοντες· ὅστις γὰρ νομίζει Ποσειδέωνα τὴν γῆν σείειν καὶ τὰ διεστεῶτα ὑπὸ σεισμοῦ τοῦ θεοῦ τούτου ἔργα εἶναι, κἂν ἐκεῖνο ἰδὼν φαίη Ποσειδέωνα ποιῆσαι· ἔστι γὰρ σεισμοῦ ἔργον, ὡς ἐμοὶ φαίνεται εἶναι, ἡ διάστασις τῶν ὀρέων.

130 (1) οἱ δὲ κατηγεόμενοι, εἰρομένου Ξέρξεω εἰ ἔστι ἄλλη ἔξοδος ἐς θάλασσαν τῷ Πηνειῷ, ἐξεπιστάμενοι ἀτρεκέως εἶπον «βασιλεῦ, ποταμῷ τούτῳ οὐκ ἔστι ἄλλη ἐξήλυσις ἐς θάλασσαν κατήκουσα, ἀλλ᾽ ἥδε αὐτή· ὄρεσι γὰρ περιεστεφάνωται πᾶσα Θεσσαλίη.» Ξέρξην δὲ λέγεται εἰπεῖν πρὸς ταῦτα «σοφοὶ ἄνδρες εἰσὶ Θεσσαλοί. (2) ταῦτ᾽ ἄρα πρὸ πολλοῦ ἐφυλάξαντο γνωσιμαχέοντες καὶ τἆλλα καὶ ὅτι χώρην ἄρα εἶχον εὐαίρετόν τε καὶ ταχυάλωτον. τὸν γὰρ ποταμὸν πρῆγμα ἂν ἦν μοῦνον ἐπεῖναι σφέων ἐπὶ τὴν χώρην, χώματι ἐκ τοῦ αὐλῶνος ἐκβιβάσαντα καὶ παρατρέψαντα δι᾽ ὧν νῦν ῥέει ῥεέθρων, ὥστε Θεσσαλίην πᾶσαν ἔξω τῶν ὀρέων ὑπόβρυχα γενέσθαι.» (3) ταῦτα δὲ ἔχοντα ἔλεγε ἐς τοὺς Ἀλεύεω παῖδας, ὅτι πρῶτοι Ἑλλήνων ἐόντες Θεσσαλοὶ ἔδοσαν ἑωυτοὺς βασιλέι, δοκέων ὁ Ξέρξης ἀπὸ παντός σφεας τοῦ ἔθνεος ἐπαγγέλλεσθαι φιλίην. εἴπας δὲ ταῦτα καὶ θεησάμενος ἀπέπλεε ἐς τὴν Θέρμην.

131 ὁ μὲν δὴ περὶ Πιερίην διέτριβε ἡμέρας συχνάς· τὸ γὰρ δὴ ὄρος τὸ Μακεδονικὸν ἔκειρε τῆς στρατιῆς τριτημορίς, ἵνα ταύτῃ διεξίῃ ἅπασα ἡ στρατιὴ ἐς Περραιβούς. οἱ δὲ δὴ κήρυκες οἱ ἀποπεμφθέντες ἐς τὴν Ἑλλάδα ἐπὶ γῆς

geführt als heute und haben mit ihrer Strömung ganz Thessalien zu einem Meer gemacht. (4) Die Thessalier selbst sagen, Poseidon habe die Schlucht geschaffen, durch die der Peneios fließt, und sie behaupten damit etwas Wahrscheinliches. Wer nämlich glaubt, Poseidon erschüttere die Erde und die infolge eines Erdbebens entstandenen Spalten seien Werke dieses Gottes, dürfte sagen, dass Poseidon auch jenes gemacht hat, wenn er es gesehen hat. Das Auseinandertreten der Berge ist nämlich tatsächlich Werk eines Erdbebens, wie mir wenigstens scheint.

130 (1) Auf die Frage des Xerxes, ob es für den Peneios noch einen anderen Ausgang ins Meer gebe, antworteten die Wegführer, da sie es genau wussten: »König, dieser Fluss hat keinen weiteren Ausgang ins Meer, sondern nur diesen; denn ganz Thessalien wird von Bergen umgeben.« Xerxes soll darauf erwidert haben: »Die Thessalier sind kluge Leute. (2) Sie haben schon längst vorgesorgt, indem sie sich uns ergeben haben, unter anderem auch deshalb, weil sie ein leicht einnehmbares und schnell zu eroberndes Land hatten. Man bräuchte bloß den Fluss in ihr Land sich ergießen lassen, indem man ihn durch einen Damm aus der Schlucht hinaustreten lasse und aus dem Flussbett, durch das er jetzt strömt, ableite, so dass ganz Thessalien außer den Bergen überschwemmt würde.« (3) Dies sagte Xerxes in Bezug auf die Söhne des Aleuas, weil sie als Thessalier sich als erste unter den Griechen dem König ergeben hatten. Er war nämlich der Meinung, sie würden vom ganzen Stamm Freundschaft versprechen. Nachdem er dies gesagt und alles gesehen hatte, fuhr er mit dem Schiff nach Therme zurück.

131 In der Gegend von Pierien hielt er sich viele Tage auf, denn ein Drittel des Heeres machte einen Weg im makedonischen Gebirge frei, damit dort das gesamte Heer in das Gebiet der Perrhaiber ziehe. Die Boten, die nach Griechenland geschickt worden waren, um Erde zu

αἴτησιν ἀπίκατο οἳ μὲν κεινοί, οἳ δὲ φέροντες γῆν τε καὶ ὕδωρ.

132 (1) τῶν δὲ δόντων ταῦτα ἐγένοντο οἵδε, Θεσσαλοὶ Δόλοπες Ἐνιῆνες Περραιβοὶ Λοκροὶ Μάγνητες Μηλιέες Ἀχαιοὶ οἱ Φθιῶται καὶ Θηβαῖοι καὶ οἱ ἄλλοι Βοιωτοὶ πλὴν Θεσπιέων τε καὶ Πλαταιέων. (2) ἐπὶ τούτοισι οἱ Ἕλληνες ἔταμον ὅρκιον οἱ τῷ βαρβάρῳ πόλεμον ἀειράμενοι· τὸ δὲ ὅρκιον ὧδε εἶχε, ὅσοι τῷ Πέρσῃ ἔδοσαν σφέας αὐτοὺς Ἕλληνες ἐόντες μὴ ἀναγκασθέντες, καταστάντων σφι εὖ τῶν πρηγμάτων, τούτους δεκατεῦσαι τῷ ἐν Δελφοῖσι θεῷ. τὸ μὲν δὴ ὅρκιον ὧδε εἶχε τοῖσι Ἕλλησι.

133 (1) ἐς δὲ Ἀθήνας καὶ Σπάρτην οὐκ ἀπέπεμψε Ξέρξης ἐπὶ γῆς αἴτησιν κήρυκας τῶνδε εἵνεκα· πρότερον Δαρείου πέμψαντος ἐπ' αὐτὸ τοῦτο, οἳ μὲν αὐτῶν τοὺς αἰτέοντας ἐς τὸ βάραθρον οἳ δ' ἐς φρέαρ ἐμβαλόντες ἐκέλευον γῆν τε καὶ ὕδωρ ἐκ τούτων φέρειν παρὰ βασιλέα. (2) τούτων μὲν εἵνεκα οὐκ ἔπεμψε Ξέρξης τοὺς αἰτήσοντας· ὅ τι δὲ τοῖσι Ἀθηναίοισι ταῦτα ποιήσασι τοὺς κήρυκας συνήνεικε ἀνεθέλητον γενέσθαι, οὐκ ἔχω εἶπαί τι, πλὴν ὅτι σφέων ἡ χώρη καὶ ἡ πόλις ἐδηιώθη. ἀλλὰ τοῦτο οὐ διὰ ταύτην τὴν αἰτίην δοκέω γενέσθαι.

134 (1) τοῖσι δὲ ὦν Λακεδαιμονίοισι μῆνις κατέσκηψε Ταλθυβίου τοῦ Ἀγαμέμνονος κήρυκος. ἐν γὰρ Σπάρτῃ ἐστὶ Ταλθυβίου ἱρόν, εἰσὶ δὲ καὶ ἀπόγονοι Ταλθυβιάδαι καλεόμενοι, τοῖσι αἱ κηρυκηίαι αἱ ἐκ Σπάρτης πᾶσαι γέρας δέδονται. (2) μετὰ δὲ ταῦτα τοῖσι Σπαρτιήτῃσι καλλιερῆσαι θυομένοισι οὐκ ἐδύνατο· τοῦτο δ' ἐπὶ χρόνον

fordern, kamen teils mit leeren Händen, teils mit Erde und Wasser zurück.[66]

132 (1) Zu denjenigen, die dies gewährt hatten, gehörten die Thessalier, die Doloper, die Eniener, die Perrhaiber, die Lokrer, die Magneter, die Malier, die Achaier in der Phthiotis, die Thebaier und die übrigen Boiotier mit Ausnahme der Thespier und Plataier. (2) Gegen diese schlossen diejenigen Griechen, die einen Krieg gegen den Nichtgriechen auf sich nehmen wollten, einen eidlichen Vertrag. Dieser eidliche Vertrag besagte: Alle diejenigen, die sich als Griechen dem Perser ergeben ohne gezwungen zu sein und selbst wenn die Lage für sie gut stand, müssten dem Gott in Delphi einen zehnten Teil zahlen. So verhielt es sich also für die Griechen mit dem eidlichen Vertrag.

133 (1) Nach Athen und Sparta hatte Xerxes keine Herolde mit der Forderung von Erde gesandt, und zwar aus folgendem Grund: Als Dareios nämlich früher[67] zu diesem Zweck Herolde geschickt hatte, da warfen die einen die Männer, die die Forderung vorbrachten, in einen Abgrund, die anderen in einen Brunnen und hießen sie daraus dem König Erde und Wasser zu bringen. (2) Deshalb schickte Xerxes also keine Leute, die eine Forderung stellen sollten. Was den Athenern, die den Herolden dies angetan haben, daraus Unerwünschtes widerfahren ist, kann ich nicht sagen, es sei denn, dass deshalb ihr Land und ihre Stadt verwüstet wurden, aber ich glaube nicht, dass es aus diesem Grund geschehen ist.

134 (1) Über die Lakedaimonier allerdings brach der Zorn des Talthybios, des Herolds des Agamemnon, herein. In Sparta gibt es nämlich ein Heiligtum des Talthybios und es gibt Nachkommen des Talthybios, die sogenannten Talthybiaden, denen alle öffentlichen Sendungen aus Sparta als Ehrenamt gegeben sind. (2) Nach diesen Ereignissen konnten den Spartanern, wenn sie opferten, die Opfer nicht mehr günstig ausfallen. Dies geschah ih-

συχνὸν ἦν σφι. ἀχθομένων δὲ καὶ συμφορῇ χρεωμένων Λακεδαιμονίων, ἁλίης τε πολλάκις συλλεγομένης καὶ κήρυγμα τοιόνδε ποιευμένων, εἴ τις βούλοιτο Λακεδαιμονίων πρὸ τῆς Σπάρτης ἀποθνήσκειν, Σπερθίης τε ὁ Ἀνηρίστου καὶ Βοῦλις ὁ Νικόλεω, ἄνδρες Σπαρτιῆται φύσι τε γεγονότες εὖ καὶ χρήμασι ἀνήκοντες ἐς τὰ πρῶτα, ἐθελονταὶ ὑπέδυσαν ποινὴν τῖσαι Ξέρξῃ τῶν Δαρείου κηρύκων τῶν ἐν Σπάρτῃ ἀπολομένων. (3) οὕτω Σπαρτιῆται τούτους ὡς ἀποθανευμένους ἐς Μήδους ἀπέπεμψαν.

135 (1) αὕτη τε ἡ τόλμα τούτων τῶν ἀνδρῶν θώματος ἀξίη καὶ τάδε πρὸς τούτοισι τὰ ἔπεα. πορευόμενοι γὰρ ἐς Σοῦσα ἀπικνέονται παρὰ Ὑδάρνεα· ὁ δὲ Ὑδάρνης ἦν μὲν γένος Πέρσης, στρατηγὸς δὲ τῶν παραθαλασσίων ἀνθρώπων τῶν ἐν τῇ Ἀσίῃ· ὅς σφεας ξείνια προθέμενος ἱστία, ξεινίζων δὲ εἴρετο τάδε. (2) «ἄνδρες Λακεδαιμόνιοι, τί δὴ φεύγετε βασιλέι φίλοι γενέσθαι; ὁρᾶτε γὰρ ὡς ἐπίσταται βασιλεὺς ἄνδρας ἀγαθοὺς τιμᾶν, ἐς ἐμέ τε καὶ τὰ ἐμὰ πρήγματα ἀποβλέποντες. οὕτω δὲ καὶ ὑμεῖς εἰ δοίητε ὑμέας αὐτοὺς βασιλέι, δεδόξωσθε γὰρ πρὸς αὐτοῦ ἄνδρες εἶναι ἀγαθοί, ἕκαστος ἂν ὑμέων ἄρχοι γῆς Ἑλλάδος δόντος βασιλέος.» (3) πρὸς ταῦτα ὑπεκρίναντο τάδε. «Ὕδαρνες, οὐκ ἐξ ἴσου γίνεται ἡ συμβουλίη ἡ ἐς ἡμέας τείνουσα. τοῦ μὲν γὰρ πεπειρημένος συμβουλεύεις, τοῦ δὲ ἄπειρος ἐών· τὸ μὲν γὰρ δοῦλος εἶναι ἐξεπίστεαι, ἐλευθερίης δὲ οὔκω ἐπειρήθης, οὔτ᾽ εἰ ἔστι γλυκὺ οὔτ᾽ εἰ μή. εἰ γὰρ αὐτῆς πειρήσαιο, οὐκ ἂν δόρασι συμβουλεύοις ἡμῖν περὶ αὐτῆς μάχεσθαι, ἀλλὰ καὶ πελέκεσι.»

136 (1) ταῦτα μὲν Ὑδάρνεα ἀμείψαντο. ἐνθεῦτεν δὲ ὡς ἀνέβησαν ἐς Σοῦσα καὶ βασιλέι ἐς ὄψιν ἦλθον, πρῶτα μὲν

nen über einen langen Zeitraum. Als die Lakedaimonier darüber betrübt waren und es als Unglück betrachteten und als sich die Gemeinde häufig versammelte und sie verkünden ließen, ob einer der Lakedaimonier für Sparta sterben wolle, da nahmen Sperchias, der Sohn des Aneristos, und Bulis, der Sohn des Nikoleas, Spartaner von guter Abstammung und an Reichtum zur Spitze gehörend, freiwillig auf sich, dem Xerxes für die Herolde des Dareios, die in Sparta umgekommen waren, Buße zu zahlen. (3) So schickten die Spartaner diese also zum Sterben zu den Medern.

135 (1) Der Mut dieser Männer ist bewundernswert und dazu auch noch ihre folgenden Worte. Auf ihrem Weg nach Susa kamen sie nämlich zu Hydarnes. Hydarnes war seiner Abstammung nach ein Perser, er war ferner Befehlshaber über die Menschen, die in Asien an der Küste wohnten. Dieser, der ihnen Gastfreundschaft anbot und sie gastlich aufnahm, fragte, während er sie bewirtete, folgendes: (2) »Ihr Männer aus Lakedaimon, warum vermeidet ihr es, dem König Freunde zu werden? Ihr seht doch, wie der König es versteht, gute Männer zu ehren, wenn ihr auf mich und meine Verhältnisse blickt. So dürftet auch ihr, wenn ihr euch dem König unterwerft – ihr werdet bei ihm ja als gute Männer gelten –, ein jeder von euch über ein griechisches Land herrschen, das der König euch gibt.« (3) Darauf antworteten sie: »Hydarnes, dein Rat, der uns gilt, geht von ungleichen Voraussetzungen aus. Du nämlich gibst uns einen Rat, nachdem du zwar das eine erprobt hast, das andere aber nicht kennst. Untertan zu sein verstehst du nämlich gut, hast aber die Freiheit noch nie kennengelernt, weder ob sie etwas Süßes ist noch ob sie es nicht ist. Wenn du sie nämlich kosten dürftest, dann wirst du uns vermutlich nicht raten für sie mit Speeren zu kämpfen, sondern mit Beilen.«

136 (1) Das gaben sie Hydarnes also zur Antwort. Als sie von dort nach Susa hinaufgezogen und vor den König

τῶν δορυφόρων κελευόντων καὶ ἀνάγκην σφι προσφερόντων προσκυνέειν βασιλέα προσπίπτοντας, οὐκ ἔφασαν ὠθεόμενοι ὑπ᾽ αὐτῶν ἐπὶ κεφαλὴν ποιήσειν ταῦτα οὐδαμά· οὔτε γὰρ σφίσι ἐν νόμῳ εἶναι ἄνθρωπον προσκυνέειν οὔτε κατὰ ταῦτα ἥκειν. ὡς δὲ ἀπεμαχέσαντο τοῦτο, δεύτερά σφι λέγουσι τάδε καὶ λόγου τοιοῦδε ἐχόμενα (2) «ὦ βασιλεῦ Μήδων, ἔπεμψαν ἡμέας Λακεδαιμόνιοι ἀντὶ τῶν ἐν Σπάρτῃ ἀπολομένων κηρύκων ποινὴν ἐκείνων τίσοντας», λέγουσι δὲ αὐτοῖσι ταῦτα Ξέρξης ὑπὸ μεγαλοφροσύνης οὐκ ἔφη ὅμοιος ἔσεσθαι Λακεδαιμονίοισι· κείνους μὲν γὰρ συγχέαι τὰ πάντων ἀνθρώπων νόμιμα ἀποκτείναντας κήρυκας, αὐτὸς δὲ τὰ ἐκείνοισι ἐπιπλήσσει ταῦτα οὐ ποιήσειν, οὐδὲ ἀνταποκτείνας ἐκείνους ἀπολύσειν Λακεδαιμονίους τῆς αἰτίης.

137 (1) οὕτω ἡ Ταλθυβίου μῆνις καὶ ταῦτα ποιησάντων Σπαρτιητέων ἐπαύσατο τὸ παραυτίκα, καίπερ ἀπονοστησάντων ἐς Σπάρτην Σπερθιέω τε καὶ Βούλιος. χρόνῳ δὲ μετέπειτα πολλῷ ἐπηγέρθη κατὰ τὸν Πελοποννησίων καὶ Ἀθηναίων πόλεμον, ὡς λέγουσι Λακεδαιμόνιοι. τοῦτο μοι ἐν τοῖσι θειότατον φαίνεται γενέσθαι. (2) ὅτι μὲν γὰρ κατέσκηψε ἐς ἀγγέλους ἡ Ταλθυβίου μῆνις οὐδὲ ἐπαύσατο πρὶν ἢ ἐξῆλθε, τὸ δίκαιον οὕτω ἔφερε· τὸ δὲ συμπεσεῖν ἐς τοὺς παῖδας τῶν ἀνδρῶν τούτων τῶν ἀναβάντων πρὸς βασιλέα διὰ τὴν μῆνιν, ἐς Νικόλαν τε τὸν Βούλιος καὶ ἐς Ἀνήριστον τὸν Σπερθίεω, ὃς εἷλε Ἁλιέας τοὺς ἐκ Τίρυνθος ὁλκάδι καταπλώσας πληρεϊ ἀνδρῶν, δῆλον ὦν μοι ὅτι θεῖον ἐγένετο τὸ πρῆγμα ἐκ τῆς μήνιος· (3) οἳ γὰρ πεμφθέντες ὑπὸ Λακεδαιμονίων ἄγγελοι ἐς τὴν Ἀσίην, προδοθέντες δὲ ὑπὸ Σιτάλκεω τοῦ Τήρεω Θρηίκων βασιλέος καὶ

getreten waren, sagten sie zuerst, als die Speerträger ihnen befahlen und sie nötigten, sich vor dem König niederzuwerfen und auf die Knie zu fallen,[68] dass sie dies niemals tun würden, selbst wenn sie nach vorne auf den Kopf gestoßen würden, denn es sei bei ihnen nicht üblich, vor irgendeinem Menschen auf die Knie zu fallen noch kämen sie zu diesem Zweck. Als sie dies also abgewehrt hatten, sagten sie ihnen als Zweites folgendes, nämlich das, was zu einer solchen Rede gehört: (2) »König der Meder, die Lakedaimonier schickten uns, um für die in Sparta umgekommenen Herolde zu büßen.« Xerxes aber entgegnete ihnen, als sie dies vorbrachten, aus Großmut, er werde es den Lakedaimoniern nicht gleichtun. Jene hätten nämlich das, was bei allen Menschen als Gesetz gilt, gebrochen, indem sie Herolde getötet haben, er selbst aber werde dies, was er jenen vorwerfe, nicht tun und werde nicht, indem er sie zur Vergeltung töte, die Lakedaimonier von ihrer Schuld befreien.

137 (1) So hörte der Zorn des Talthybios, und zwar nachdem die Spartaner dies getan hatten, augenblicklich auf, obwohl Sperchias und Bulis nach Sparta zurückkehrten. Viel später im Krieg der Peloponnesier und Athener[69] erwachte er wieder, wie die Lakedaimonier sagen. Dies scheint mir dabei sehr durch göttliche Fügung geschehen zu sein. (2) Dass der Zorn des Talthybios über die Boten hereinbrach und nicht aufhörte, bis er sich erfüllte, hat die Gerechtigkeit verlangt. Dass er aber die Söhne dieser beiden Männer getroffen hat, die wegen des Zorns zum König hinaufgezogen sind, Nikolas, den Sohn des Bulis, und Aneristos, den Sohn des Sperthias, der Halieis, dessen Bewohner aus Tiryns stammen, eingenommen hat, nachdem er mit einem Kahn voll mit einigen Männern hingefahren war, das ist für mich offensichtlich das Wirken einer Gottheit. (3) Die Boten nämlich, die von den Lakedaimoniern nach Asien geschickt worden waren, wurden vom König der Thraker Sitalkes, dem Sohn des Te-

Νυμφοδώρου τοῦ Πύθεω ἀνδρὸς Ἀβδηρίτεω, ἥλωσαν κατὰ Βισάνθην τὴν ἐν Ἑλλησπόντῳ, καὶ ἀπαχθέντες ἐς τὴν Ἀττικὴν ἀπέθανον ὑπὸ Ἀθηναίων, μετὰ δὲ αὐτῶν καὶ Ἀριστέας ὁ Ἀδειμάντου Κορίνθιος ἀνήρ. ταῦτα μέν νυν πολλοῖσι ἔτεσι ὕστερον ἐγένετο τοῦ βασιλέος στόλου, ἐπάνειμι δὲ ἐπὶ τὸν πρότερον λόγον.

138 (1) ἡ δὲ στρατηλασίη ἡ βασιλέος οὔνομα μὲν εἶχε ὡς ἐπ' Ἀθήνας ἐλαύνει, κατίετο δὲ ἐς πᾶσαν τὴν Ἑλλάδα. πυνθανόμενοι δὲ ταῦτα πρὸ πολλοῦ οἱ Ἕλληνες οὐκ ἐν ὁμοίῳ πάντες ἐποιεῦντο. (2) οἱ μὲν γὰρ αὐτῶν δόντες γῆν καὶ ὕδωρ τῷ Πέρσῃ εἶχον θάρσος ὡς οὐδὲν πεισόμενοι ἄχαρι πρὸς τοῦ βαρβάρου· οἱ δὲ οὐ δόντες ἐν δείματι μεγάλῳ κατέστασαν, ἅτε οὔτε νεῶν ἐουσέων ἐν τῇ Ἑλλάδι ἀριθμὸν ἀξιομάχων δέκεσθαι τὸν ἐπιόντα, οὔτε βουλομένων τῶν πολλῶν ἀντάπτεσθαι τοῦ πολέμου, μηδιζόντων δὲ προθύμως.

139 (1) ἐνθαῦτα ἀναγκαίῃ ἐξέργομαι γνώμην ἀποδέξασθαι ἐπίφθονον μὲν πρὸς τῶν πλεόνων ἀνθρώπων, ὅμως δὲ τῇ γέ μοι φαίνεται εἶναι ἀληθὲς οὐκ ἐπισχήσω. (2) εἰ Ἀθηναῖοι καταρρωδήσαντες τὸν ἐπιόντα κίνδυνον ἐξέλιπον τὴν σφετέρην, ἢ καὶ μὴ ἐκλιπόντες ἀλλὰ μείναντες ἔδοσαν σφέας αὐτοὺς Ξέρξῃ, κατὰ τὴν θάλασσαν οὐδαμοὶ ἂν ἐπειρῶντο ἀντιούμενοι βασιλέι. εἰ τοίνυν κατὰ τὴν θάλασσαν μηδεὶς ἠντιοῦτο Ξέρξῃ, κατά γε ἂν τὴν ἤπειρον τοιάδε ἐγίνετο· (3) εἰ καὶ πολλοὶ τειχέων κιθῶνες ἦσαν ἐληλαμένοι διὰ τοῦ Ἰσθμοῦ Πελοποννησίοισι, προδοθέντες ἂν Λακεδαιμόνιοι ὑπὸ τῶν συμμάχων οὐκ ἑκόντων ἀλλ' ὑπ' ἀναγκαίης, κατὰ πόλις ἁλισκομένων ὑπὸ τοῦ ναυτικοῦ στρατοῦ τοῦ βαρβάρου, ἐμουνώθησαν, μουνω-

reus, und von Nymphodoros, dem Sohn des Pytheas, eines Mannes aus Abdera, verraten und bei Bisanthe am Hellespont gefangengenommen, nach Attika gebracht und dann von den Athenern getötet, mit ihnen auch Aristeas, der Sohn des Adeimantos, ein Korinther. Dies geschah viele Jahre später als der Heereszug des Königs, ich will aber wieder zu meiner früheren Erzählung zurückkehren.

138 (1) Vom Feldzug des Königs hieß es zwar, dass er gegen Athen gerichtet sei, er galt aber ganz Griechenland. Obwohl die Griechen dies schon längst wussten, reagierten sie nicht alle gleich. (2) Die einen von ihnen, die dem Perser Erde und Wasser gegeben hatten, waren zuversichtlich, in der Meinung, dass sie nichts Unangenehmes vom Nichtgriechen erleiden würden. Die anderen aber, die es nicht gewährt hatten, waren in großer Furcht, da es in Griechenland keine Schiffe gab, die zahlenmäßig im Kampf gewachsen gewesen wären, es mit dem Angreifer aufzunehmen, und die große Masse keinen Krieg unternehmen wollte, sondern sich bereitwillig auf die persische Seite stellte.

139 (1) An diesem Punkt sehe ich mich notgedrungen gezwungen, eine Meinung darzulegen, die bei der Mehrheit der Menschen auf Ablehnung stößt, dennoch werde ich nicht an mich halten zu sagen, was mir wahr zu sein scheint. (2) Wenn die Athener aus Angst vor der drohenden Gefahr ihr Land verlassen hätten oder wenn sie es nicht verlassen hätten, sondern geblieben wären und sich Xerxes ergeben hätten, dann hätte niemand versucht, sich zur See dem König entgegenzustellen. Wenn sich aber keiner Xerxes zur See entgegengestellt hätte, wäre zu Lande folgendes geschehen: (3) Auch wenn viele Schutzwälle von den Peloponnesiern über den Isthmos gezogen worden wären, wären die Lakedaimonier von ihren Bundesgenossen zwar nicht freiwillig, so doch gezwungenermaßen im Stich gelassen worden, da die Flotte des Nichtgriechen eine Stadt nach der anderen eingenommen hät-

θέντες δὲ ἂν καὶ ἀποδεξάμενοι ἔργα μεγάλα ἀπέθανον γενναίως. (4) ἢ ταῦτα ἂν ἔπαθον, ἢ πρὸ τοῦ ὁρῶντες ἂν καὶ τοὺς ἄλλους Ἕλληνας μηδίζοντας ὁμολογίῃ ἂν ἐχρήσαντο πρὸς Ξέρξην. καὶ οὕτω ἂν ἐπ' ἀμφότερα ἡ Ἑλλὰς ἐγίνετο ὑπὸ Πέρσησι. τὴν γὰρ ὠφελίην τὴν τῶν τειχέων τῶν διὰ τοῦ Ἰσθμοῦ ἐληλαμένων οὐ δύναμαι πυθέσθαι ἥτις ἂν ἦν, βασιλέος ἐπικρατέοντος τῆς θαλάσσης. (5) νῦν δὲ Ἀθηναίους ἄν τις λέγων σωτῆρας γενέσθαι τῆς Ἑλλάδος οὐκ ἂν ἁμαρτάνοι τὸ ἀληθές. οὗτοι γὰρ ἐπὶ ὁκότερα τῶν πρηγμάτων ἐτράποντο, ταῦτα ῥέψειν ἔμελλε· ἑλόμενοι δὲ τὴν Ἑλλάδα περιεῖναι ἐλευθέρην, τοῦτο τὸ Ἑλληνικὸν πᾶν τὸ λοιπόν, ὅσον μὴ ἐμήδισε, αὐτοὶ οὗτοι ἦσαν οἱ ἐπεγείραντες καὶ βασιλέα μετά γε θεοὺς ἀνωσάμενοι. (6) οὐδὲ σφέας χρηστήρια φοβερὰ ἐλθόντα ἐκ Δελφῶν καὶ ἐς δεῖμα βαλόντα ἔπεισε ἐκλιπεῖν τὴν Ἑλλάδα, ἀλλὰ καταμείναντες ἀνέσχοντο τὸν ἐπιόντα ἐπὶ τὴν χώρην δέξασθαι.

140 (1) πέμψαντες γὰρ οἱ Ἀθηναῖοι ἐς Δελφοὺς θεοπρόπους χρηστηριάζεσθαι ἦσαν ἕτοιμοι· καί σφι ποιήσασι περὶ τὸ ἱρὸν τὰ νομιζόμενα, ὡς ἐς τὸ μέγαρον ἐσελθόντες ἵζοντο, χρᾷ ἡ Πυθίη, τῇ οὔνομα ἦν Ἀριστονίκη, τάδε.

(2) ὦ μέλεοι, τί κάθησθε; λιπὼν φεῦγ' ἔσχατα γαίης
δώματα καὶ πόλιος τροχοειδέος ἄκρα κάρηνα.
οὔτε γὰρ ἡ κεφαλὴ μένει ἔμπεδον οὔτε τὸ σῶμα,

te; sie wären also allein gelassen worden und hätten, allein gelassen, trotz großer Taten auf edle Weise den Tod gefunden. (4) Entweder hätten sie dies erfahren oder hätten vorher Xerxes gegenüber kapituliert, sobald sie gesehen hätten, dass auch die anderen Griechen sich auf die persische Seite stellten. Und so wäre in beiden Fällen Griechenland unter die Herrschaft der Perser geraten, denn was der Nutzen der über den Isthmos gezogenen Schutzwälle gewesen wäre, wenn der König zur See die Oberhand behalten hätte, kann ich nicht erkennen. (5) Wenn nun einer sagt, die Athener seien Retter Griechenlands geworden, dann dürfte er die Wahrheit nicht verfehlen, denn auf welche Seite auch immer sie sich wendeten, dies musste den Ausschlag geben. Da sie gewählt hatten, dass Griechenland frei bleiben solle, waren sie es, die das gesamte übrige griechische Volk, das nicht persisch gesinnt war, zum Kampf ermunterten und die, nächst den Göttern, den König zurückgeschlagen haben. (6) Furchterregende Orakelsprüche, die aus Delphi gekommen waren und sie in Angst und Schrecken versetzt hatten, brachten sie nicht dazu, Griechenland im Stich zu lassen, sondern sie blieben und wagten es, sich demjenigen entgegenzustellen, der ihr Land angriff.

140 (1) Als die Athener nämlich Orakelbefrager nach Delphi geschickt hatten, waren sie bereit gewesen, sich ein Orakel zu beschaffen. Die Pythia, die Aristonike hieß, gab ihnen, als sie im Heiligtum die üblichen Bräuche ausgeführt hatten und sobald sie das Megaron betreten und sich gesetzt hatten, folgendes Orakel.

(2) Ihr Unglücklichen, was sitzt ihr da? Verlasse die Häuser
und die spitzen Felsen der runden Polis und flieh zum äußersten Rand der Erde,
denn weder der Kopf bleibt unerschüttert noch der Körper

οὔτε πόδες νέατοι οὔτ' ὦν χέρες, οὔτε τι μέσσης
λείπεται, ἀλλ' ἄζηλα πέλει· κατὰ γάρ μιν ἐρείπει
πῦρ τε καὶ ὀξὺς Ἄρης, Συριηγενὲς ἅρμα διώκων.
(3) πολλὰ δὲ κἄλλ' ἀπολεῖ πυργώματα κοὐ τὸ σὸν οἶον,
πολλοὺς δ' ἀθανάτων νηοὺς μαλερῷ πυρὶ δώσει,
οἵ που νῦν ἱδρῶτι ῥεούμενοι ἑστήκασι,
δείματι παλλόμενοι, κατὰ δ' ἀκροτάτοις ὀρόφοισι
αἷμα μέλαν κέχυται, προϊδὸν κακότητος ἀνάγκας.
ἀλλ' ἴτον ἐξ ἀδύτοιο, κακοῖς δ' ἐπικίδνατε θυμόν.

141 (1) ταῦτα ἀκούσαντες οἱ τῶν Ἀθηναίων θεοπρόποι συμφορῇ τῇ μεγίστῃ ἐχρέωντο. προβάλλουσι δὲ σφέας αὐτοὺς ὑπὸ τοῦ κακοῦ τοῦ κεχρησμένου, Τίμων ὁ Ἀνδροβούλου, τῶν Δελφῶν ἀνὴρ δόκιμος ὅμοια τῷ μάλιστα, συνεβούλευέ σφι ἱκετηρίην λαβοῦσι δεύτερα αὖτις ἐλθόντας χρᾶσθαι τῷ χρηστηρίῳ ὡς ἱκέτας. (2) πειθομένοισι δὲ ταῦτα τοῖσι Ἀθηναίοισι καὶ λέγουσι «ὦναξ, χρῆσον ἡμῖν ἄμεινόν τι περὶ τῆς πατρίδος, αἰδεσθεὶς τὰς ἱκετηρίας τάσδε τάς τοι ἥκομεν φέροντες, ἤ οὔ τοι ἄπιμεν ἐκ τοῦ ἀδύτου, ἀλλ' αὐτοῦ τῇδε μενέομεν ἔστ' ἂν καὶ τελευτήσωμεν», ταῦτα δὲ λέγουσι ἡ πρόμαντις χρᾷ δεύτερα τάδε.

(3) οὐ δύναται Παλλὰς Δί' Ὀλύμπιον ἐξιλάσασθαι
λισσομένη πολλοῖσι λόγοις καὶ μήτιδι πυκνῇ.

noch die Füße ganz unten, noch die Hände, noch etwas
in der Mitte
bleibt, sondern alles ist gering geachtet. Es zerstört sie
Feuer und der scharfe Ares, den aus Syrien
stammenden Wagen fahrend.
(3) Auch viele andere Burgen wird er zerstören, nicht
allein deine.
Viele Tempel der Unsterblichen wird er
zerstörerischem Feuer preisgeben,
die jetzt schweißüberströmt stehen,
in Furcht erzitternd, und von den obersten Zinnen
ist schwarzes Blut gegossen, unvermeidliches Unglück
verkündend.
Aber nun ist das Allerheiligste zu verlassen, übergießt
eure Seele mit Leiden.

141 (1) Als die Orakelbefrager der Athener dies vernommen hatten, waren sie äußerst unglücklich. Da sie an ihrer Rettung infolge des Übels, das ihnen vorhergesagt war, zweifelten, riet ihnen Timon, der Sohn des Androbulos, ein unter den Delphern ganz besonders angesehener Mann, den Ölzweig der Schutzflehenden zu nehmen, ein zweites Mal wieder zu kommen und sich gleichsam als Schutzflehende ein Orakel geben zu lassen. (2) Da die Athener sich davon überzeugen ließen und sagten: »O Herr, gib uns ein besseres Orakel hinsichtlich unserer Heimat, aus Ehrfurcht vor diesen Ölzweigen, mit denen wir zu dir kommen, oder wir werden nicht aus dem Allerheiligsten weggehen, sondern eben hier bleiben, bis auch wir sterben.« Als sie dies also sagten, gab ihnen die Priesterin folgendes zweites Orakel:

(3) Pallas Athene kann den olympischen Zeus nicht
versöhnen,
obwohl sie ihn mit vielen Worten und kluger
Überlegung bittet.

σοὶ δὲ τόδ' αὖτις ἔπος ἐρέω ἀδάμαντι πελάσσας.
τῶν ἄλλων γὰρ ἁλισκομένων ὅσα Κέκροπος οὖρος
ἐντὸς ἔχει κευθμών τε Κιθαιρῶνος ζαθέοιο,
τεῖχος Τριτογενεῖ ξύλινον διδοῖ εὐρύοπα Ζεύς
μοῦνον ἀπόρθητον τελέθειν, τὸ σὲ τέκνα τ' ὀνήσει.
(4) μηδὲ σύ γ' ἱπποσύνην τε μένειν καὶ πεζὸν ἰόντα
πολλὸν ἀπ' ἠπείρου στρατὸν ἥσυχος, ἀλλ' ὑποχωρεῖν
νῶτον ἐπιστρέψας· ἔτι τοι ποτε κἀντίος ἔσσῃ.
ὦ θείη Σαλαμίς, ἀπολεῖς δὲ σὺ τέκνα γυναικῶν
ἤ που σκιδναμένης Δημήτερος ἢ συνιούσης.

142 (1) ταῦτα σφι ἠπιώτερα γὰρ τῶν προτέρων καὶ ἦν καὶ ἐδόκεε εἶναι, συγγραψάμενοι ἀπαλλάσσοντο ἐς τὰς Ἀθήνας. ὡς δὲ ἀπελθόντες οἱ θεοπρόποι ἀπήγγελλον ἐς τὸν δῆμον, γνῶμαι καὶ ἄλλαι πολλαὶ γίνονται διζημένων τὸ μαντήιον καὶ αἵδε συνεστηκυῖαι μάλιστα. τῶν πρεσβυτέρων ἔλεγον μετεξέτεροι δοκέειν σφίσι τὸν θεὸν τὴν ἀκρόπολιν χρῆσαι περιέσεσθαι. ἡ γὰρ ἀκρόπολις τὸ πάλαι τῶν Ἀθηναίων ῥηχῷ ἐπέφρακτο. (2) οἳ μὲν δὴ κατὰ τὸν φραγμὸν συνεβάλλοντο τοῦτο τὸ ξύλινον τεῖχος εἶναι, οἳ δ' αὖ ἔλεγον τὰς νέας σημαίνειν τὸν θεόν, καὶ ταύτας παραρτέεσθαι ἐκέλευον τὰ ἄλλα ἀπέντας. τοὺς ὦν δὴ τὰς νέ-

Dir will ich aber wieder dieses Wort sagen, fest wie Eisen:
Wenn nämlich alles andere eingenommen ist, was der Kekropsberg
im Innern umschließt und die tiefe Schlucht des hochheiligen Kithairon,
dann gibt der weitblickende Zeus der Tritogeneia eine hölzerne Mauer,
die allein unzerstörbar ist, was dir und deinen Kindern nützen wird.
(4) Du aber erwarte nicht ruhig die Reiterei oder das Heer zu Fuß,
wenn es zahlreich vom Festland kommt, sondern weiche,
den Rücken bietend. Ihm wirst du dich noch entgegenstellen.
O göttliches Salamis, du wirst Kinder von Frauen zugrunde richten
entweder dann, wenn das Korn ausgestreut oder wenn es gesammelt wird.

142 (1) Diese Worte waren für sie tatsächlich freundlicher als die früheren und sie schienen es ihnen auch zu sein; nachdem sie diese aufgeschrieben hatten, brachen sie nach Athen auf. Als die Orakelbefrager nach ihrer Rückkehr dem Volk Bericht erstatteten, gaben diejenigen, die den Orakelspruch zu verstehen suchten, unter vielen anderen Deutungen auch die folgenden sehr gegensätzlichen Deutungen: Einige der Älteren sagten, ihnen scheine der Gott mit dem Orakel angedeutet zu haben, dass die Akropolis erhalten bleibe, denn die Akropolis der Athener war in alten Zeiten mit Dornenhecken geschützt. (2) Die einen also vermuteten, dass dies die hölzerne Mauer sei, andere wiederum sagten, der Gott meine damit Schiffe und befahlen, diese auszurüsten und alles andere aber zu lassen. Diejenigen, die meinten, dass

ας λέγοντας εἶναι τὸ ξύλινον τεῖχος ἔσφαλλε τὰ δύο ⟨ἔπεα⟩ τὰ τελευταῖα ῥηθέντα ὑπὸ τῆς Πυθίης,

ὦ θείη Σαλαμίς, ἀπολεῖς δὲ σὺ τέκνα γυναικῶν
ἤ που σκιδναμένης Δημήτερος ἢ συνιούσης.

(3) κατὰ ταῦτα τὰ ἔπεα συνεχέοντο αἱ γνῶμαι τῶν φαμένων τὰς νέας τὸ ξύλινον τεῖχος εἶναι· οἱ γὰρ χρησμολόγοι ταύτῃ ταῦτα ἐλάμβανον, ὡς ἀμφὶ Σαλαμῖνα δεῖ σφεας ἑσσωθῆναι ναυμαχίην παρασκευασαμένους.

143 (1) ἦν δὲ τῶν τις Ἀθηναίων ἀνὴρ ἐς πρώτους νεωστὶ παριών, τῷ οὔνομα μὲν ἦν Θεμιστοκλέης, παῖς δὲ Νεοκλέος ἐκαλέετο. οὗτος ὡνὴρ οὐκ ἔφη πᾶν ὀρθῶς τοὺς χρησμολόγους συμβάλλεσθαι, λέγων τοιάδε· εἰ ἐς Ἀθηναίους εἶχε τὸ ἔπος εἰρημένον ἐόντως, οὐκ ἂν οὕτω μιν δοκέειν ἠπίως χρησθῆναι, ἀλλὰ ὧδε «ὦ σχετλίη Σαλαμίς» ἀντὶ τοῦ «ὦ θείη Σαλαμίς», εἴ πέρ γε ἔμελλον οἱ οἰκήτορες ἀμφ' αὐτῇ τελευτήσειν· (2) ἀλλὰ γὰρ ἐς τοὺς πολεμίους τῷ θεῷ εἰρῆσθαι τὸ χρηστήριον συλλαμβάνοντι κατὰ τὸ ὀρθόν, ἀλλ' οὐκ ἐς Ἀθηναίους· παρασκευάζεσθαι ὦν αὐτοὺς ὡς ναυμαχήσοντας συνεβούλευε, ὡς τούτου ἐόντος τοῦ ξυλίνου τείχεος. (3) ταύτῃ Θεμιστοκλέος ἀποφαινομένου Ἀθηναῖοι ταῦτα σφίσι ἔγνωσαν αἱρετώτερα εἶναι μᾶλλον ἢ τὰ τῶν χρησμολόγων, οἳ οὐκ ἔων ναυμαχίην ἀρτέεσθαι, τὸ δὲ σύμπαν εἰπεῖν οὐδὲ χεῖρας ἀνταείρεσθαι, ἀλλὰ ἐκλιπόντας χώρην τὴν Ἀττικὴν ἄλλην τινὰ οἰκίζειν.

Schiffe die hölzerne Mauer seien, wurden durch die beiden letzten von der Pythia geäußerten Verse unsicher:

> O göttliches Salamis, du wirst Kinder von Frauen zugrunde richten
> entweder dann, wenn das Korn ausgestreut oder wenn es gesammelt wird.

(3) An diesen Worten stießen sich die Meinungen derer, die behaupteten, die Schiffe seien die hölzerne Mauer, denn die Orakeldeuter deuteten diese so, dass sie bei Salamis eine Niederlage erleiden müssten, wenn sie sich zu einer Seeschlacht gerüstet haben.

143 (1) Unter den Athenern gab es einen Mann, der erst seit kurzem zu den ersten Bürgern gehörte, der den Namen Themistokles hatte und ein Sohn des Neokles genannt wurde.[70] Dieser Mann behauptete, dass die Orakeldeuter nicht alles richtig deuteten, indem er folgendes vorbrachte: Wenn das Wort wirklich gegen die Athener gesprochen worden wäre, dann wäre das Orakel, wie ihm scheine, nicht so freundlich gegeben worden, sondern etwa so: »O unglückliches Salamis« statt des »O göttliches Salamis«, wenn die Bewohner wirklich im Kampf um dieses sterben sollten. (2) Vielmehr sei das Orakel, wenn man es richtig verstehe, vom Gott im Hinblick auf die Feinde gesprochen worden, aber nicht im Hinblick auf die Athener. Er riet also, dass sie sich für einen Kampf zur See ausrüsten sollten, da dies seiner Meinung nach mit der hölzernen Mauer gemeint sei. (3) Als Themistokles es so erklärte, beschlossen die Athener, dass sie sich eher für diesen Vorschlag entscheiden müssten als für den der Orakeldeuter, die nicht zulassen wollten, dass sie sich für einen Kampf zur See rüsteten, sondern meinten, um es kurz zu sagen, dass sie sich überhaupt nicht wehren sollten, sondern Attika verlassen und ein anderes Land besiedeln sollten.

144 (1) ἑτέρη τε Θεμιστοκλέι γνώμη ἔμπροσθε ταύτης ἐς καιρὸν ἠρίστευσε, ὅτε Ἀθηναίοισι γενομένων χρημάτων μεγάλων ἐν τῷ κοινῷ, τὰ ἐκ τῶν μετάλλων σφι προσῆλθε τῶν ἀπὸ Λαυρείου, ἔμελλον λάξεσθαι ὀρχηδὸν ἕκαστος δέκα δραχμάς· τότε Θεμιστοκλέης ἀνέγνωσε Ἀθηναίους τῆς διαιρέσιος ταύτης παυσαμένους νέας τούτων τῶν χρημάτων ποιήσασθαι διηκοσίας ἐς τὸν πόλεμον, τὸν πρὸς Αἰγινήτας λέγων. (2) οὗτος γὰρ ὁ πόλεμος συστὰς ἔσωσε ἐς τὸ τότε τὴν Ἑλλάδα, ἀναγκάσας θαλασσίους γενέσθαι Ἀθηναίους. αἳ δὲ ἐς τὸ μὲν ἐποιήθησαν οὐκ ἐχρήσθησαν, ἐς δέον δὲ οὕτω τῇ Ἑλλάδι ἐγένοντο. αὗταί τε δὴ αἱ νέες τοῖσι Ἀθηναίοισι προποιηθεῖσαι ὑπῆρχον, ἑτέρας τε ἔδεε προσναυπηγέεσθαι. (3) ἔδοξέ τέ σφι μετὰ τὸ χρηστήριον βουλευομένοισι ἐπιόντα ἐπὶ τὴν Ἑλλάδα τὸν βάρβαρον δέκεσθαι τῇσι νηυσὶ πανδημεί, τῷ θεῷ πειθομένους, ἅμα Ἑλλήνων τοῖσι βουλομένοισι.

145 (1) τὰ μὲν δὴ χρηστήρια ταῦτα τοῖσι Ἀθηναίοισι ἐγεγόνεε. συλλεγομένων δὲ ἐς τὠυτὸ τῶν περὶ τὴν Ἑλλάδα Ἑλλήνων τῶν τὰ ἀμείνω φρονεόντων καὶ διδόντων σφίσι λόγον καὶ πίστιν, ἐνθαῦτα ἐδόκεε βουλευομένοισι αὐτοῖσι πρῶτον μὲν χρημάτων πάντων καταλλάσσεσθαι τάς τε ἔχθρας καὶ τοὺς κατ᾽ ἀλλήλους ἐόντας πολέμους· ἦσαν δὲ πρός τινὰς καὶ ἄλλους ἐγκεκρημένοι, ὁ δὲ ὦν μέγιστος Ἀθηναίοισί τε καὶ Αἰγινήτῃσι. (2) μετὰ δὲ πυνθανόμενοι Ξέρξην σὺν τῷ στρατῷ εἶναι ἐν Σάρδισι, ἐβουλεύσαντο κατασκόπους πέμπειν ἐς τὴν Ἀσίην τῶν βασιλέος πρηγμάτων, ἐς Ἄργος τε ἀγγέλους ὁμαιχμίην συνθησομένους πρὸς τὸν Πέρσην, καὶ ἐς Σικελίην ἄλλους πέμπειν παρὰ Γέλωνα τὸν Δεινομένεος ἔς τε Κέρκυραν κελεύσον-

144 (1) Dem Themistokles war bereits vor diesem ein anderer Vorschlag von Erfolg gekrönt gewesen,[71] nämlich als sich den Athenern viel Geld in der Kasse der Polis angesammelt hatte, das ihnen aus den Bergwerken in Laurion einging, und jeder Mann für Mann zehn Drachmen[72] erhalten sollte. Damals überredete Themistokles die Athener dazu, von dieser Verteilung Abstand zu nehmen und von diesem Geld 200 Schiffe für den Krieg zu bauen, wobei er den gegen die Aigineten meinte. (2) Als dieser Krieg ausgebrochen war, rettete er damals Griechenland, weil er die Athener gezwungen hatte, in der Seefahrt kundig zu werden. Diese wurden für den Zweck, für den sie gebaut worden waren, nicht gebraucht, waren jedoch für den Zeitpunkt, als es nötig war, somit für Griechenland vorhanden. Diese Schiffe also, die von den Athenern schon früher gebaut worden waren, standen zur Verfügung, andere mussten noch dazu erbaut werden. (3) Sie beschlossen also nach der Beratung des Orakelspruchs, sich dem Nichtgriechen, der gegen Griechenland zog, mit den Schiffen und mit der gesamten Streitmacht zusammen mit allen Griechen, die wollten, entgegenzustellen, dem Gott gehorchend.

145 (1) Diese Orakelsprüche also waren an die Athener ergangen. Als die Griechen, die in Bezug auf Griechenland freundlicher gesinnt waren, sich am selben Ort versammelten,[73] und ihnen ihr Treuwort gaben, da beschlossen sie, als sie sich berieten, zuallererst ihre Feindschaften beizulegen und die Kriege, die sie mit anderen führten, zu beenden. Auch gegen einige andere waren Kriege entbrannt, der größte aber zwischen den Athenern und den Aigineten. (2) Als sie danach erfuhren, dass Xerxes mit seinem Heer in Sardes war, beschlossen sie, Kundschafter nach Asien zu schicken, die die Macht des Königs erkunden sollten, und auch nach Argos Boten zu schicken, die ein Bündnis gegen den Perser schließen sollten, andere nach Sizilien zu Gelon, dem Sohn des Deino-

τας βοηθέειν τῇ Ἑλλάδι καὶ ἐς Κρήτην ἄλλους, φρονήσαντες εἴ κως ἕν τε γένοιτο τὸ Ἑλληνικὸν καὶ εἰ συγκύψαντες τὠυτὸ πρήσσοιεν πάντες, ὡς δεινῶν ἐπιόντων ὁμοίως πᾶσι Ἕλλησι. τὰ δὲ Γέλωνος πρήγματα μεγάλα ἐλέγετο εἶναι, οὐδαμῶν Ἑλληνικῶν τῶν οὐ πολλὸν μέζω.

146 (1) ὡς δὲ ταῦτα σφι ἔδοξε, καταλυσάμενοι τὰς ἔχθρας πρῶτα μὲν κατασκόπους πέμπουσι ἐς τὴν Ἀσίην ἄνδρας τρεῖς. οἳ δὲ ἀπικόμενοί τε ἐς Ξάρδις καὶ καταμαθόντες τὴν βασιλέος στρατιήν, ὡς ἐπάιστοι ἐγένοντο, βασανισθέντες ὑπὸ τῶν στρατηγῶν τοῦ πεζοῦ στρατοῦ ἀπήγοντο ὡς ἀπολεόμενοι. (2) καὶ τοῖσι μὲν κατεκέκριτο θάνατος, Ξέρξης δὲ ὡς ἐπύθετο ταῦτα, μεμφθεὶς τῶν στρατηγῶν τὴν γνώμην πέμπει τῶν τινας δορυφόρων, ἐντειλάμενος, ἢν καταλάβωσι τοὺς κατασκόπους ζῶντας, ἄγειν παρ' ἑωυτόν. (3) ὡς δὲ ἔτι περιεόντας αὐτοὺς κατέλαβον καὶ ἦγον ἐς ὄψιν τὴν βασιλέος, τὸ ἐνθεῦτεν πυθόμενος ἐπ' οἷσι ἦλθον, ἐκέλευε σφέας τοὺς δορυφόρους περιάγοντας ἐπιδείκνυσθαι πάντα τε τὸν πεζὸν στρατὸν καὶ τὴν ἵππον, ἐπεὰν δὲ ταῦτα θηεύμενοι ἔωσι πλήρεες, ἀποπέμπειν ἐς τὴν ἂν αὐτοὶ ἐθέλωσι χώρην ἀσινέας.

147 (1) ἐπιλέγων δὲ τὸν λόγον τόνδε ταῦτα ἐνετέλλετο, ὡς εἰ μὲν ἀπώλοντο οἱ κατάσκοποι, οὔτ' ἂν τὰ ἑωυτοῦ πρήγματα προεπύθοντο οἱ Ἕλληνες ἐόντα λόγου μέζω, οὔτ' ἄν τι τοὺς πολεμίους μέγα ἐσίναντο, ἄνδρας τρεῖς ἀπολέσαντες· νοστησάντων δὲ τούτων ἐς τὴν Ἑλλάδα δοκέειν ἔφη ἀκούσαντας τοὺς Ἕλληνας τὰ ἑωυτοῦ πρήγματα πρὸ τοῦ στόλου τοῦ γινομένου παραδώσειν σφέας τὴν ἰδίην ἐλευθερίην, καὶ οὕτω οὐδὲ δεήσειν ἐπ' αὐτοὺς στρα-

menes,[74] wieder andere nach Kerkyra,[75] die befehlen sollten, Griechenland zu helfen, und wiederum andere nach Kreta, da sie überlegten, ob irgendwie eine einzige griechische Gemeinschaft entstehen könne und, wenn alle sich einig wären, alle dasselbe tun könnten, da ja allen Griechen ohne Unterschied Schlimmes drohte. Es hieß nämlich, dass die Macht des Gelon groß sei, bei weitem größer als irgendeine griechische Macht.

146 (1) Sobald sie dies beschlossen hatten, beendeten sie ihre Feindschaften und schickten zuerst drei Männer als Kundschafter nach Asien. Als diese in Sardes angekommen waren und über das Heer des Königs Erkundigungen eingezogen hatten, aber entdeckt worden waren, wurden sie von den Befehlshabern des Fußvolks verhört und abgeführt, um getötet zu werden. (2) Der Tod war ihnen bereits sicher bestimmt, da schickte Xerxes, als er davon erfahren und den Beschluss der Befehlshaber getadelt hatte, einige seiner Lanzenträger mit dem Auftrag los, die Kundschafter zu ihm zu führen, wenn sie diese noch lebend anträfen. (3) Nachdem sie diese noch lebend angetroffen und vor das Angesicht des Königs geführt hatten, fragte der, zu welchem Zweck sie gekommen seien, und befahl daraufhin den Lanzenträgern sie herumzuführen, ihnen das gesamte Fußvolk und die Reiterei zu zeigen und sie dann, wenn sie sich daran satt gesehen hätten, unverletzt in das Land, in welches auch immer sie wollten, zurückzuschicken.

147 (1) Er erteilte ihnen diesen Auftrag, indem er noch als Begründung hinzufügte: Die Griechen hätten, wenn die Kundschafter umgekommen wären, nicht vorher erfahren, dass seine Macht unvorstellbar groß sei, und sie hätten den Feinden nicht sehr geschadet, wenn sie drei Männer getötet hätten. Er sagte, er glaube, dass die Griechen nach deren Rückkehr nach Griechenland, wenn sie von seiner Macht gehört hätten, ihre Freiheit noch vor Beginn des Feldzugs aufgeben würden und dass es

τηλατέοντας πρήγματα ἔχειν. (2) οἶκε δὲ αὐτοῦ αὕτη ἡ γνώμη τῇ γε ἄλλῃ. ἐὼν γὰρ ἐν Ἀβύδῳ ὁ Ξέρξης εἶδε πλοῖα ἐκ τοῦ Πόντου σιταγωγὰ διεκπλώοντα τὸν Ἑλλήσποντον, ἔς τε Αἴγιναν καὶ Πελοπόννησον κομιζόμενα. οἱ μὲν δὴ πάρεδροι αὐτοῦ ὡς ἐπύθοντο πολέμια εἶναι τὰ πλοῖα, ἕτοιμοι ἦσαν αἱρέειν αὐτά, ἐσβλέποντες ἐς τὸν βασιλέα ὁκότε παραγγελέει. (3) ὁ δὲ Ξέρξης εἴρετο αὐτοὺς ὅκῃ πλέοιεν· οἳ δὲ εἶπαν «ἐς τοὺς σοὺς πολεμίους, ὦ δέσποτα, σῖτον ἄγοντες». ὁ δὲ ὑπολαβὼν ἔφη «οὐκῶν καὶ ἡμεῖς ἐκεῖ πλέομεν ἔνθα περ οὗτοι, τοῖσί τε ἄλλοισι ἐξηρτυμένοι καὶ σίτῳ; τί δῆτα ἀδικέουσι οὗτοι ἡμῖν σιτία παρακομίζοντες;»

148 (1) οἱ μέν νυν κατάσκοποι οὕτω θεησάμενοί τε καὶ ἀποπεμφθέντες ἐνόστησαν ἐς τὴν Εὐρώπην, οἱ δὲ συνωμόται Ἑλλήνων ἐπὶ τῷ Πέρσῃ μετὰ τὴν ἀπόπεμψιν τῶν κατασκόπων δεύτερα ἔπεμπον ἐς Ἄργος ἀγγέλους. (2) Ἀργεῖοι δὲ λέγουσι τὰ κατ᾽ ἑωυτοὺς γενέσθαι ὧδε. πυθέσθαι γὰρ αὐτίκα κατ᾽ ἀρχὰς τὰ ἐκ τοῦ βαρβάρου ἐγειρόμενα ἐπὶ τὴν Ἑλλάδα, πυθόμενοι δέ, καὶ μαθόντες ὡς σφέας οἱ Ἕλληνες πειρήσονται παραλαμβάνοντες ἐπὶ τὸν Πέρσην, πέμψαι θεοπρόπους ἐς Δελφοὺς τὸν θεὸν ἐπειρησομένους ὥς σφι μέλλει ἄριστον ποιέουσι γενέσθαι· νεωστὶ γὰρ σφέων τεθνάναι ἑξακισχιλίους ὑπὸ Λακεδαιμονίων καὶ Κλεομένεος τοῦ Ἀναξανδρίδεω· τῶν δὴ εἵνεκα πέμπειν. (3) τὴν δὲ Πυθίην ἐπειρωτῶσι αὐτοῖσι ἀνελεῖν τάδε.

somit nicht nötig sei, sich der Mühe eines Feldzugs gegen sie zu unterziehen. (2) Diese seine Meinung gleicht folgender anderen: Als er sich in Abydos aufhielt, sah Xerxes, wie Getreideschiffe aus dem Pontos den Hellespont durchsegelten und nach Aigina und zur Peloponnes fuhren. Als seine Begleiter erfuhren, dass es feindliche Schiffe waren, waren sie bereit, diese zu kapern, wobei sie den König dahingehend beobachteten, wann er den Befehl erteilte. (3) Xerxes aber fragte sie, wohin sie führen. Diese aber sagten: »Zu deinen Feinden, Herr, mit Getreideladung.« Er aber fiel ihnen ins Wort und sagte: »Fahren nicht auch wir dorthin, wohin diese unter anderem mit Getreide ausgerüstet, fahren? Was also schaden sie uns, wenn sie uns das Getreide dorthin bringen?«

148 (1) Als die Kundschafter sich nun auf diese Weise umgesehen hatten und entlassen worden waren, kehrten sie nach Europa zurück; diejenigen von den Griechen aber, die sich zu einem Bündnis gegen den Perser zusammengeschlossen hatten, schickten nach der Absendung der Kundschafter zum zweiten Mal Boten nach Argos. (2) Die Argeier aber behaupten, die Ereignisse bei ihnen hätten sich folgendermaßen abgespielt: Sie hätten gleich zu Beginn davon erfahren, was von dem Nichtgriechen gegen Griechenland unternommen wurde, und hätten dann, als sie davon erfahren und bemerkt hätten, dass die Griechen versuchen würden, sie gegen den Perser als Bündnispartner zu gewinnen, Boten nach Delphi geschickt, die den Gott fragen sollten, wie sie handeln müssten, dass es für sie am besten ausgehe. Erst kürzlich nämlich seien 6000 ihrer Leute von den Lakedaimoniern und Kleomenes, dem Sohn des Anaxandrides, getötet worden, und eben dies sei der Anlass, weswegen sie Boten schicken würden. (3) Die Pythia aber habe auf ihre Fragen folgendes geantwortet:

ἐχθρὲ περικτιόνεσσι, φίλ' ἀθανάτοισι θεοῖσιν,
εἴσω τὸν προβόλαιον ἔχων πεφυλαγμένος ἧσο
καὶ κεφαλὴν πεφύλαξο· κάρη δὲ τὸ σῶμα σαώσει.

ταῦτα μὲν τὴν Πυθίην χρῆσαι πρότερον· μετὰ δὲ ὡς ἐλθεῖν τοὺς ἀγγέλους ἐς δὴ τὸ Ἄργος, ἐπελθεῖν ἐπὶ τὸ βουλευτήριον καὶ λέγειν τὰ ἐντεταλμένα. (4) τοὺς δὲ πρὸς τὰ λεγόμενα ὑποκρίνασθαι ὡς ἕτοιμοι εἰσὶ Ἀργεῖοι ποιέειν ταῦτα, τριήκοντα ἔτεα εἰρήνην σπεισάμενοι Λακεδαιμονίοισι καὶ ἡγεόμενοι κατὰ τὸ ἥμισυ πάσης τῆς συμμαχίης. καίτοι κατά γε τὸ δίκαιον γίνεσθαι τὴν ἡγεμονίην ἑωυτῶν· ἀλλ' ὅμως σφίσι ἀποχρᾶν κατὰ τὸ ἥμισυ ἡγεομένοισι.

149 (1) ταῦτα μὲν λέγουσι τὴν βουλὴν ὑποκρίνασθαι, καίπερ ἀπαγορεύοντός σφι τοῦ χρηστηρίου μὴ ποιέεσθαι τὴν πρὸς τοὺς Ἕλληνας συμμαχίην· σπουδὴν δὲ ἔχειν σπονδὰς γενέσθαι τριηκοντοέτιδας καίπερ τὸ χρηστήριον φοβεόμενοι, ἵνα δή σφι οἱ παῖδες ἀνδρωθέωσι ἐν τούτοισι τοῖσι ἔτεσι· μὴ δὲ σπονδέων ἐουσέων ἐπιλέγεσθαι, ἢν ἄρα σφέας καταλάβῃ πρὸς τῷ γεγονότι κακῷ ἄλλο πταῖσμα πρὸς τὸν Πέρσην, μὴ τὸ λοιπὸν ἔωσι Λακεδαιμονίων ὑπήκοοι. (2) τῶν δὲ ἀγγέλων τοὺς ἀπὸ τῆς Σπάρτης πρὸς τὰ ῥηθέντα ἐκ τῆς βουλῆς ἀμείψασθαι τοῖσιδε· περὶ μὲν σπονδέων ἀνοίσειν ἐς τοὺς πλεῦνας, περὶ δὲ ἡγεμονίης αὐτοῖσι ἐντετάλθαι ὑποκρίνασθαι, καὶ δὴ λέγειν, σφίσι μὲν εἶναι δύο βασιλέας, Ἀργείοισι δὲ ἕνα· οὔκων δυνατὸν εἶναι τῶν ἐκ Σπάρτης οὐδέτερον παῦσαι τῆς ἡγεμονίης, μετὰ δὲ δύο τῶν σφετέρων ὁμόψηφον τὸν Ἀργεῖον εἶναι κωλύειν

Du, der du den Nachbarn ein Feind bist, den
unsterblichen Göttern ein Freund,
bleib geschützt drinnen sitzen mit eingezogenem
Wurfspeer.
Halte dein Haupt geschützt. Das Haupt nämlich wird
den Körper retten.

Dies also habe die Pythia schon vorher geantwortet; als aber die Boten danach nach Argos gekommen seien, seien sie an die Ratsversammlung herangetreten und hätten das Aufgetragene verkündet. (4) Sie aber, die Argeier, hätten auf das Vorgebrachte geantwortet, sie seien bereit mitzumachen, wenn sie mit den Lakedaimoniern einen Frieden auf 30 Jahre geschlossen hätten und über die Hälfte des gesamten Bündnisses die Führung erhielten. Nach dem Recht komme ihnen die gesamte Führung zu, aber dennoch genüge es ihnen, wenn sie nur über die Hälfte die Führung hätten.

149 (1) Dies, so sagen sie, habe der Rat geantwortet, obwohl das Orakel ihnen davon abgeraten habe, ein Bündnis mit den Griechen einzugehen. Obwohl sie den Orakelspruch fürchteten, sei ihnen sehr daran gelegen gewesen, dass ein Friedensvertrag auf 30 Jahre zustande komme, damit ihnen die Kinder in diesen Jahren zu Männern heranwachsen könnten. Käme aber kein Vertrag zustande, so würden sie befürchten, in Zukunft Untertanen der Lakedaimonier zu sein, wenn sie zusätzlich zu dem bereits eingetretenen Übel ein weiteres Übel vonseiten des Persers träfe. (2) Von den Boten hätten die aus Sparta auf die Worte des Rates folgendes geantwortet: Was den Vertrag betreffe, würden sie die Sache vor die Volksversammlung bringen, was die Führung betreffe, sei ihnen aufgetragen zu antworten und zu sagen, sie selbst hätten zwei Könige, die Argeier aber nur einen. Es sei also nicht möglich, einen der beiden aus Sparta von der Führung auszuschließen, nichts aber hindere daran, dass der Ar-

οὐδέν. (3) οὕτω δὴ οἱ Ἀργεῖοι φασὶ οὐκ ἀνασχέσθαι τῶν Σπαρτιητέων τὴν πλεονεξίην, ἀλλ᾽ ἑλέσθαι μᾶλλον ὑπὸ τῶν βαρβάρων ἄρχεσθαι ἤ τι ὑπεῖξαι Λακεδαιμονίοισι, προειπεῖν τε τοῖσι ἀγγέλοισι πρὸ δύντος ἡλίου ἀπαλλάσσεσθαι ἐκ τῆς Ἀργείων χώρης, εἰ δὲ μή, περιέψεσθαι ὡς πολεμίους.

150 (1) αὐτοὶ μὲν Ἀργεῖοι τοσαῦτα τούτων πέρι λέγουσι· ἔστι δὲ ἄλλος λόγος λεγόμενος ἀνὰ τὴν Ἑλλάδα, ὡς Ξέρξης ἔπεμψε κήρυκα ἐς Ἄργος πρότερον ἤ περ ὁρμῆσαι στρατεύεσθαι ἐπὶ τὴν Ἑλλάδα· (2) ἐλθόντα δὲ τοῦτον λέγεται εἰπεῖν «ἄνδρες Ἀργεῖοι, βασιλεὺς Ξέρξης τάδε ὑμῖν λέγει. ἡμεῖς νομίζομεν Πέρσην εἶναι ἀπ᾽ οὗ ἡμεῖς γεγόναμεν παῖδα Περσέος τοῦ Δανάης, γεγονότα ἐκ τῆς Κηφέος θυγατρὸς Ἀνδρομέδης. οὕτω ἂν ὦν εἴημεν ὑμέτεροι ἀπόγονοι. οὔτε ὦν ἡμέας οἰκὸς ἐπὶ τοὺς ἡμετέρους προγόνους στρατεύεσθαι, οὔτε ὑμέας ἄλλοισι τιμωρέοντας ἡμῖν ἀντιξόους γίνεσθαι, ἀλλὰ παρ᾽ ὑμῖν αὐτοῖσι ἡσυχίην ἔχοντας κατῆσθαι. ἢν γὰρ ἐμοὶ γένηται κατὰ νόον, οὐδαμοὺς μέζονας ὑμέων ἄξω.» (3) ταῦτα ἀκούσαντας Ἀργείους λέγεται πρῆγμα ποιήσασθαι, καὶ παραχρῆμα μὲν οὐδὲν ἐπαγγελλομένους μεταιτέειν, ἐπεὶ δὲ σφέας παραλαμβάνειν τοὺς Ἕλληνας, οὕτω δὴ ἐπισταμένους ὅτι οὐ μεταδώσουσι τῆς ἀρχῆς Λακεδαιμόνιοι μεταιτέειν, ἵνα ἐπὶ προφάσιος ἡσυχίην ἄγωσι.

151 (1) συμπεσεῖν δὲ τούτοισι καὶ τόνδε τὸν λόγον λέγουσι τινὲς Ἑλλήνων πολλοῖσι ἔτεσι ὕστερον γενόμενον τούτων. τυχεῖν ἐν Σούσοισι τοῖσι Μεμνονίοισι ἐόντας ἑτέρου πρήγματος εἵνεκα ἀγγέλους Ἀθηναίων Καλλίην τε τὸν Ἱππονίκου καὶ τοὺς μετὰ τούτου ἀναβάντας, Ἀργείους

geier mit ihren beiden stimmgleich sei. (3) So also hätten sie, sagen die Argeier, die Überheblichkeit der Spartaner nicht hinnehmen können, sondern hätten es vorgezogen, von den Nichtgriechen beherrscht zu werden als den Lakedaimoniern in irgendetwas nachzugeben, und hätten die Boten wissen lassen, sie sollten sich noch vor Sonnenuntergang aus dem Land der Argeier entfernen, andernfalls würden sie wie Feinde behandelt werden.

150 (1) Soweit die Darstellung der Argeier selbst. Es gibt aber noch einen anderen *logos*, der in Griechenland im Umlauf ist, nämlich dass Xerxes einen Boten nach Argos gesandt habe, bevor er sich zum Feldzug gegen Griechenland aufmachte. (2) Dieser soll nach seiner Ankunft folgendes vorgebracht haben: »Männer aus Argos, König Xerxes lässt euch dies sagen: Wir glauben, dass es Perses ist, von dem wir abstammen, ein Sohn des Perseus, des Sohnes der Danaë,[76] und ein Kind der Andromeda, der Tochter des Kepheus. Somit dürften wir eure Nachkommen sein. Es ist also nicht richtig, dass wir gegen unsere Vorfahren ins Feld ziehen, und es ist auch nicht richtig, dass ihr uns feindlich gesinnt seid, indem ihr für andere Rache nehmt, vielmehr müsst ihr ruhig bei euch selbst zu Hause bleiben. Wenn es nämlich nach meinem Sinn geschieht, so werde ich niemanden höher achten als euch.« (3) Als die Argeier dies gehört hatten, ließen sie sich – so wird erzählt – die Sache sehr angelegen sein und machten für den Augenblick keine Versprechungen und stellten keine Forderungen; als die Griechen sie aber für sich gewinnen wollten, stellten sie Forderungen, im Wissen, dass die Lakedaimonier ihnen nicht an der Führung Anteil geben würden, damit sie unter einem guten Vorwand neutral bleiben könnten.

151 Einige Griechen sagen, dass damit auch folgender *logos* übereinstimmt, der sich viele Jahre nach diesen Ereignissen zugetragen hat. Als sich Boten der Athener, nämlich Kallias, der Sohn des Hipponikos, und diejeni-

δὲ τὸν αὐτὸν τοῦτον χρόνον πέμψαντας καὶ τούτους ἐς Σοῦσα ἀγγέλους εἰρωτᾶν Ἀρτοξέρξεα τὸν Ξέρξεω εἴ σφι ἔτι ἐμμένει ἐθέλουσι τὴν πρὸς Ξέρξην φιλίην συνεκεράσαντο, ἢ νομιζοίατο πρὸς αὐτοῦ εἶναι πολέμιοι· βασιλέα δὲ Ἀρτοξέρξεα μάλιστα ἐμμένειν φάναι, καὶ οὐδεμίαν νομίζειν πόλιν Ἄργεος φιλιωτέρην.

152 (1) εἰ μέν νυν Ξέρξης τε ἀπέπεμψε ταῦτα λέγοντα κήρυκα ἐς Ἄργος καὶ Ἀργείων ἄγγελοι ἀναβάντες ἐς Σοῦσα ἐπειρώτων Ἀρτοξέρξεα περὶ φιλίης, οὐκ ἔχω ἀτρεκέως εἰπεῖν, οὐδέ τινα γνώμην περὶ αὐτῶν ἀποφαίνομαι ἄλλην γε ἢ τήν περ αὐτοὶ Ἀργεῖοι λέγουσι· (2) ἐπίσταμαι δὲ τοσοῦτο ὅτι εἰ πάντες ἄνθρωποι τὰ οἰκήια κακὰ ἐς μέσον συνενείκαιεν ἀλλάξασθαι βουλόμενοι τοῖσι πλησίοισι, ἐγκύψαντες ἂν ἐς τὰ τῶν πέλας κακὰ ἀσπασίως ἕκαστοι αὐτῶν ἀποφεροίατο ὀπίσω τὰ ἐσενεικαίατο. (3) οὕτω δὲ οὐδ' Ἀργείοισι αἴσχιστα πεποίηται. ἐγὼ δὲ ὀφείλω λέγειν τὰ λεγόμενα, πείθεσθαί γε μὲν οὐ παντάπασι ὀφείλω, καί μοι τοῦτο τὸ ἔπος ἐχέτω ἐς πάντα λόγον· ἐπεὶ καὶ ταῦτα λέγεται, ὡς ἄρα Ἀργεῖοι ἦσαν οἱ ἐπικαλεσάμενοι τὸν Πέρσην ἐπὶ τὴν Ἑλλάδα, ἐπειδή σφι πρὸς τοὺς Λακεδαιμονίους κακῶς ἡ αἰχμὴ ἑστήκεε, πᾶν δὴ βουλόμενοι σφίσι εἶναι πρὸ τῆς παρεούσης λύπης.

153 (1) τὰ μὲν περὶ Ἀργείων εἴρηται· ἐς δὲ τὴν Σικελίην ἄλλοι τε ἀπίκατο ἄγγελοι ἀπὸ τῶν συμμάχων συμμίξοντες Γέλωνι καὶ δὴ καὶ ἀπὸ Λακεδαιμονίων Σύαγρος. τοῦ δὲ Γέλωνος τούτου πρόγονος, οἰκήτωρ ὁ ἐν Γέλῃ, ἦν ἐκ νήσου Τήλου τῆς ἐπὶ Τριοπίῳ κειμένης· ὃς κτιζομένης Γέλης ὑπὸ Λινδίων τε τῶν ἐκ Ῥόδου καὶ Ἀντιφήμου οὐκ ἐλείφθη.

gen, die ihn begleitet hatten, zufällig wegen einer anderen Angelegenheit in Susa, der Memnonstadt, aufhielten,[77] da hätten die Argeier zur selben Zeit ebenfalls Boten nach Susa geschickt und Artoxerxes, den Sohn des Xerxes, gefragt, ob die Freundschaft noch weiterhin bestehen bleibe, die sie mit Xerxes geschlossen hätten, oder ob sie bei ihm als Feinde gelten würden. König Artoxerxes habe gesagt, dass sie auf alle Fälle weiterbestehe und dass er keine Stadt für befreundeter halte als Argos.

152 (1) Ob nun Xerxes einen Boten nach Argos geschickt hatte, der dies sagte, und die Boten der Argeier nach Susa gezogen sind und Artoxerxes wegen der Freundschaft gefragt haben, kann ich nicht mit Sicherheit sagen und ich äußere darüber auch keine andere Meinung als die, die die Argeier selbst haben. (2) Ich weiß nur so viel: Wenn alle Menschen ihre eigene Bürde in der Öffentlichkeit zusammentragen dürften, da sie diese mit ihren Nachbarn austauschen wollen, dann dürfte jeder von ihnen, wenn er die Bürde der Nachbarn geprüft hat, gerne diejenige, die er hergebracht hat, wieder mit sich heimtragen. (3) So haben sich auch die Argeier nicht das Schlimmste zuschulden kommen lassen. Meine Pflicht ist es, das wiederzugeben, was gesagt wird, jedoch keineswegs mich allem anzuschließen, und dieser Grundsatz soll für jeden *logos* gelten, denn es wird sogar erzählt, dass die Argeier es waren, die den Perser nach Griechenland gerufen haben, nachdem für sie der Krieg gegen die Lakedaimonier unglücklich verlaufen war, da sie alles lieber hätten hinnehmen wollen als das gegenwärtige Unglück.

153 (1) So viel zu den Argeiern. Nach Sizilien kamen unter anderen Gesandte von den Bundesgenossen, die mit Gelon zusammentreffen wollten, darunter auch Syagoras von den Lakedaimoniern. Ein Vorfahre dieses Gelon, der sich in Gela ansiedelte, stammte von der Insel Telos, die in der Nähe vom Triopion liegt. Dieser hatte sich beteiligt, als Gela von den Lindiern aus Rhodos und von

(2) ἀνὰ χρόνον δὲ αὐτοῦ οἱ ἀπόγονοι γενόμενοι ἱροφάνται τῶν χθονίων θεῶν διετέλεον ἐόντες, Τηλίνεω ἑνός τευ τῶν προγόνων κτησαμένου τρόπῳ τοιῷδε. ἐς Μακτώριον πόλιν τὴν ὑπὲρ Γέλης οἰκημένην ἔφυγον ἄνδρες Γελῴων στάσι ἑσσωθέντες· (3) τούτους ὦν ὁ Τηλίνης κατήγαγε ἐς Γέλην, ἔχων οὐδεμίαν ἀνδρῶν δύναμιν ἀλλὰ ἱρὰ τούτων τῶν θεῶν· ὅθεν δὲ αὐτὰ ἔλαβε ἢ αὐτὸς ἐκτήσατο, τοῦτο δὲ οὐκ ἔχω εἰπεῖν· τούτοισι δ' ὦν πίσυνος ἐὼν κατήγαγε, ἐπ' ᾧ τε οἱ ἀπόγονοι αὐτοῦ ἱροφάνται τῶν θεῶν ἔσονται. (4) θῶμά μοι ὦν καὶ τοῦτο γέγονε πρὸς τὰ πυνθάνομαι, κατεργάσασθαι Τηλίνην ἔργον τοσοῦτον· τὰ τοιαῦτα γὰρ ἔργα οὐ πρὸς τοῦ ἅπαντος ἀνδρὸς νενόμικα γίνεσθαι, ἀλλὰ πρὸς ψυχῆς τε ἀγαθῆς καὶ ῥώμης ἀνδρηίης· ὁ δὲ λέγεται πρὸς τῆς Σικελίης τῶν οἰκητόρων τὰ ὑπεναντία τούτων πεφυκέναι θηλυδρίης τε καὶ μαλακώτερος ἀνήρ.

154 (1) οὗτος μέν νυν ἐκτήσατο τοῦτο τὸ γέρας· Κλεάνδρου δὲ τοῦ Παντάρεος τελευτήσαντος τὸν βίον, ὃς ἐτυράννευσε μὲν Γέλης ἑπτὰ ἔτεα, ἀπέθανε δὲ ὑπὸ Σαβύλλου ἀνδρὸς Γελῴου, ἐνθαῦτα ἀναλαμβάνει τὴν μουναρχίην Ἱπποκράτης Κλεάνδρου ἐὼν ἀδελφεός. ἔχοντος δὲ Ἱπποκράτεος τὴν τυραννίδα, ὁ Γέλων ἐὼν Τηλίνεω τοῦ ἱροφάντεω ἀπόγονος, πολλῶν μετ' ἄλλων καὶ Αἰνησιδήμου τοῦ Παταίκου ὃς ἦν δορυφόρος Ἱπποκράτεος. (2) μετὰ δὲ οὐ πολλὸν χρόνον δι' ἀρετὴν ἀπεδέχθη πάσης τῆς ἵππου εἶναι ἵππαρχος· πολιορκέοντος γὰρ Ἱπποκράτεος Καλλιπολίτας τε καὶ Ναξίους καὶ Ζαγκλαίους τε καὶ Λεοντίνους καὶ πρὸς Συρηκοσίους τε καὶ τῶν βαρβάρων συχνούς, ἀνὴρ ἐφαίνετο ἐν τούτοισι τοῖσι πολέμοισι ἐὼν ὁ Γέλων

Antiphemos gegründet wurde. (2) Seine Nachkommen, die im Laufe der Zeit Mysterienpriester der chthonischen Gottheiten geworden waren, blieben es fortwährend, nachdem einer ihrer Vorfahren, Telines, das Priesteramt auf folgende Weise erworben hatte: Männer aus Gela waren in die oberhalb von Gela liegende Stadt Maktorion geflüchtet, nachdem sie in Auseinandersetzungen unterlegen gewesen waren. (3) Telines hatte diese ohne irgendeine Streitmacht, aber mit heiligen Geräten dieser Gottheiten nach Gela zurückgeführt. Woher er sie erhalten oder woher er sie selbst erworben hatte, das kann ich nicht sagen. Im Vertrauen auf diese also führte er sie zurück, unter der Bedingung dass seine Nachkommen Mysterienpriester der Gottheiten würden. (4) Erstaunlich für mich ist auch, dass Telines eine so große Tat vollbracht hat, in Anbetracht dessen, was ich erfahre: Ich habe nämlich geglaubt, dass solche Taten nicht von jedem Mann geschehen können, sondern nur von einem Mann starken Gemüts und mannhafter Stärke. Von den Bewohnern Siziliens wird aber erzählt, dass er das Gegenteil davon war, nämlich ein weibischer und ziemlich weicher Mann.

154 (1) So erwarb er also nun dieses Ehrenamt. Als Kleandros, der Sohn des Pantares, gestorben war, der sieben Jahre über Gela als Tyrann geherrscht hatte, aber von Sabyllos, einem Mann aus Gela, getötet worden war, übernahm Hippokrates, ein Bruder des Kleandros, die Alleinherrschaft. Als Hippokrates nun die Tyrannis innehatte, war Gelon, ein Nachkomme des Mysterienpriesters Telines, unter vielen anderen zusammen mit Ainesidemos, dem Sohn des Pateikos, ein Leibwächter des Hippokrates. (2) Nach kurzer Zeit wurde er wegen seiner Tüchtigkeit zum Befehlshaber der gesamten Reiterei ernannt. Während Hippokrates nämlich die Einwohner von Kallipolis, Naxos, Zankle, Leontinoi und außerdem die Syrakusaner und zahlreiche Einheiten von Nichtgriechen belagerte, zeichnete sich Gelon in diesen Kriegen als beson-

λαμπρότατος. τῶν δὲ εἶπον πολίων τουτέων πλὴν Συρηκουσέων οὐδεμία διέφυγε δουλοσύνην πρὸς Ἱπποκράτεος· (3) Συρηκοσίους δὲ Κορίνθιοί τε καὶ Κερκυραῖοι ἐρρύσαντο μάχῃ ἑσσωθέντας ἐπὶ ποταμῷ Ἐλώρῳ, ἐρρύσαντο δὲ οὗτοι ἐπὶ τοῖσιδε καταλλάξαντες, ἐπ' ᾧ τε Ἱπποκράτεϊ Καμάριναν Συρηκοσίους παραδοῦναι. Συρηκοσίων δὲ ἦν Καμάρινα τὸ ἀρχαῖον.

155 (1) ὡς δὲ καὶ Ἱπποκράτεα τυραννεύσαντα ἴσα ἔτεα τῷ ἀδελφεῷ Κλεάνδρῳ κατέλαβε ἀποθανεῖν πρὸς πόλι Ὕβλῃ στρατευσάμενον ἐπὶ τοὺς Σικελούς, οὕτω δὴ ὁ Γέλων τῷ λόγῳ τιμωρέων τοῖσι Ἱπποκράτεος παισὶ Εὐκλείδῃ τε καὶ Κλεάνδρῳ, οὐ βουλομένων τῶν πολιητέων κατηκόων ἔτι εἶναι, τῷ ἔργῳ, ὡς ἐπεκράτησε μάχῃ τῶν Γελῴων, ἦρχε αὐτὸς ἀποστερήσας τοὺς Ἱπποκράτεος παῖδας. (2) μετὰ δὲ τοῦτο τὸ εὕρημα τοὺς γαμόρους καλεομένους τῶν Συρηκοσίων ἐκπεσόντας ὑπό τε τοῦ δήμου καὶ τῶν σφετέρων δούλων, καλεομένων δὲ Κυλλυρίων, ὁ Γέλων καταγαγὼν τούτους ἐκ Κασμένης πόλιος ἐς τὰς Συρηκούσας ἔσχε καὶ ταύτας· ὁ γὰρ δῆμος ὁ τῶν Συρηκοσίων ἐπιόντι Γέλωνι παραδιδοῖ τὴν πόλιν καὶ ἑωυτόν.

156 (1) ὁ δὲ ἐπείτε παρέλαβε τὰς Συρηκούσας, Γέλης μὲν ἐπικρατέων λόγον ἐλάσσω ἐποιέετο, ἐπιτρέψας αὐτὴν Ἱέρωνι ἀδελφεῷ ἑωυτοῦ, ὁ δὲ τὰς Συρηκούσας ἐκράτυνε, καὶ ἦσάν οἱ πάντα αἱ Συρήκουσαι· (2) αἳ δὲ παραυτίκα ἀνά τ' ἔδραμον καὶ ἔβλαστον. τοῦτο μὲν γὰρ Καμαριναίους ἅπαντας ἐς τὰς Συρηκούσας ἀγαγὼν πολιήτας ἐποίησε, Καμαρίνης δὲ τὸ ἄστυ κατέσκαψε, τοῦτο δὲ Γελῴων ὑπερημίσε-

ders hervorragend aus. Von den Poleis, die ich genannt habe, entkam keine der Unterwerfung durch Hippokrates außer Syrakus. (3) Die Syrakosier wurden nämlich von den Korinthern und Kerkyraiern gerettet, nachdem sie im Kampf beim Fluss Eloros eine Niederlage erlitten hatten. Diese hatten sie gerettet, nachdem sie unter folgender Bedingung eine Aussöhnung zustande gebracht hatten, nämlich dass die Syrakosier dem Hippokrates Kamarina auslieferten. Kamarina gehörte seit alter Zeit den Syrakosiern.

155 (1) Als Hippokrates ebenso viele Jahre Tyrann gewesen war wie sein Bruder Kleandros[78] und ihn das Schicksal ereilte, bei der Stadt Hyble bei einem Feldzug gegen die Sikeler zu sterben, da wollte Gelon angeblich den Söhnen des Hippokrates Eukleides und Kleandros helfen, weil die Bürger nicht gehorchen wollten, tatsächlich aber beraubte er, nachdem er in einer Schlacht über die Einwohner von Gela gesiegt hatte, die Söhne des Hippokrates der Herrschaft und herrschte selbst. (2) Nach diesem glücklichen Gewinn führte Gelon die sogenannten »gamoroi« (Landbesitzer) der Syrakosier, die vom Volk und ihren eigenen Sklaven, den sogenannten Kyllyriern, vertrieben worden waren, aus der Stadt Kasmene nach Syrakus zurück und übernahm dann auch darüber die Herrschaft. Das Volk der Syrakosier lieferte nämlich die Stadt und sich selbst dem Gelon aus, als er heranrückte.

156 (1) Als er Syrakus übernommen hatte, war ihm an der Herrschaft über Gela nicht mehr viel gelegen, nachdem er es seinem Bruder Hieron überlassen hatte, wohingegen er Syrakus stark machte und Syrakus ihm alles bedeutete.[79] (2) Daher stieg es augenblicklich empor und blühte auf. Einerseits nämlich machte er alle Einwohner von Kamarina zu Bürgern, nachdem er sie nach Syrakus geführt hatte, und zerstörte die Unterstadt von Kamarina, andererseits machte er mit mehr als der Hälfte der Einwohner von Gela, die seine Landsleute waren, dassel-

ας τῶν ἀστῶν τὠυτὸ τοῖσι Καμαριναίοισι ἐποίησε· Μεγαρέας τε τοὺς ἐν Σικελίῃ, ὡς πολιορκεόμενοι ἐς ὁμολογίην προσεχώρησαν, τοὺς μὲν αὐτῶν παχέας, ἀειραμένους τε πόλεμον αὐτῷ καὶ προσδοκῶντας ἀπολέεσθαι διὰ τοῦτο, ἀγαγὼν ἐς τὰς Συρηκούσας πολιήτας ἐποίησε· τὸν δὲ δῆμον τῶν Μεγαρέων οὐκ ἐόντα μεταίτιον τοῦ πολέμου τούτου οὐδὲ προσδεκόμενον κακὸν οὐδὲν πείσεσθαι, ἀγαγὼν καὶ τούτους ἐς τὰς Συρηκούσας ἀπέδοτο ἐπ' ἐξαγωγῇ ἐκ Σικελίης. (3) τὠυτὸ δὲ τοῦτο καὶ Εὐβοέας τοὺς ἐν Σικελίῃ ἐποίησε διακρίνας. ἐποίεε δὲ ταῦτα τούτους ἀμφοτέρους νομίσας δῆμον εἶναι συνοίκημα ἀχαριτώτατον. τοιούτῳ μὲν τρόπῳ τύραννος ἐγεγόνεε μέγας ὁ Γέλων·

157 (1) τότε δ' ὡς οἱ ἄγγελοι τῶν Ἑλλήνων ἀπίκατο ἐς τὰς Συρηκούσας, ἐλθόντες αὐτῷ ἐς λόγους ἔλεγον τάδε. «ἔπεμψαν ἡμέας Λακεδαιμόνιοι καὶ οἱ τούτων σύμμαχοι παραλαμψομένους σε πρὸς τὸν βάρβαρον· τὸν γὰρ ἐπιόντα ἐπὶ τὴν Ἑλλάδα πάντως κου πυνθάνεαι, ὅτι Πέρσης ἀνὴρ μέλλει, ζεύξας τὸν Ἑλλήσποντον καὶ ἐπάγων πάντα τὸν ἠῷον στρατὸν ἐκ τῆς Ἀσίης, στρατηλατήσειν ἐπὶ τὴν Ἑλλάδα, πρόσχημα μὲν ποιεύμενος ὡς ἐπ' Ἀθήνας ἐλαύνει, ἐν νόῳ δὲ ἔχων πᾶσαν τὴν Ἑλλάδα ὑπ' ἑωυτῷ ποιήσασθαι. (2) σὺ δὲ δυνάμιός τε γὰρ ἥκεις μεγάλως καὶ μοῖρά τοι τῆς Ἑλλάδος οὐκ ἐλαχίστη μέτα ἄρχοντί γε Σικελίης, βοήθεέ τε τοῖσι ἐλευθεροῦσι τὴν Ἑλλάδα καὶ συνελευθέρου. ἁλὴς μὲν γὰρ γενομένη πᾶσα ἡ Ἑλλὰς χεὶρ μεγάλη συνάγεται, καὶ ἀξιόμαχοι γινόμεθα τοῖσι ἐπιοῦσι· ἢν δὲ οἳ μὲν ἡμέων καταπροδιδῶσι οἳ δὲ μὴ θέλωσι τιμωρέειν, τὸ δὲ ὑγιαῖνον τῆς Ἑλλάδος ᾖ ὀλίγον, τοῦτο δὲ ἤδη δεινὸν

be wie mit den Einwohnern von Kamarina. Von den Einwohnern der Stadt Megara auf Sizilien führte er, als sie belagert wurden und mit ihm ein Übereinkommen geschlossen hatten, die Wohlhabenden unter ihnen, die den Krieg gegen ihn begonnen hatten und erwarteten deshalb, getötet zu werden, nach Syrakus und machte sie zu Bürgern. Das einfache Volk der Megarer aber, das an diesem Krieg keine Schuld hatte und nicht erwartet hatte, etwas Schlimmes zu erfahren, führte er ebenfalls nach Syrakus und verkaufte es, damit es aus Sizilien in die Sklaverei weggeführt werde. (3) Dasselbe machte er mit den Einwohnern von Euboia auf Sizilien, indem er diese Trennung vornahm. Er verfuhr mit beiden deshalb so, weil er glaubte, dass das einfache Volk sehr undankbare Mitbewohner seien. Auf diese Weise war Gelon also ein mächtiger Tyrann geworden.

157 (1) Als damals also die Boten der Griechen nach Syrakus gekommen waren, traten sie in Verhandlungen mit ihm und sagten: »Die Lakedaimonier und ihre Bundesgenossen haben uns geschickt, um dich als Verbündeten gegen den Nichtgriechen zu gewinnen. Gewiss weißt du von dem, der gegen Griechenland anrückt, dass ein Perser den Hellespont überbrückt hat und das gesamte morgenländische Heer aus Asien heranführt und gegen Griechenland ziehen will, zwar unter dem Vorwand, dass er gegen Athen ziehe, jedoch mit der Absicht, ganz Griechenland zu unterwerfen. (2) Du freilich bist zu großer Macht gekommen und du hast als Herrscher über Sizilien nicht den geringsten Teil von Griechenland, hilf also denen, die Griechenland befreien wollen und befreie es mit ihnen. Wenn ganz Griechenland sich vereinigt, wird eine starke Streitmacht zusammengeführt und wir werden den Angreifern im Kampf gewachsen sein. Wenn die einen von uns aber Verrat üben, die anderen nicht helfen wollen, wenn der gesunde Teil Griechenlands nur klein ist, dann besteht bereits Gefahr, dass ganz Griechenland fällt.

γίνεται μὴ πέσῃ πᾶσα ἡ Ἑλλάς. (3) μὴ γὰρ ἐλπίσῃς, ἢν ἡμέας καταστρέψηται ὁ Πέρσης μάχῃ κρατήσας, ὡς οὐκὶ ἥξει παρὰ σέ γε, ἀλλὰ πρὸ τούτου φύλαξαι· βοηθέων γὰρ ἡμῖν σεωυτῷ τιμωρέεις. τῷ δὲ εὖ βουλευθέντι πρήγματι τελευτὴ ὡς τὸ ἐπίπαν χρηστὴ ἐθέλει ἐπιγίνεσθαι.»

158 (1) οἳ μὲν ταῦτα ἔλεγον, Γέλων δὲ πολλὸς ἐνέκειτο λέγων τοιάδε. «ἄνδρες Ἕλληνες, λόγον ἔχοντες πλεονέκτην ἐτολμήσατε ἐμὲ σύμμαχον ἐπὶ τὸν βάρβαρον παρακαλέοντες ἐλθεῖν· (2) αὐτοὶ δὲ ἐμεῦ πρότερον δεηθέντος βαρβαρικοῦ στρατοῦ συνεπάψασθαι, ὅτε μοι πρὸς Καρχηδονίους νεῖκος συνῆπτο, ἐπισκήπτοντός τε τὸν Δωριέος τοῦ Ἀναξανδρίδεω πρὸς Ἐγεσταίων φόνον ἐκπρήξασθαι, ὑποτείνοντός τε τὰ ἐμπόρια συνελευθεροῦν ἀπ᾽ ὧν ὑμῖν μεγάλαι ὠφελίαι τε καὶ ἐπαυρέσιες γεγόνασι, οὔτε ἐμεῦ εἵνεκα ἤλθετε βοηθήσοντες οὔτε τὸν Δωριέος φόνον ἐκπρηξόμενοι, τό τε κατ᾽ ὑμέας τάδε ἅπαντα ὑπὸ βαρβάροισι νέμεται. (3) ἀλλὰ εὖ γὰρ ἡμῖν καὶ ἐπὶ τὸ ἄμεινον κατέστη. νῦν δὲ ἐπειδὴ περιελήλυθε ὁ πόλεμος καὶ ἀπῖκται ἐς ὑμέας, οὕτω δὴ Γέλωνος μνῆστις γέγονε. (4) ἀτιμίης δὲ πρὸς ὑμέων κυρήσας οὐκ ὁμοιώσομαι ὑμῖν, ἀλλ᾽ ἕτοιμος εἰμὶ βοηθέειν παρεχόμενος διηκοσίας τε τριήρεας καὶ δισμυρίους ὁπλίτας καὶ δισχιλίην ἵππον καὶ δισχιλίους τοξότας καὶ δισχιλίους σφενδονήτας καὶ δισχιλίους ἱπποδρόμους ψιλούς· σῖτόν τε ἁπάσῃ τῇ Ἑλλήνων στρατιῇ, ἔστ᾽ ἂν διαπολεμήσωμεν, ὑποδέκομαι παρέξειν. (5) ἐπὶ δὲ λόγῳ τοιῷδε τάδε ὑπίσχομαι, ἐπ᾽ ᾧ στρατηγός τε καὶ ἡγεμὼν τῶν Ἑλλήνων ἔσομαι πρὸς τὸν βάρβαρον. ἐπ᾽ ἄλλῳ δὲ λόγῳ οὔτ᾽ ἂν αὐτὸς ἔλθοιμι οὔτ᾽ ἂν ἄλλους πέμψαιμι.»

159 ταῦτα ἀκούσας οὔτε ἠνέσχετο ὁ Σύαγρος εἶπέ τε τά-

(3) Erwarte also nicht, dass der Perser nicht zu dir kommen wird, wenn er uns nach seinem Sieg im Kampf unterworfen hat, sondern ergreife vorher schon Vorsichtsmaßnahmen. Hilfst du uns, nützt du dir selbst. Eine Sache, die gut beraten ist, hat in der Regel auch ein glückliches Ende.«

158 (1) Dies brachten sie also vor, Gelon aber erwiderte heftig aufbrausend: »Ihr Männer aus Griechenland, ihr habt es gewagt hierherzukommen und mich mit anmaßenden Worten als Verbündeten gegen den Nichtgriechen zu gewinnen zu suchen. (2) Als ich euch früher bat, mit mir ein nichtgriechisches Heer anzugreifen, damals, während der Fehde mit den Karchedoniern, als ich euch dringend darum bat, die Ermordung des Dorieus, des Sohnes des Anaxandrides, verübt von den Einwohnern von Segesta, zu rächen,[80] und freie Handelsplätze in Aussicht stellte, wodurch euch großer Nutzen und Vorteile zuteil geworden sind, da seid ihr selbst weder meinetwegen gekommen, um zu helfen, noch um die Ermordung des Dorieus zu rächen, und soweit es an euch gelegen hätte, wäre all dies nun in der Hand der Nichtgriechen. (3) Doch es hat sich für uns zum Guten und sogar zum Besseren gewendet. Jetzt aber, da der Krieg seine Kreise gezogen hat und auch zu euch gekommen ist, da habt ihr euch an Gelon erinnert. (4) Obwohl ich von euch Geringschätzung erfahren habe, werde ich es euch nicht gleichtun, sondern ich bin bereit zu helfen, indem ich 200 Trieren, 20 000 Hopliten, 2000 Reiter, 2000 Bogenschützen, 2000 Schleuderer und 2000 leichte Reiter stelle. Ich übernehme auch die Getreidelieferung für das gesamte Heer, bis wir den Krieg beendet haben. (5) Ich verspreche dies unter folgender Bedingung, nämlich dass ich Feldherr und Führer der Griechen gegen den Nichtgriechen sein werde. Unter einer anderen Bedingung werde ich wohl weder selbst kommen noch andere schicken.«

159 Als Syagros dies gehört hatte, konnte er nicht mehr

δε. «ἦ κε μέγ' οἰμώξειε ὁ Πελοπίδης Ἀγαμέμνων πυθόμενος Σπαρτιήτας τὴν ἡγεμονίην ἀπαραιρῆσθαι ὑπὸ Γέλωνός τε καὶ Συρηκοσίων. ἀλλὰ τούτου μὲν τοῦ λόγου μηκέτι μνησθῇς, ὅκως τὴν ἡγεμονίην τοι παραδώσομεν, ἀλλ' εἰ μὲν βούλεαι βοηθέειν τῇ Ἑλλάδι, ἴσθι ἀρξόμενος ὑπὸ Λακεδαιμονίων· εἰ δ' ἄρα μὴ δικαιοῖς ἄρχεσθαι, σὺ δὲ μηδὲ βοήθεε.»

160 (1) πρὸς ταῦτα ὁ Γέλων, ἐπειδὴ ὥρα ἀπεστραμμένους τοὺς λόγους τοῦ Συάγρου, τὸν τελευταῖόν σφι τόνδε ἐξέφαινε λόγον. «ὦ ξεῖνε Σπαρτιῆτα, ὀνείδεα κατιόντα ἀνθρώπῳ φιλέει ἐπανάγειν τὸν θυμόν· σὺ μέντοι ἀποδεξάμενος ὑβρίσματα ἐν τῷ λόγῳ οὔ με πείσεις ἀσχήμονα ἐν τῇ ἀμοιβῇ γενέσθαι. (2) ὅκου δὲ ὑμεῖς οὕτω περιέχεσθε τῆς ἡγεμονίης, οἰκὸς καὶ ἐμὲ μᾶλλον ὑμέων περιέχεσθαι, στρατιῆς τε ἐόντα πολλαπλησίης ἡγεμόνα καὶ νεῶν πολλὸν πλεύνων. ἀλλ' ἐπείτε ὑμῖν ὁ λόγος οὕτω προσάντης κατίσταται, ἡμεῖς τι ὑπείξομεν τοῦ ἀρχαίου λόγου· εἰ τοῦ μὲν πεζοῦ ὑμεῖς ἡγέοισθε, τοῦ δὲ ναυτικοῦ ἐγώ. εἰ δὲ ὑμῖν ἡδονὴ τοῦ κατὰ θάλασσαν ἡγεμονεύειν, τοῦ πεζοῦ ἐγὼ θέλω. καὶ ἢ τούτοισι ὑμέας χρεόν ἐστι ἀρέσκεσθαι ἢ ἀπιέναι συμμάχων τοιῶνδε ἐρήμους.»

161 (1) Γέλων μὲν δὴ ταῦτα προετείνετο, φθάσας δὲ ὁ Ἀθηναίων ἄγγελος τὸν Λακεδαιμονίων ἀμείβετό μιν τοῖσιδε. «ὦ βασιλεῦ Συρηκοσίων, οὐκ ἡγεμόνος δεομένη ἡ Ἑλλὰς ἀπέπεμψε ἡμέας πρὸς σέ, ἀλλὰ στρατιῆς. σὺ δὲ ὅκως μὲν στρατιὴν πέμψεις μὴ ἡγεύμενος τῆς Ἑλλάδος οὐ προφαίνεις, ὡς δὲ στρατηγήσεις αὐτῆς γλίχεαι. (2) ὅσον μέν νυν παντὸς τοῦ Ἑλλήνων στρατοῦ ἐδέεο ἡγέεσθαι, ἐξήρκεε ἡμῖν τοῖσι Ἀθηναίοισι ἡσυχίην ἄγειν, ἐπισταμένοι-

an sich halten und sagte: »Der Pelopide Agamemnon dürfte sicherlich eine große Klage anstimmen, wenn er hört, dass die Spartaner von Gelon und den Syrakosiern der Führung beraubt worden sind. Doch vergiss diese Bedingung, dass wir dir die Führung überlassen sollen. Aber wenn du Griechenland helfen willst, dann lass dich von den Lakedaimoniern führen. Hältst du es nicht für richtig geführt zu werden, dann halte es auch nicht für recht zu helfen.«

160 (1) Da Gelon sah, dass die Worte des Syagros ablehnend waren, machte er ihnen daraufhin als letztes noch folgenden Vorschlag: »Freund aus Sparta, Schmähworte, die einen Menschen treffen, pflegen Unmut hervorzurufen. Obwohl du in deiner Rede Hochmut an den Tag gelegt hast, konntest du mich nicht dazu bringen, bei meiner Antwort unverschämt zu sein. (2) Nachdem ihr so sehr auf der Führung besteht, wäre es billig, dass ich noch mehr als ihr darauf bestehe, da ich Führer eines vielfach größeren Heeres und von weit mehr Schiffen bin. Da mein Vorschlag für euch so unannehmbar ist, werden wir ein wenig von unserem alten Vorschlag abrücken. Wenn ihr das Fußvolk anführt, dann ich die Flotte. Wenn ihr aber gerne die Führung zur See haben wollt, dann will ich die Führung über das Fußvolk haben. Entweder müsst ihr damit nun zufrieden sein oder ohne solche Bundesgenossen heimkehren.«

161 (1) Gelon stellte nun zwar für sich diese Forderungen, der Bote der Athener jedoch kam dem der Lakedaimonier zuvor und erwiderte: »König der Syrakosier,[81] Griechenland hat uns nicht zu dir geschickt, weil es einen Führer braucht, sondern weil es ein Heer braucht. Dass du ein Heer schicken wirst, ohne selbst Führer Griechenlands zu sein, stellst du nicht in Aussicht, sondern verlangst, dessen Feldherr zu sein. (2) Solange du fordertest, Führer des gesamten Heeres der Griechen zu sein, konnten wir Athener stillhalten, da wir wussten, dass der La-

σι ὡς ὁ Λάκων ἱκανός τοι ἔμελλε ἔσεσθαι καὶ ὑπὲρ ἀμφοτέρων ἀπολογεύμενος· ἐπείτε δὲ ἁπάσης ἀπελαυνόμενος δέεαι τῆς ναυτικῆς ἄρχειν, οὕτω ἔχει τοι· οὐδ' ἢν ὁ Λάκων ἐπιῇ τοι ἄρχειν αὐτῆς, ἡμεῖς ἐπήσομεν· ἡμετέρη γὰρ ἐστὶ αὕτη γε, μὴ αὐτῶν βουλομένων Λακεδαιμονίων. τούτοισι μὲν ὦν ἡγέεσθαι βουλομένοισι οὐκ ἀντιτείνομεν, ἄλλῳ δὲ παρήσομεν οὐδενὶ ναυαρχέειν. (3) μάτην γὰρ ἂν ὧδε πάραλον Ἑλλήνων στρατὸν πλεῖστον εἴημεν ἐκτημένοι, εἰ Συρηκοσίοισι ἐόντες Ἀθηναῖοι συγχωρήσομεν τῆς ἡγεμονίης, ἀρχαιότατον μὲν ἔθνος παρεχόμενοι, μοῦνοι δὲ ἐόντες οὐ μετανάσται Ἑλλήνων· τῶν καὶ Ὅμηρος ὁ ἐποποιὸς ἄνδρα ἄριστον ἔφησε ἐς Ἴλιον ἀπικέσθαι τάξαι τε καὶ διακοσμῆσαι στρατόν. οὕτω οὐκ ὄνειδος οὐδὲν ἡμῖν ἐστι λέγειν ταῦτα.»

162 (1) ἀμείβετο Γέλων τοῖσιδε. «ξεῖνε Ἀθηναῖε, ὑμεῖς οἴκατε τοὺς μὲν ἄρχοντας ἔχειν, τοὺς δὲ ἀρξομένους οὐκ ἕξειν. ἐπεὶ τοίνυν οὐδὲν ὑπιέντες ἔχειν τὸ πᾶν ἐθέλετε, οὐκ ἂν φθάνοιτε τὴν ταχίστην ὀπίσω ἀπαλλασσόμενοι καὶ ἀγγέλλοντες τῇ Ἑλλάδι ὅτι ἐκ τοῦ ἐνιαυτοῦ τὸ ἔαρ αὐτῇ ἐξαραίρηται.» (2) οὗτος δὲ ὁ νόος τοῦ ῥήματος τὸ ἐθέλει λέγειν· δῆλα γὰρ ὡς ἐν τῷ ἐνιαυτῷ ἐστὶ τὸ ἔαρ δοκιμώτατον, τῆς δὲ τῶν Ἑλλήνων στρατιῆς τὴν ἑωυτοῦ στρατιήν· στερισκομένην ὦν τὴν Ἑλλάδα τῆς ἑωυτοῦ συμμαχίης εἴκαζε ὡς εἰ τὸ ἔαρ ἐκ τοῦ ἐνιαυτοῦ ἐξαραιρημένον εἴη.

163 (1) οἱ μὲν δὴ τῶν Ἑλλήνων ἄγγελοι τοιαῦτα τῷ Γέλωνι χρηματισάμενοι ἀπέπλεον· Γέλων δὲ πρὸς ταῦτα δείσας μὲν περὶ τοῖσι Ἕλλησι μὴ οὐ δύνωνται τὸν βάρβαρον ὑπερβαλέσθαι, δεινὸν δὲ καὶ οὐκ ἀνασχετὸν ποιησάμενος

kone genügen dürfte, unsre Sache dir gegenüber zu vertreten. Da du nun aber auf die Führung des gesamten Heeres verzichtest und forderst, die Flotte zu führen, steht die Sache für dich so: Auch wenn der Lakone dir die Führung überlassen sollte, werden wir sie dir nicht überlassen. Sie steht nämlich uns zu, wenn die Lakedaimonier selbst sie nicht wollen. Wenn diese die Führung haben wollen, widersetzen wir uns nicht, wir werden aber keinem anderen das Kommando über die Flotte überlassen. (3) Dann nämlich dürften wir umsonst die größte Flotte unter den Griechen erworben haben, wenn wir als Athener den Syrakosiern die Führung zugestehen wollten, wir, die wir den ältesten Volksstamm darstellen und als einzige unter den Griechen ihren Wohnsitz nicht gewechselt haben. Von ihnen sei, wie auch der Ependichter Homer sagte, der tüchtigste Mann nach Ilion gekommen, um das Heer aufzustellen und zu ordnen.[82] Somit kann man uns keinen Vorwurf machen, wenn wir dies sagen.«

162 (1) Gelon antwortete mit folgenden Worten: »Gastfreund aus Athen, es scheint, dass ihr zwar nun Führer habt, aber keine Leute haben werdet, die sich beherrschen lassen wollen. Da ihr das Ganze haben wollt, ohne in irgendetwas nachzugeben, so tretet auf dem schnellsten Wege die Heimkehr an und verkündet Griechenland, dass ihm vom Jahr der Frühling genommen ist.« (2) Dies ist der Sinn des Wortes, was es sagen will: Wie im Jahr der Frühling das Wertvollste ist, so ist im Heer der Griechen offenbar sein eigenes das Wertvollste. Er drückte also mit seinem Vergleich aus, dass es mit Griechenland, wenn es seines Bündnisses beraubt sei, so stehe, wie wenn der Frühling aus dem Jahr genommen sei.

163 (1) Die Boten der Griechen fuhren wieder ab, nachdem sie mit Gelon so verhandelt hatten. Gelon jedoch, der fürchtete, dass die Griechen den Nichtgriechen nicht besiegen könnten, es aber auch für ungeheuerlich und unerträglich hielt, als Tyrann von Sizilien[83] auf die

ἐλθὼν ἐς Πελοπόννησον ἄρχεσθαι ὑπὸ Λακεδαιμονίων ἐὼν Σικελίης τύραννος, ταύτην μὲν τὴν ὁδὸν ἠμέλησε, ὁ δὲ ἄλλης εἴχετο. (2) ἐπείτε γὰρ τάχιστα ἐπύθετο τὸν Πέρσην διαβεβηκότα τὸν Ἑλλήσποντον, πέμπει πεντηκοντέροισι τρισὶ Κάδμον τὸν Σκύθεω ἄνδρα Κῷον ἐς Δελφούς, ἔχοντα χρήματα πολλὰ καὶ φιλίους λόγους, καραδοκήσοντα τὴν μάχην τῇ πεσέεται, καὶ ἢν μὲν ὁ βάρβαρος νικᾷ, τά τε χρήματα αὐτῷ διδόναι καὶ γῆν τε καὶ ὕδωρ τῶν ἄρχει ὁ Γέλων, ἢν δὲ οἱ Ἕλληνες, ὀπίσω ἀπάγειν.

164 (1) ὁ δὲ Κάδμος οὗτος πρότερον τούτων παραδεξάμενος παρὰ πατρὸς τυραννίδα Κῴων εὖ βεβηκυῖαν, ἑκών τε εἶναι καὶ δεινοῦ ἐπιόντος οὐδενὸς ἀλλὰ ὑπὸ δικαιοσύνης ἐς μέσον Κῴοισι καταθεὶς τὴν ἀρχὴν οἴχετο ἐς Σικελίην, ἔνθα παρὰ Σαμίων ἔσχε τε καὶ κατοίκησε πόλιν Ζάγκλην τὴν ἐς Μεσσήνην μεταβαλοῦσαν τὸ οὔνομα. (2) τοῦτον δὴ ὁ Γέλων τὸν Κάδμον καὶ τοιούτῳ τρόπῳ ἀπικόμενον διὰ δικαιοσύνην, τήν οἱ αὐτὸς ἄλλην συνήδεε ἐοῦσαν, ἔπεμπε· ὃς ἐπὶ τοῖσι ἄλλοισι δικαίοισι τοῖσι ἐξ ἑωυτοῦ ἐργασμένοισι καὶ τόδε οὐκ ἐλάχιστον τούτων ἐλίπετο. κρατήσας γὰρ μεγάλων χρημάτων τῶν οἱ Γέλων ἐπετράπετο, παρεὸν κατασχέσθαι οὐκ ἠθέλησε, ἀλλ᾽ ἐπεὶ οἱ Ἕλληνες ἐπεκράτησαν τῇ ναυμαχίῃ καὶ Ξέρξης οἰχώκεε ἀπελαύνων, καὶ δὴ καὶ ἐκεῖνος ἀπίκετο ἐς τὴν Σικελίην ἀπὸ πάντα τὰ χρήματα ἄγων.

165 λέγεται δὲ καὶ τάδε ὑπὸ τῶν ἐν τῇ Σικελίῃ οἰκημένων, ὡς ὅμως καὶ μέλλων ἄρχεσθαι ὑπὸ Λακεδαιμονίων ὁ Γέλων ἐβοήθησε ἂν τοῖσι Ἕλλησι, εἰ μὴ ὑπὸ Θήρωνος τοῦ Αἰνησιδήμου Ἀκραγαντίνων μουνάρχου ἐξελασθεὶς ἐξ Ἱμέρης Τήριλλος ὁ Κρινίππου τύραννος ἐὼν Ἱμέρης ἐπῆγε

Peloponnes zu kommen und sich den Lakedaimoniern unterzuordnen, schlug nicht diesen Weg ein, sondern wählte einen anderen. (2) Sobald er erfahren hatte, dass der Perser den Hellespont überquert hatte, schickte er Kadmos, den Sohn des Skytheus, einen Mann aus Kos,[84] mit drei Fünfzigruderern[85] nach Delphi, mit großen Schätzen und freundlichen Worten; er sollte abwarten, wie die Schlacht ausfallen würde, und, falls der Nichtgrieche siegte, sollte er ihm die Schätze als auch Erde und Wasser von all denjenigen geben,[86] über die Gelon herrschte, falls aber die Griechen siegten, dann sollte er alles wieder zurückbringen.

164 (1) Dieser Kadmos hatte vor diesen Ereignissen von seinem Vater die Tyrannis in gutem Zustand übernommen, hatte aber freiwillig und ohne dass eine Gefahr gedroht hätte, sondern aus Gerechtigkeit, den Koern die Herrschaft zurückgegeben, und war dann nach Sizilien gegangen, wo er mit den Samiern die Stadt Zankle in Besitz genommen und besiedelt hatte, die ihren Namen in »Messene« änderte. (2) Diesen Kadmos also, der auf solche Weise gekommen war, entsandte Gelon wegen dessen Gerechtigkeit, die er an ihm auch sonst kennengelernt hatte. Zusätzlich zu anderen gerechten Taten, die von ihm ausgeführt worden waren, hinterließ er auch noch diese als nicht geringste unter ihnen. Als Herr über große Schätze, die Gelon ihm anvertraut hatte, wollte er sie nicht behalten, obwohl es ihm möglich gewesen wäre, sondern, als die Griechen in der Seeschlacht gesiegt hatten und Xerxes eilends abgezogen war, da kam denn auch jener mit allen Schätzen nach Sizilien zurück.

165 Von den Bewohnern Siziliens wird auch noch folgendes erzählt: Obwohl Gelon zögerte, sich den Lakedaimoniern unterzuordnen, wäre er den Griechen dennoch zu Hilfe gekommen, wenn nicht Terillos, der Sohn des Krinippos, Tyrann von Himera, der von Theron, dem Sohn des Ainesidemos, dem Alleinherrscher über die

ὑπ᾽ αὐτὸν τὸν χρόνον τοῦτον Φοινίκων καὶ Λιβύων καὶ Ἰβήρων καὶ Λιγύων καὶ Ἐλισύκων καὶ Σαρδονίων καὶ Κυρνίων τριήκοντα μυριάδας καὶ στρατηγὸν αὐτῶν Ἀμίλκαν τὸν Ἄννωνος, Καρχηδονίων ἐόντα βασιλέα, κατὰ ξεινίην τε τὴν ἑωυτοῦ ὁ Τήριλλος ἀναγνώσας καὶ μάλιστα διὰ τὴν Ἀναξίλεω τοῦ Κρητίνεω προθυμίην, ὃς Ῥηγίου ἐὼν τύραννος τὰ ἑωυτοῦ τέκνα δοὺς ὁμήρους Ἀμίλκᾳ ἐπῆγε ἐπὶ τὴν Σικελίην τιμωρέων τῷ πενθερῷ· Τηρίλλου γὰρ εἶχε θυγατέρα Ἀναξίλεως, τῇ οὔνομα ἦν Κυδίππη. οὕτω δὴ οὐκ οἷόν τε γενόμενον βοηθέειν τὸν Γέλωνα τοῖσι Ἕλλησι ἀποπέμπειν ἐς Δελφοὺς τὰ χρήματα.

166 πρὸς δὲ καὶ τάδε λέγουσι, ὡς συνέβη τῆς αὐτῆς ἡμέρης ἔν τε τῇ Σικελίῃ Γέλωνα καὶ Θήρωνα νικᾶν Ἀμίλκαν τὸν Καρχηδόνιον καὶ ἐν Σαλαμῖνι τοὺς Ἕλληνας τὸν Πέρσην. τὸν δὲ Ἀμίλκαν Καρχηδόνιον ἐόντα πρὸς πατρός, μητρόθεν δὲ Συρηκόσιον, βασιλεύσαντά τε κατ᾽ ἀνδραγαθίην Καρχηδονίων, ὡς ἡ συμβολή τε ἐγίνετο καὶ ὡς ἑσσοῦτο τῇ μάχῃ, ἀφανισθῆναι πυνθάνομαι· οὔτε γὰρ ζῶντα οὔτε ἀποθανόντα φανῆναι οὐδαμοῦ γῆς· τὸ πᾶν γὰρ ἐπεξελθεῖν διζήμενον Γέλωνα.

167 (1) ἔστι δὲ ὑπ᾽ αὐτῶν Καρχηδονίων ὅδε λόγος λεγόμενος, οἰκότι χρεωμένων, ὡς οἱ μὲν βάρβαροι τοῖσι Ἕλλησι ἐν τῇ Σικελίῃ ἐμάχοντο ἐξ ἠοῦς ἀρξάμενοι μέχρι δείλης ὀψίης ἐπὶ τοσοῦτο γὰρ λέγεται ἑλκύσαι τὴν σύστασιν, ὁ δὲ Ἀμίλκας ἐν τούτῳ τῷ χρόνῳ μένων ἐν τῷ στρατοπέδῳ ἐθύετο καὶ ἐκαλλιερέετο ἐπὶ πυρῆς μεγάλης σώματα ὅλα καταγίζων, ἰδὼν δὲ τροπὴν τῶν ἑωυτοῦ γινομένην, ὡς

Akragantiner, aus Himera vertrieben worden war, zu eben dieser Zeit 300 000 Phoiniker, Libyer, Iberer, Ligyer, Elisyker, Sardonier und Kyrnier und ihren Oberbefehlshaber Amilkas, den Sohn des Annon, der König der Karchedonier war, gegen ihn geführt hätte; wegen der Gastfreundschaft mit ihm hatte Terillos ihn überreden können, aber in erster Linie wegen der Bereitschaft des Anaxileus, des Sohnes des Kretineus, des Tyranns von Rhegion, der seine Kinder dem Amilkas als Geiseln gegeben und ihn gegen Sizilien geführt hatte, um seinem Schwiegervater zu helfen. Er hatte nämlich eine Tochter des Terillos zur Frau, die Kydippe hieß. Daher habe Gelon die Schätze nach Delphi geschickt, weil er nicht in der Lage gewesen sei, den Griechen zu helfen.

166 Außerdem behaupten sie auch noch, es habe sich zugetragen, dass Gelon und Theron auf Sizilien den Karchedonier Amilkas am selben Tag besiegt hätten,[87] an dem auch die Griechen den Perser bei Salamis besiegten. Amilkas, der väterlicherseits ein Karchedonier, mütterlicherseits ein Syrakosier war und auf Grund seiner Tüchtigkeit die Königsherrschaft über die Karchedonier übernommen hatte, soll, wie ich erfahren habe, spurlos verschwunden sein, als es zum Zusammenstoß kam und als er in der Schlacht eine Niederlage erlitt; denn er sei weder lebend noch tot irgendwo auf der Welt aufgetaucht. Gelon sei nämlich bei seiner Suche überallhin gewandert.

167 (1) Es gibt aber auch noch folgenden *logos*, der von den Karchedoniern selbst berichtet wird, und zwar eine glaubwürdige Erzählung: Die Nichtgriechen hätten mit den Griechen in Sizilien vom frühen Morgen bis in den späten Abend gekämpft – so lange nämlich soll das Treffen sich hingezogen haben –, Amilkas, der während dieser Zeit im Lager geblieben sei, habe geopfert und durch Opferung von ganzen Körpern auf einem großen Scheiterhaufen günstige Vorzeichen für seine Unternehmung erlangen wollen, nachdem er aber gesehen habe, dass sei-

ἔτυχε ἐπισπένδων τοῖσι ἱροῖσι, ὦσε ἑωυτὸν ἐς τὸ πῦρ· οὕτω δὴ κατακαυθέντα ἀφανισθῆναι. (2) ἀφανισθέντι δὲ Ἀμίλκᾳ τρόπῳ εἴτε τοιούτῳ ὡς Φοίνικες λέγουσι, εἴτε ἑτέρῳ ὡς Καρχηδόνιοι καὶ Συρηκόσιοι, τοῦτο μέν οἱ θύουσι, τοῦτο δὲ μνήματα ἐποίησαν ἐν πάσῃσι τῇσι πόλισι τῶν ἀποικίδων, ἐν αὐτῇ τε μέγιστον Καρχηδόνι.

168 (1) τὰ μὲν ἀπὸ Σικελίης τοσαῦτα. Κερκυραῖοι δὲ τάδε ὑποκρινάμενοι τοῖσι ἀγγέλοισι τοιάδε ἐποίησαν· καὶ γὰρ τούτους παρελάμβανον οἱ αὐτοὶ οἵ περ ἐς Σικελίην ἀπίκοντο, λέγοντες τοὺς αὐτοὺς λόγους τοὺς καὶ πρὸς Γέλωνα ἔλεγον. οἳ δὲ παραυτίκα μὲν ὑπίσχοντο πέμψειν τε καὶ ἀμυνέειν, φράζοντες ὡς οὔ σφι περιοπτέη ἐστὶ ἡ Ἑλλὰς ἀπολλυμένη· ἢν γὰρ σφαλῇ, σφεῖς γε οὐδὲν ἄλλο ἢ δουλεύσουσι τῇ πρώτῃ τῶν ἡμερέων· ἀλλὰ τιμωρητέον εἴη ἐς τὸ δυνατώτατον. (2) ὑπεκρίναντο μὲν οὕτω εὐπρόσωπα· ἐπεὶ δὲ ἔδει βοηθέειν, ἄλλα νοέοντες ἐπλήρωσαν νέας ἑξήκοντα, μόγις δὲ ἀναχθέντες προσέμιξαν τῇ Πελοποννήσῳ, καὶ περὶ Πύλον καὶ Ταίναρον γῆς τῆς Λακεδαιμονίων ἀνεκώχευον τὰς νέας, καραδοκέοντες καὶ οὗτοι τὸν πόλεμον τῇ πεσέεται, ἀελπτέοντες μὲν τοὺς Ἕλληνας ὑπερβαλέεσθαι, δοκέοντες δὲ τὸν Πέρσην κατακρατήσαντα πολλὸν ἄρξειν πάσης τῆς Ἑλλάδος. (3) ἐποίευν ὦν ἐπίτηδες, ἵνα ἔχωσι πρὸς τὸν Πέρσην λέγειν τοιάδε. «ὦ βασιλεῦ, ἡμεῖς, παραλαμβανόντων τῶν Ἑλλήνων ἡμέας ἐς τὸν πόλεμον τοῦτον, ἔχοντες δύναμιν οὐκ ἐλαχίστην οὐδὲ νέας ἐλαχίστας παρασχόντες ἂν ἀλλὰ πλείστας μετά γε Ἀθηναίους, οὐκ ἠθελήσαμέν τοι ἐναντιοῦσθαι οὐδέ τι ἀποθύμιον ποιῆσαι.» τοιαῦτα λέγοντες ἤλπιζον πλέον τι

ne Leute sich zur Flucht wandten, habe er sich selbst, als er die Opfer gerade besprengte, ins Feuer gestürzt. So sei er verbrannt und spurlos verschwunden. (2) Sei es, dass Amilkas auf diese Weise verschwunden ist, wie die Phoiniker behaupten, sei es auf andere Weise, wie die Karchedonier und Syrakosier behaupten, jedenfalls opfern sie ihm einerseits, andererseits haben sie in allen Poleis ihrer Apoikien[88] Denkmäler errichtet, das größte in Karchedon selbst.

168 (1) So viel von Sizilien. Die Kerkyraier gaben den Boten zwar folgende Antwort, handelten dann aber wie folgt: Dieselben Leute, die nach Sizilien gekommen waren, versuchten sie für sich zu gewinnen, indem sie dieselben Worte sprachen, die sie auch Gelon gegenüber geäußert hatten. Sie versprachen sofort Unterstützung zu schicken und zu helfen und sagten, dass sie nicht darüber hinwegsehen dürften, wenn Griechenland zugrunde gehe. Wenn es zu Fall käme, dann hieße das für sie nichts anderes als bereits am ersten Tag Sklave zu sein. Vielmehr müssten sie helfen, so gut sie könnten. (2) So ehrbar antworteten sie. Als es aber nötig war, zu helfen, bemannten sie, da sie anders dachten, 60 Schiffe; kaum waren sie in See gestochen, näherten sie sich der Peloponnes und ließen die Schiffe bei Pylos und Tainara, am Land der Lakedaimonier, vor Anker gehen, auch sie den Ausgang des Krieges abwartend, da sie nicht damit rechneten, dass die Griechen siegen würden, vielmehr glaubten, dass der Perser bei weitem die Oberhand behalten würde und dann über ganz Griechenland herrschen werde. (3) Sie taten es also absichtlich, um gegenüber dem Perser solches sagen zu können: »König, als die Griechen uns für diesen Krieg gewinnen wollten, da wollten wir gegen dich keinen Widerstand leisten und nichts Unfreundliches tun, obwohl wir nicht über die geringste Streitmacht verfügen und nicht die wenigsten Schiffe hätten stellen können, sondern nach den Athenern die meisten.« Mit solchen

τῶν ἄλλων οἴσεσθαι· τά περ ἂν καὶ ἐγένετο, ὡς ἐμοὶ δοκέει. (4) πρὸς δὲ τοὺς Ἕλληνάς σφι σκῆψις ἐπεποίητο, τῇ περ δὴ καὶ ἐχρήσαντο. αἰτιωμένων γὰρ τῶν Ἑλλήνων ὅτι οὐκ ἐβοήθεον, ἔφασαν πληρῶσαι μὲν ἑξήκοντα τριήρεας, ὑπὸ δὲ ἐτησιέων ἀνέμων ὑπερβαλεῖν Μαλέην οὐκ οἷοί τε γενέσθαι· οὕτω οὐκ ἀπικέσθαι ἐς Σαλαμῖνα, καὶ οὐδεμιῇ κακότητι λειφθῆναι τῆς ναυμαχίης. οὗτοι μὲν οὕτω διεκρούσαντο τοὺς Ἕλληνας.

169 (1) Κρῆτες δέ, ἐπείτε σφέας παρελάμβανον οἱ ἐπὶ τούτοισι ταχθέντες Ἑλλήνων, ἐποίησαν τοιόνδε· πέμψαντες κοινῇ θεοπρόπους ἐς Δελφοὺς τὸν θεὸν ἐπειρώτων εἴ σφι ἄμεινον τιμωρέουσι γίνεται τῇ Ἑλλάδι. (2) ἡ δὲ Πυθίη ὑπεκρίνατο «ὦ νήπιοι, ἐπιμέμφεσθε ὅσα ὑμῖν ἐκ τῶν Μενελάου τιμωρημάτων Μίνως ἔπεμψε μηνίων δακρύματα, ὅτι οἳ μὲν οὐ συνεξεπρήξαντο αὐτῷ τὸν ἐν Καμικῷ θάνατον γενόμενον, ὑμεῖς δὲ ἐκείνοισι τὴν ἐκ Σπάρτης ἁρπασθεῖσαν ὑπ᾽ ἀνδρὸς βαρβάρου γυναῖκα.» ταῦτα οἱ Κρῆτες ὡς ἀπενειχθέντα ἤκουσαν, ἔσχοντο τῆς τιμωρίης.

170 (1) λέγεται γὰρ Μίνων κατὰ ζήτησιν Δαιδάλου ἀπικόμενον ἐς Σικανίην τὴν νῦν Σικελίην καλευμένην ἀποθανεῖν βιαίῳ θανάτῳ. ἀνὰ δὲ χρόνον Κρῆτας, θεοῦ σφι ἐποτρύναντος, πάντας πλὴν Πολιχνιτέων τε καὶ Πραισίων ἀπικομένους στόλῳ μεγάλῳ ἐς Σικανίην πολιορκέειν ἐπ᾽ ἔτεα πέντε πόλιν Καμικόν, τὴν κατ᾽ ἐμὲ Ἀκραγαντῖνοι ἐνέμοντο· (2) τέλος δὲ οὐ δυναμένους οὔτε ἑλεῖν οὔτε παραμένειν λιμῷ συνεστεῶτας, ἀπολιπόντας οἴχεσθαι. ὡς δὲ κατὰ Ἰηπυγίην γενέσθαι πλέοντας, ὑπολαβόντα σφέας χειμῶνα μέγαν ἐκβαλεῖν ἐς τὴν γῆν· συναραχθέντων δὲ

Worten hofften sie mehr als die anderen zu erreichen. Das wäre auch geschehen, wie mir scheint. (4) Den Griechen gegenüber hatten sie eine Ausrede gefunden, von der sie auch Gebrauch machten. Als die Griechen ihnen nämlich vorwarfen, dass sie nicht zu Hilfe gekommen seien, sagten sie, sie hätten 60 Trieren bemannt, wären aber wegen der etesischen Winde[89] nicht in der Lage gewesen über Malea hinauszufahren. Daher seien sie nicht nach Salamis gekommen und hätten nicht aus gemeiner Absicht die Seeschlacht versäumt. So also wiesen sie die Vorwürfe der Griechen zurück.

169 (1) Die Kreter aber machten folgendes, als die zu diesem Zweck Gesandten der Griechen sie zu gewinnen suchten: Sie schickten gemeinsam Orakeldeuter nach Delphi und ließen den Gott fragen, ob es für sie von Vorteil sei, Griechenland zu helfen. (2) Die Pythia antwortete: »Ihr Törichten, ihr tadelt, wie viele Tränen euch Minos wegen der Hilfe für Menelaos gebracht hat, weil er zornig war, dass sie ihm nicht geholfen hatten, seinen Tod bei Kamikos zu rächen,[90] während ihr aber jenen geholfen habt Rache zu nehmen, als ein Nichtgrieche eine Frau aus Sparta geraubt hat.« Als die Kreter diese Antwort vernommen hatten, leisteten sie keine Hilfe.

170 (1) Minos soll während seiner Suche nach Daidalos nach Sikanien, dem heutigen Sizilien, gekommen sein und dort einen gewaltsamen Tod gefunden haben. Einige Zeit danach seien die Kreter auf Geheiß des Gottes alle außer den Polichnitern und Praisiern mit einem großen Heeresaufgebot nach Sikanien gekommen und hätten fünf Jahre lang die Stadt Kamikos belagert, die zu meiner Zeit die Akragantiner bewohnten. (2) Schließlich aber hätten sie diese verlassen und seien abgefahren, da sie diese nicht einnehmen noch bleiben konnten, weil sie von Hunger gequält wurden. Als sie gerade an Iapygien vorbeisegelten, habe sie ein gewaltiger Sturm überrascht und an Land geschleudert. Da ihre Schiffe zerschmettert waren –

τῶν πλοίων, οὐδεμίαν γάρ σφι ἔτι κομιδὴν ἐς Κρήτην φαίνεσθαι, ἐνθαῦτα Ὑρίην πόλιν κτίσαντας καταμεῖναί τε καὶ μεταβαλόντας ἀντὶ μὲν Κρητῶν γενέσθαι Ἰήπυγας Μεσσαπίους, ἀντὶ δὲ εἶναι νησιώτας ἠπειρώτας. (3) ἀπὸ δὲ Ὑρίης πόλιος τὰς ἄλλας οἰκίσαι, τὰς δὴ Ταραντῖνοι χρόνῳ ὕστερον πολλῷ ἐξανιστάντες προσέπταισαν μεγάλως, ὥστε φόνος Ἑλληνικὸς μέγιστος οὗτος δὴ ἐγένετο πάντων τῶν ἡμεῖς ἴδμεν, αὐτῶν τε Ταραντίνων καὶ Ῥηγίνων, οἳ ὑπὸ Μικύθου τοῦ Χοίρου ἀναγκαζόμενοι τῶν ἀστῶν καὶ ἀπικόμενοι τιμωροὶ Ταραντίνοισι ἀπέθανον τρισχίλιοι οὕτω· αὐτῶν δὲ Ταραντίνων οὐκ ἐπῆν ἀριθμός. (4) ὁ δὲ Μίκυθος οἰκέτης ἐὼν Ἀναξίλεω ἐπίτροπος Ῥηγίου καταλέλειπτο, οὗτος ὅς περ ἐκπεσὼν ἐκ Ῥηγίου καὶ Τεγέην τὴν Ἀρκάδων οἰκήσας ἀνέθηκε ἐν Ὀλυμπίῃ τοὺς πολλοὺς ἀνδριάντας.

171 (1) ἀλλὰ τὰ μὲν κατὰ Ῥηγίνους τε καὶ Ταραντίνους τοῦ λόγου μοι παρενθήκη γέγονε· ἐς δὲ τὴν Κρήτην ἐρημωθεῖσαν, ὡς λέγουσι Πραίσιοι, ἐσοικίζεσθαι ἄλλους τε ἀνθρώπους καὶ μάλιστα Ἕλληνας, τρίτῃ δὲ γενεῇ μετὰ Μίνων τελευτήσαντα γενέσθαι τὰ Τρωικά, ἐν τοῖσι οὐ φλαυροτάτους φαίνεσθαι ἐόντας Κρῆτας τιμωροὺς Μενέλεῳ. (2) ἀπὸ τούτων δέ σφι ἀπονοστήσασι ἐκ Τροίης λιμόν τε καὶ λοιμὸν γενέσθαι καὶ αὐτοῖσι καὶ τοῖσι προβάτοισι, ἔστε τὸ δεύτερον ἐρημωθείσης Κρήτης μετὰ τῶν ὑπολοίπων τρίτους αὐτὴν νῦν νέμεσθαι Κρῆτας. ἡ μὲν δὴ Πυθίη ὑπομνήσασα ταῦτα ἔσχε βουλομένους τιμωρέειν τοῖσι Ἕλλησι.

172 (1) Θεσσαλοὶ δὲ ὑπὸ ἀναγκαίης τὸ πρῶτον ἐμήδισαν, ὡς διέδεξαν, ὅτι οὔ σφι ἥνδανε τὰ οἱ Ἀλευάδαι ἐμηχανῶντο. ἐπείτε γὰρ ἐπύθοντο τάχιστα μέλλοντα διαβαί-

es habe sich ihnen nämlich keine Heimkehrmöglichkeit nach Kreta mehr gezeigt –, hätten sie dort die Stadt Hyria gegründet, seien geblieben, hätten ihren Namen geändert und seien statt Kreter iapygische Messapier geworden und statt Inselbewohner Festlandbewohner. (3) Von der Stadt Hyria aus hätten sie andere gegründet, welche die Tarantiner viel später zerstörten und dabei eine gewaltige Niederlage erlitten, so dass dieses Blutbad unter den Griechen das größte von allen war, die wir kennen,[91] unter den Tarantinern selbst und unter den Rheginern, die von Mikythos, dem Sohn des Choiros gezwungen und als Helfer für die Tarantiner herbeigekommen waren, und von denen 3000 Bürger den Tod fanden. Von den Tarantinern selbst gab es keine Zahl. (4) Mikythos, ein Diener des Anaxilaos, war in Rhegion als Aufseher zurückgeblieben; nach seiner Vertreibung aus Rhegion und nach der Gründung der Stadt Tegea in Arkadien ließ er die meisten Statuen in Olympia als Weihegaben aufstellen.

171 (1) Der *logos* von den Rheginern und Tarantinern ist in meiner Erzählung allerdings nur ein Einschub gewesen. In Kreta hätten sich, nachdem es verlassen war, unter anderen Menschen vor allem Griechen angesiedelt, wie die Praisier erzählen; in der dritten Generation nach dem Tod des Minos habe der trojanische Krieg stattgefunden, in dem die Kreter offensichtlich nicht die schlechtesten Helfer des Menelaos gewesen seien. (2) Dafür seien sie nach ihrer Rückkehr aus Troja von Hunger und Seuchen heimgesucht worden, sie selbst und ihr Vieh, bis Kreta ein zweites Mal verlassen worden sei und es jetzt die Kreter als dritte neben den Übriggebliebenen besiedelten. Daran erinnerte die Pythia und hielt sie zurück, als sie den Griechen helfen wollten.

172 (1) Die Thessalier hatten sich anfangs gegen ihren Willen den Persern angeschlossen, als sie merken ließen, dass es ihnen nicht gefiel, was die Aleuaden ersannen. Sobald sie nämlich erfahren hatten, dass der Perser nach

νειν τὸν Πέρσην ἐς τὴν Εὐρώπην, πέμπουσι ἐς τὸν Ἰσθμὸν ἀγγέλους· ἐν δὲ τῷ Ἰσθμῷ ἦσαν ἁλισμένοι πρόβουλοι τῆς Ἑλλάδος ἀραιρημένοι ἀπὸ τῶν πολίων τῶν τὰ ἀμείνω φρονεουσέων περὶ τὴν Ἑλλάδα. (2) ἀπικόμενοι δὲ ἐπὶ τούτους τῶν Θεσσαλῶν οἱ ἄγγελοι ἔλεγον· «Ἄνδρες Ἕλληνες, δεῖ φυλάσσεσθαι τὴν ἐσβολὴν τὴν Ὀλυμπικήν, ἵνα Θεσσαλίη τε καὶ ἡ σύμπασα ᾖ Ἑλλὰς ἐν σκέπῃ τοῦ πολέμου. ἡμεῖς μέν νυν ἕτοιμοι εἰμὲν συμφυλάσσειν, πέμπειν δὲ χρὴ καὶ ὑμέας στρατιὴν πολλήν, ὡς, εἰ μὴ πέμψετε, ἐπίστασθε ἡμέας ὁμολογήσειν τῷ Πέρσῃ· οὐ γάρ τι προκατημένους τοσοῦτο πρὸ τῆς ἄλλης Ἑλλάδος μούνους πρὸ ὑμέων δεῖ ἀπολέσθαι. (3) βοηθέειν δὲ οὐ βουλόμενοι ἀναγκαίην ἡμῖν οὐδεμίαν οἷοί τε ἐστὲ προσφέρειν· οὐδαμὰ γὰρ ἀδυνασίης ἀνάγκη κρέσσων ἔφυ. ἡμεῖς δὲ πειρησόμεθα αὐτοί τινα σωτηρίην μηχανώμενοι.» ταῦτα ἔλεγον οἱ Θεσσαλοί.

173 (1) οἱ δὲ Ἕλληνες πρὸς ταῦτα ἐβουλεύσαντο ἐς Θεσσαλίην πέμπειν κατὰ θάλασσαν πεζὸν στρατὸν φυλάξοντα τὴν ἐσβολήν. ὡς δὲ συνελέχθη ὁ στρατός, ἔπλεε δι' Εὐρίπου· ἀπικόμενος δὲ τῆς Ἀχαιίης ἐς Ἅλον, ἀποβὰς ἐπορεύετο ἐς Θεσσαλίην, τὰς νέας αὐτοῦ καταλιπών, καὶ ἀπίκετο ἐς τὰ Τέμπεα ἐς τὴν ἐσβολὴν ἥ περ ἀπὸ Μακεδονίης τῆς κάτω ἐς Θεσσαλίην φέρει παρὰ ποταμὸν Πηνειόν, μεταξὺ δὲ Ὀλύμπου τε ὄρεος ἐόντα καὶ τῆς Ὄσσης. (2) ἐνθαῦτα ἐστρατοπεδεύοντο τῶν Ἑλλήνων κατὰ μυρίους ὁπλίτας συλλεγέντες, καί σφι προσῆν ἡ Θεσσαλῶν ἵππος· ἐστρατήγεε δὲ Λακεδαιμονίων μὲν Εὐαίνετος ὁ Καρήνου ἐκ τῶν πολεμάρχων ἀραιρημένος, γένεος μέντοι ἐὼν οὐ τοῦ βασιληίου, Ἀθηναίων δὲ Θεμιστοκλέης ὁ Νεοκλέος. ἔμειναν δὲ ὀλίγας ἡμέρας ἐνθαῦτα· (3) ἀπικόμενοι γὰρ ἄγγελοι παρὰ Ἀλεξάνδρου τοῦ Ἀμύντεω ἀνδρὸς Μακεδόνος συνεβούλευόν σφι ἀπαλλάσσεσθαι μηδὲ μένον-

Europa hinüberziehen wollte, schickten sie Boten zum Isthmos. Am Isthmos waren Vertreter Griechenlands versammelt, die von denjenigen Poleis, die in Bezug auf Griechenland eine bessere Gesinnung hatten, ausgewählt waren.[92] (2) Als die Boten der Thessalier zu ihnen gekommen waren, sagten sie: »Griechen, es ist nötig, den Pass am Olymp zu bewachen, damit Thessalien und ganz Griechenland vor einem Krieg sicher sind. Wir sind nun bereit die Wache mit zu übernehmen, aber auch ihr müsst ein großes Heer schicken, wenn ihr es nicht schickt, so wisst, dass wir uns mit dem Perser einigen werden. Es darf nämlich nicht sein, dass wir auf so ferner Wacht für das übrige Griechenland allein für euch zugrunde gehen. (3) Wenn ihr nicht helfen wollt, könnt ihr keinerlei Zwang auf uns ausüben. Kein Zwang ist stärker als Unvermögen. Wir aber werden versuchen selbst irgendeine Rettung zu bewerkstelligen.« Das sagten die Thessalier.

173 (1) Die Griechen beschlossen daraufhin, ein Landheer über das Meer nach Thessalien zu schicken, um den Pass zu bewachen. Als das Heer versammelt war, segelte es durch den Euripos. Bei Alos in Achaia angekommen, ging es an Land, nachdem es die Schiffe dort zurückgelassen hatte, zog nach Thessalien und kam dann nach Tempe zum Pass, der von dem unteren Makedonien nach Thessalien entlang dem Fluss Peneios zwischen dem Berg Olymp und dem Ossa hindurchführt. (2) Dort schlugen ungefähr 10 000 Hopliten der Griechen, die versammelt worden waren, ihr Lager auf, zu ihnen stieß noch die Reiterei der Thessalier. Feldherr der Lakedaimonier war Euainetos, der Sohn des Karenos, aus den Polemarchen ausgewählt, allerdings nicht von königlichem Geschlecht, Feldherr der Athener war Themistokles, der Sohn des Neokles. Sie blieben dort nur wenige Tage. (3) Es kamen nämlich Boten von dem Makedonen Alexander, dem Sohn des Amyntas,[93] und rieten ihnen, sich zu entfernen und sich nicht, indem sie am Pass blieben, von dem heran-

τας ἐν τῇ ἐσβολῇ καταπατηθῆναι ὑπὸ τοῦ στρατοῦ τοῦ ἐπιόντος, σημαίνοντες τὸ πλῆθός τε τῆς στρατιῆς καὶ τὰς νέας. ὡς δὲ οὗτοί σφι ταῦτα συνεβούλευον, χρηστὰ γὰρ ἐδόκεον συμβουλεύειν καί σφι εὔνοος ἐφαίνετο ἐὼν ὁ Μακεδών, ἐπείθοντο. (4) δοκέειν δὲ μοι, ἀρρωδίη ἦν τὸ πεῖθον, ὡς ἐπύθοντο καὶ ἄλλην ἐοῦσαν ἐσβολὴν ἐς Θεσσαλοὺς κατὰ τὴν ἄνω Μακεδονίην διὰ Περραιβῶν κατὰ Γόννον πόλιν, τῇ περ δὴ καὶ ἐσέβαλε ἡ στρατιὴ ἡ Ξέρξεω. καταβάντες δὲ οἱ Ἕλληνες ἐπὶ τὰς νέας ὀπίσω ἐπορεύοντο ἐς τὸν Ἰσθμόν.

174 αὕτη ἐγένετο ἡ ἐς Θεσσαλίην στρατηίη, βασιλέος τε μέλλοντος διαβαίνειν ἐς τὴν Εὐρώπην ἐκ τῆς Ἀσίης καὶ ἐόντος ἤδη ἐν Ἀβύδῳ. Θεσσαλοὶ δὲ ἐρημωθέντες συμμάχων οὕτω δὴ ἐμήδισαν προθύμως οὐδ᾽ ἔτι ἐνδοιαστῶς, ὥστε ἐν τοῖσι πρήγμασι ἐφαίνοντο βασιλέι ἄνδρες ἐόντες χρησιμώτατοι.

175 (1) οἱ δὲ Ἕλληνες ἐπείτε ἀπίκατο ἐς τὸν Ἰσθμόν, ἐβουλεύοντο πρὸς τὰ λεχθέντα ἐξ Ἀλεξάνδρου τῇ τε στήσονται τὸν πόλεμον καὶ ἐν οἵοισι χώροισι. ἡ νικῶσα δὲ γνώμη ἐγίνετο τὴν ἐν Θερμοπύλῃσι ἐσβολὴν φυλάξαι· στεινοτέρη γὰρ ἐφαίνετο ἐοῦσα τῆς ἐς Θεσσαλίην καὶ ἅμα ἀγχοτέρη τῆς ἑωυτῶν· (2) τὴν δὲ ἀτραπόν, δι᾽ ἣν ἥλωσαν οἱ ἁλόντες Ἑλλήνων ἐν Θερμοπύλῃσι, οὐδὲ ᾔδεσαν ἐοῦσαν πρότερον ἤ περ ἀπικόμενοι ἐς Θερμοπύλας ἐπύθοντο Τρηχινίων. ταύτην ὦν ἐβουλεύσαντο φυλάσσοντες τὴν ἐσβολὴν μὴ παριέναι ἐς τὴν Ἑλλάδα τὸν βάρβαρον, τὸν δὲ ναυτικὸν στρατὸν πλέειν γῆς τῆς Ἱστιαιώτιδος ἐπὶ Ἀρτεμίσιον. ταῦτα γὰρ ἀγχοῦ τε ἀλλήλων ἐστὶ ὥστε πυνθάνεσθαι τὰ κατὰ ἑκατέρους ἐόντα, οἵ τε χῶροι οὕτω ἔχουσι.

rückenden Heer zertreten zu lassen, wobei sie ihnen die Größe des Heeres und die Menge der Schiffe angaben. Auf deren Rat hin – sie schienen ihnen nämlich gute Ratschläge zu geben und der Makedone war ihnen offensichtlich wohlgesinnt – ließen sie sich überreden. (4) Wie mir scheint, war das, was sie dazu bestimmte, die Angst, da sie erfahren hatten, dass es noch einen anderen Pass zu den Thessaliern gebe, nämlich vom oberen Makedonien durch das Gebiet der Perrhaiber bei der Stadt Gonnos, durch den das Heer des Xerxes dann auch tatsächlich einfiel. Die Griechen zogen also wieder zu den Schiffen hinunter und fuhren zum Isthmos zurück.

174 Dieser Zug nach Thessalien fand statt, als der König im Begriff war, von Asien nach Europa überzusetzen, und bereits in Abydos war. Die Thessalier aber, von Verbündeten verlassen, schlossen sich so bereitwillig und nicht mehr schwankend den Persern an, so dass sie sich bei Unternehmungen für den König als sehr nützliche Männer erwiesen.

175 (1) Als die Griechen zum Isthmos gekommen waren, beratschlagten sie im Hinblick auf das, was ihnen von Alexander gesagt worden war, wie und an welchen Orten sie den Krieg führen sollten. Die Meinung, die sich durchsetzte, war, den Pass bei den Thermopylen zu bewachen. Er war nämlich offensichtlich enger als der nach Thessalien und der einzige, der ihrem eigenen Land näher lag. (2) Dass es einen Pfad gab, dessentwegen die bei den Thermopylen überfallenen Griechen gefangen wurden, wussten sie nicht, bevor sie zu den Thermopylen kamen und es von den Trachiniern erfuhren. Sie beschlossen also, durch die Bewachung dieses Passes den Nichtgriechen nicht nach Griechenland vorbeiziehen zu lassen, ihre Flotte aber nach Artemision in der Landschaft Histiaiotis segeln zu lassen. Dies liegt nah beieinander, so dass man von den Geschehnissen an beiden Orten, die folgendermaßen beschaffen sind, gut erfahren konnte.

176 (1) τοῦτο μὲν τὸ Ἀρτεμίσιον· ἐκ τοῦ πελάγεος τοῦ Θρηικίου ἐξ εὐρέος συνάγεται ἐς στεινὸν ἐόντα τὸν πόρον τὸν μεταξὺ νήσου τε Σκιάθου καὶ ἠπείρου Μαγνησίης· ἐκ δὲ τοῦ στεινοῦ τῆς Εὐβοίης ἤδη τὸ Ἀρτεμίσιον δέκεται αἰγιαλός, ἐν δὲ Ἀρτέμιδος ἱρόν. (2) ἡ δὲ αὖ διὰ Τρηχῖνος ἔσοδος ἐς τὴν Ἑλλάδα ἐστὶ τῇ στεινοτάτη ἡμίπλεθρον. οὐ μέντοι κατὰ τοῦτό γε ἐστὶ τὸ στεινότατον τῆς χώρης τῆς ἄλλης, ἀλλ' ἔμπροσθέ τε Θερμοπυλέων καὶ ὄπισθε, κατά τε Ἀλπηνοὺς ὄπισθε ἐόντας ἐοῦσα ἁμαξιτὸς μούνη, καὶ ἔμπροσθε κατὰ Φοίνικα ποταμὸν ἀγχοῦ Ἀνθήλης πόλιος ἄλλη ἁμαξιτὸς μούνη. (3) τῶν δὲ Θερμοπυλέων τὸ μὲν πρὸς ἑσπέρης ὄρος ἄβατόν τε καὶ ἀπόκρημνον, ὑψηλόν, ἀνατεῖνον ἐς τὴν Οἴτην· τὸ δὲ πρὸς τὴν ἠῶ τῆς ὁδοῦ θάλασσα ὑποδέκεται καὶ τενάγεα. ἔστι δὲ ἐν τῇ ἐσόδῳ ταύτῃ θερμὰ λουτρά, τὰ Χύτρους καλέουσι οἱ ἐπιχώριοι, καὶ βωμὸς ἵδρυται Ἡρακλέος ἐπ' αὐτοῖσι. ἐδέδμητο δὲ τεῖχος κατὰ ταύτας τὰς ἐσβολάς, καὶ τό γε παλαιὸν πύλαι ἐπῆσαν. (4) ἔδειμαν δὲ Φωκέες τὸ τεῖχος δείσαντες, ἐπεὶ Θεσσαλοὶ ἦλθον ἐκ Θεσπρωτῶν οἰκήσοντες γῆν τὴν Αἰολίδα τήν νῦν ἐκτέαται. ἅτε δὴ πειρωμένων τῶν Θεσσαλῶν καταστρέφεσθαι σφέας, τοῦτο προεφυλάξαντο οἱ Φωκέες, καὶ τὸ ὕδωρ τὸ θερμὸν τότε ἐπῆκαν ἐπὶ τὴν ἔσοδον, ὡς ἂν χαραδρωθείη ὁ χῶρος, πᾶν μηχανώμενοι ὅκως μή σφι ἐσβάλοιεν οἱ Θεσσαλοὶ ἐπὶ τὴν χώρην. (5) τὸ μέν νυν τεῖχος τὸ ἀρχαῖον ἐκ παλαιοῦ τε ἐδέδμητο καὶ τὸ πλέον αὐτοῦ ἤδη ὑπὸ χρόνου ἔκειτο· τοῖσι δὲ αὖτις ὀρθώσασι ἔδοξε ταύτῃ ἀπαμύνειν ἀπὸ τῆς Ἑλλάδος τὸν βάρβαρον. κώμη δὲ ἐστὶ ἀγχοτάτω τῆς ὁδοῦ Ἀλπηνοὶ οὔνομα· ἐκ ταύτης δὲ ἐπισιτιεῖσθαι ἐλογίζοντο οἱ Ἕλληνες.

177 οἱ μέν νυν χῶροι οὗτοι τοῖσι Ἕλλησι εἶναι ἐφαίνοντο ἐπιτήδεοι· πάντα γὰρ προσκεψάμενοι καὶ ἐπιλογισθέντες ὅτι οὔτε πλήθεϊ ἕξουσι χρᾶσθαι οἱ βάρβαροι οὔτε ἵππῳ,

176 (1) Erstens Artemision: Vom thrakischen Meer aus verengt sich die breite Durchfahrt zu einer engen zwischen der Insel Skiathos und dem magnesischen Festland. Nach der Enge schließt bereits auf Euboia Artemision an, eine Küste, wo ein Heiligtum der Artemis ist. (2) Der Pass durch Trachis nach Griechenland misst dort, wo er am engsten ist, ein halbes Plethron.[94] Hier ist freilich nicht die engste Stelle des übrigen Landes, sondern vor und hinter den Thermopylen; bei Alpenoi, das dahinter liegt, ist der Pass nur einen Wagen breit und vorne beim Fluss Phoinix in der Nähe der Stadt Anthela ist er ebenfalls nur einen Wagen breit. (3) Von den Thermopylen nach Westen hin liegt ein unzugängliches, steiles und hoch aufragendes Gebirge, das sich bis zum Oita hinzieht. Gegen Osten des Weges schließen sich Meer und Sumpfgebiet an.[95] An diesem Pass gibt es warme Bäder, die die Einheimischen Chytroi nennen, und in ihrer Nähe ist ein Altar des Herakles errichtet. Entlang diesen Pässen ist eine Mauer erbaut und früher gab es dort auch Tore. (4) Die Phoker hatten die Mauer aus Angst erbaut, als die Thessalier aus dem Land der Thesproter kamen, um das Land Aiolis zu besiedeln, das sie jetzt noch besitzen. Da die Thessalier versuchten, sie zu unterwerfen, hatten die Phoker vorher Schutzmaßnahmen ergriffen und das warme Wasser zum Pass geleitet, um die Gegend unwegsam zu machen, indem sie alles unternahmen, dass die Thessalier nicht in ihr Land einfielen. (5) Die alte Mauer war also in früherer Zeit gebaut worden und der größere Teil davon war infolge der Zeit eingestürzt. Die, die sie wieder errichteten, beschlossen, dort den Nichtgriechen von Griechenland abzuhalten. In unmittelbarer Nähe des Weges liegt ein Dorf namens Alpenoi. Von dort erwogen die Griechen sich mit Lebensmitteln zu versorgen.

177 Diese Orte schienen den Griechen also geeignet zu sein. Nachdem sie alles vorher geprüft und überlegt hatten, dass die Nichtgriechen weder ihre große Heeresmas-

ταύτῃ σφι ἔδοξε δέκεσθαι τὸν ἐπιόντα ἐπὶ τὴν Ἑλλάδα. ὡς δὲ ἐπύθοντο τὸν Πέρσην ἐόντα ἐν Πιερίῃ, διαλυθέντες ἐκ τοῦ Ἰσθμοῦ ἐστρατεύοντο αὐτῶν οἳ μὲν ἐς Θερμοπύλας πεζῇ, ἄλλοι δὲ κατὰ θάλασσαν ἐπ᾽ Ἀρτεμίσιον.

178 (1) οἱ μὲν δὴ Ἕλληνες κατὰ τάχος ἐβοήθεον διαταχθέντες, Δελφοὶ δ᾽ ἐν τούτῳ τῷ χρόνῳ ἐχρηστηριάζοντο τῷ θεῷ ὑπὲρ ἑωυτῶν καὶ τῆς Ἑλλάδος καταρρωδηκότες, καί σφι ἐχρήσθη ἀνέμοισι εὔχεσθαι· μεγάλους γὰρ τούτους ἔσεσθαι τῇ Ἑλλάδι συμμάχους. (2) Δελφοὶ δὲ δεξάμενοι τὸ μαντήιον πρῶτα μὲν Ἑλλήνων τοῖσι βουλομένοισι εἶναι ἐλευθέροισι ἐξήγγειλαν τὰ χρησθέντα αὐτοῖσι, καί σφι δεινῶς καταρρωδέουσι τὸν βάρβαρον ἐξαγγείλαντες χάριν ἀθάνατον κατέθεντο. μετὰ δὲ ταῦτα οἱ Δελφοὶ τοῖσι ἀνέμοισι βωμόν τε ἀπέδεξαν ἐν Θυίῃ, τῇ περ τῆς Κηφισοῦ θυγατρὸς Θυίης τὸ τέμενος ἐστί, ἐπ᾽ ἧς καὶ ὁ χῶρος οὗτος τὴν ἐπωνυμίην ἔχει, καὶ θυσίῃσι σφέας μετήισαν.

179 Δελφοὶ μὲν δὴ κατὰ τὸ χρηστήριον ἔτι καὶ νῦν τοὺς ἀνέμους ἱλάσκονται. ὁ δὲ ναυτικὸς Ξέρξεω στρατὸς ὁρμώμενος ἐκ Θέρμης πόλιος παρέβαλε νηυσὶ τῇσι ἄριστα πλεούσῃσι δέκα ἰθὺ Σκιάθου, ἔνθα ἦσαν προφυλάσσουσαι νέες τρεῖς Ἑλληνίδες, Τροιζηνίη τε καὶ Αἰγιναίη καὶ Ἀττική. προϊδόντες δὲ οὗτοι τὰς νέας τῶν βαρβάρων ἐς φυγὴν ὅρμησαν.

180 τὴν μὲν δὴ Τροιζηνίην, τῆς ἦρχε Πρηξῖνος, αὐτίκα αἱρέουσι ἐπισπόμενοι οἱ βάρβαροι, καὶ ἔπειτα τῶν ἐπιβατέων αὐτῆς τὸν καλλιστεύοντα ἀγαγόντες ἐπὶ τῆς πρῴρης τῆς νεὸς ἔσφαξαν, διαδέξιον ποιεύμενοι τὸν εἷλον τῶν Ἑλλήνων πρῶτον καὶ κάλλιστον. τῷ δὲ σφαγιασθέντι

se noch die Reiterei würden einsetzen können, beschlossen sie, es hier mit dem gegen Griechenland vorrückenden Feind aufzunehmen. Als sie erfuhren, dass der Perser in Pieria war, lösten sie die Versammlung auf und die einen von ihnen zogen vom Isthmos auf dem Landweg zu den Thermopylen, die anderen auf dem Seeweg nach Artemision.

178 (1) Die Griechen kamen schnell in der beschlossenen Verteilung zu Hilfe, die Delpher aber ließen sich in dieser Zeit vom Gott ein Orakel geben, da sie für sich und die Griechen in Angst waren, und sie erhielten das Orakel, zu den Winden zu beten. Diese nämlich würden für Griechenland bedeutende Bundesgenossen sein. (2) Sobald die Delpher den Orakelspruch erhalten hatten, verkündeten sie zuerst allen Griechen, die frei sein wollten, was ihnen geweissagt worden war, und ernteten bei denen, die vor dem Nichtgriechen schrecklich Angst hatten, durch die Verkündigung ewige Dankbarkeit. Danach weihten die Delpher den Winden auch einen Altar in Thyia, wo der heilige Bezirk der Thyia, der Tochter des Kephisos, ist, von der dieser Ort auch seinen Namen hat, und versuchten sie mit Opfern gnädig zu stimmen.

179 Die Delpher verehren die Winde auch heute noch gemäß dem Orakelspruch. Die Flotte des Xerxes brach von der Stadt Therme auf und fuhr mit den zehn besten Seglern geradewegs auf Skiathos zu, wo sich drei griechische Schiffe auf Vorposten befanden, eines aus Troizen, eines aus Aigina und eines aus Athen. Als diese die Schiffe der Nichtgriechen gesichtet hatten, ergriffen sie die Flucht.

180 Das Schiff aus Troizen, das Praxinos befehligte, kaperten die Nichtgriechen sofort, nachdem sie es verfolgt hatten. Dann führten sie von seiner Besatzung den Schönsten zum Bug des Schiffes und schlachteten ihn dann, indem sie denjenigen, den sie als Ersten und Schönsten der Griechen gefangengenommen hatten, als glückliches

τούτῳ οὔνομα ἦν Λέων· τάχα δ' ἄν τι καὶ τοῦ οὐνόματος ἐπαύροιτο.

181 (1) ἡ δὲ Αἰγιναίη, τῆς ἐτριηράρχεε Ἀσωνίδης, καί τινά σφι θόρυβον παρέσχε, Πυθέω τοῦ Ἰσχενόου ἐπιβατεύοντος, ἀνδρὸς ἀρίστου γενομένου ταύτην τὴν ἡμέρην· ὃς ἐπειδὴ ἡ νηῦς ἡλίσκετο ἐς τοῦτο ἀντεῖχε μαχόμενος ἐς ὃ κατεκρεουργήθη ἅπας. (2) ὡς δὲ πεσὼν οὐκ ἀπέθανε ἀλλ' ἦν ἔμπνοος, οἱ Πέρσαι, οἵ περ ἐπεβάτευον ἐπὶ τῶν νεῶν, δι' ἀρετὴν τὴν ἐκείνου περιποιῆσαί μιν περὶ πλείστου ἐποιήσαντο, σμύρνῃσί τε ἰώμενοι τὰ ἕλκεα καὶ σινδόνος βυσσίνης τελαμῶσι κατειλίσσοντες· (3) καί μιν, ὡς ὀπίσω ἀπίκοντο ἐς τὸ ἑωυτῶν στρατόπεδον, ἐπεδείκνυσαν ἐκπαγλεόμενοι πάσῃ τῇ στρατιῇ περιέποντες εὖ. τοὺς δὲ ἄλλους τοὺς ἔλαβον ἐν τῇ νηὶ ταύτῃ περιεῖπον ὡς ἀνδράποδα.

182 αἱ μὲν δὴ δύο τῶν νεῶν οὕτω ἐχειρώθησαν· ἡ δὲ τρίτη, τῆς ἐτριηράρχεε Φόρμος ἀνὴρ Ἀθηναῖοις, φεύγουσα ἐξοκέλλει ἐς τὰς ἐκβολὰς τοῦ Πηνειοῦ, καὶ τοῦ μὲν σκάφεος ἐκράτησαν οἱ βάρβαροι, τῶν δὲ ἀνδρῶν οὔ· ὡς γὰρ δὴ τάχιστα ἐπώκειλαν τὴν νέα οἱ Ἀθηναῖοι, ἀποθορόντες κατὰ Θεσσαλίην πορευόμενοι ἐκομίσθησαν ἐς Ἀθήνας.

183 (1) ταῦτα οἱ Ἕλληνες οἱ ἐπ' Ἀρτεμισίῳ στρατοπεδευόμενοι πυνθάνονται παρὰ πυρσῶν ἐκ Σκιάθου· πυθόμενοι δὲ καὶ καταρρωδήσαντες ἀπὸ τοῦ Ἀρτεμισίου μετορμίζοντο ἐς Χαλκίδα, φυλάξοντες μὲν τὸν Εὔριπον, λείποντες δὲ ἡμεροσκόπους περὶ τὰ ὑψηλὰ τῆς Εὐβοίης. (2) τῶν δὲ δέκα νεῶν τῶν βαρβάρων τρεῖς ἐπήλασαν περὶ τὸ ἕρμα τὸ μεταξὺ ἐὸν Σκιάθου τε καὶ Μαγνησίης, καλεόμενον δὲ Μύρμηκα. ἐνθαῦτα οἱ βάρβαροι ἐπειδὴ στήλην λίθου ἐπέθηκαν κομίσαντες ἐπὶ τὸ ἕρμα, ὁρμηθέντες αὐτοὶ ἐκ Θέρμης, ὥς σφι τὸ ἐμποδὼν ἐγεγόνεε καθαρόν, ἐπ-

Omen betrachteten. Dieser geschlachtete Mann hieß Leon. Vielleicht war es auch seinem Namen geschuldet.

181 (1) Das Schiff aus Aigina, das Asonides kommandierte, verursachte ihnen einige Bedrängnis, da Pytheas, der Sohn des Ischenoos, ein Mann, der zur Schiffsbesatzung gehörte, an diesem Tag sehr tapfer war. Dieser hat, als es gekapert worden war, so lange im Kampf Widerstand geleistet, bis er ganz in Stücke zerhackt war. (2) Als er gefallen, aber noch nicht gestorben war, sondern noch atmete, bemühte sich die Schiffsbesatzung der Perser sehr, ihn wegen seiner Tapferkeit am Leben zu erhalten, indem sie seine Wunden mit Myrrhe versorgten und mit Verbänden aus Byssosleinen umwickelten; (3) als sie in ihr Lager zurückgekehrt waren, zeigten sie ihn voll Staunen dem ganzen Heer und behandelten ihn gut. Die anderen, die sie auf diesem Schiff gefangengenommen hatten, behandelten sie wie Sklaven.

182 Zwei der Schiffe wurden auf diese Weise überwältigt. Das dritte Schiff, das Phormos aus Athen kommandierte, strandete auf seiner Flucht in der Mündung des Peneios und die Nichtgriechen konnten sich zwar des Schiffes bemächtigen, nicht aber der Männer. Sobald die Athener das Schiff hatten stranden lassen, sprangen sie herunter und gelangten, ihren Weg durch Thessalien nehmend, nach Athen.

183 (1) Davon erfuhren die Griechen, die bei Artemision ihr Lager aufgeschlagen hatten, durch Feuerzeichen von Skiathos. Als sie davon erfahren hatten und in Angst geraten waren, verlegten sie ihren Ankerplatz von Artemision nach Chalkis, um den Euripos zu bewachen, und ließen Späher auf den Höhen von Euboia zurück. (2) Drei von den zehn Schiffen der Nichtgriechen landeten in der Nähe der Klippe, die zwischen Skiathos und Magnesia liegt, die sogenannte Myrmex. Als die Nichtgriechen dort eine Steinsäule errichtet hatten, die sie zur Klippe mitgebracht hatten, brachen alle von Therme auf, da für sie das

ἔπλεον πάσῃσι τῇσι νηυσί, ἕνδεκα ἡμέρας παρέντες μετὰ τὴν βασιλέος ἐξέλασιν ἐκ Θέρμης. (3) τὸ δὲ ἕρμα σφι κατηγήσατο ἐὸν ἐν πόρῳ μάλιστα Πάμμων Σκύριος. πανημερὸν δὲ πλέοντες οἱ βάρβαροι ἐξανύουσι τῆς Μαγνησίης χώρης ἐπὶ Σηπιάδα τε καὶ τὸν αἰγιαλὸν τὸν μεταξὺ Κασθαναίης τε πόλιος ἐόντα καὶ Σηπιάδος ἀκτῆς.

184 (1) μέχρι μέν νυν τούτου τοῦ χώρου καὶ Θερμοπυλέων ἀπαθής τε κακῶν ἦν ὁ στρατός, καὶ πλῆθος ἦν τηνικαῦτα ἔτι, ὡς ἐγὼ συμβαλλόμενος εὑρίσκω, τῶν μὲν ἐκ τῶν νεῶν τῶν ἐκ τῆς Ἀσίης, ἐουσέων ἑπτὰ καὶ διηκοσιέων καὶ χιλιέων, τὸν μὲν ἀρχαῖον ἑκάστων τῶν ἐθνέων ἐόντα ὅμιλον τέσσερας καὶ εἴκοσι μυριάδας καὶ πρὸς χιλιάδα τε καὶ τετρακοσίους, ὡς ἀνὰ διηκοσίους ἄνδρας λογιζομένοισι ἐν ἑκάστῃ νηί. (2) ἐπεβάτευον δὲ ἐπὶ τουτέων τῶν νεῶν, χωρὶς ἑκάστων τῶν ἐπιχωρίων ἐπιβατέων, Περσέων τε καὶ Μήδων καὶ Σακέων τριήκοντα ἄνδρες. οὗτος ἄλλος ὅμιλος γίνεται τρισμύριοι καὶ ἑξακισχίλιοι καὶ πρὸς διηκόσιοί τε καὶ δέκα. (3) προσθήσω δ' ἔτι τούτῳ καὶ τῷ προτέρῳ ἀριθμῷ τοὺς ἐκ τῶν πεντηκοντέρων, ποιήσας, ὅ τι πλέον ἦν αὐτῶν ἢ ἔλασσον, ἀν' ὀγδώκοντα ἄνδρας ἐνεῖναι. συνελέχθη δὲ ταῦτα τὰ πλοῖα, ὡς καὶ πρότερον εἰρέθη, τρισχίλια. ἤδη ὦν ἄνδρες ἂν εἶεν ἐν αὐτοῖσι τέσσερες μυριάδες καὶ εἴκοσι. (4) τοῦτο μὲν δὴ τὸ ἐκ τῆς Ἀσίης ναυτικὸν ἦν, σύμπαν ἐὸν πεντήκοντα μυριάδες καὶ μία, χιλιάδες δὲ ἔπεισι ἐπὶ ταύτῃσι ἑπτὰ καὶ πρὸς ἑκατοντάδες ἓξ καὶ δεκάς. τοῦ δὲ πεζοῦ ἑβδομήκοντα καὶ ἑκατὸν μυριάδες ἐγένοντο, τῶν δὲ ἱππέων ὀκτὼ μυριάδες. προσθήσω δ' ἔτι τούτοισι τὰς καμήλους τοὺς ἐλαύνοντας Ἀραβίους καὶ τοὺς τὰ ἅρματα Λίβυας, πλῆθος ποιήσας δισμυρίους ἄνδρας. (5) καὶ δὴ τό τε ἐκ τῶν νεῶν καὶ τοῦ πεζοῦ πλῆθος συντιθέμενον γίνεται διηκόσιαί τε μυριάδες καὶ τριήκοντα καὶ μία, καὶ πρὸς χιλιάδες ἑπτὰ καὶ ἑκατοντάδες ἓξ καὶ δεκάς. τοῦτο μὲν τὸ ἐξ αὐτῆς τῆς Ἀσίης στράτευμα ἐξαναχθὲν εἴρηται, ἄνευ τε τῆς θεραπηίης τῆς ἑπομένης καὶ τῶν σιταγωγῶν πλοίων καὶ ὅσοι ἐνέπλεον τούτοισι.

Hindernis beseitigt war, und kamen mit allen Schiffen herbei, nachdem sie elf Tage seit dem Aufbruch des Königs von Therme hatten verstreichen lassen. (3) Auf die Klippe, die sich mitten in der Durchfahrt befand, hatte sie der Skyrier Pammon hingewiesen. Die Nichtgriechen segelten den ganzen Tag und erreichten im Gebiet von Magnesia Sepias und die Küste, die zwischen der Stadt Kastanaia und dem Vorgebirge Sepias liegt.

184 (1) Bis zu diesem Ort und den Thermopylen hatte das Heer noch keine Verluste erlitten und die Menge auf den Schiffen aus Asien – es waren 1207 – belief sich damals noch, wie ich bei meiner Berechnung herausfinde, auf die ursprüngliche Anzahl von 241 400 Mann aus den betreffenden Völkern, wenn man auf jedem Schiff mit ungefähr 200 Mann rechnet. (2) Die Schiffsbesatzung auf diesen Schiffen bestand aus 30 Persern, Medern und Saken, abgesehen von der jeweils einheimischen Besatzung. Diese weitere Menge beträgt 36 210 Mann. (3) Dazu und an die frühere Zahl will ich noch die Männer von den Fünfzigruderern[96] hinzufügen, annehmend, dass darauf ungefähr 80 Mann waren, sei es etwas mehr oder weniger als diese. Die Anzahl dieser Schiffe betrug, wie schon früher gesagt wurde, zusammengerechnet 3000. Auf ihnen mochten sich also bereits 240 000 Mann befunden haben. (4) Dies war die Flotte aus Asien, die insgesamt 510 000 Mann stark war, hinzukommen noch 7610 Mann. Die Zahl des Fußvolks belief sich auf 1 700 000 Mann, die der Reiter auf 80 000. Dazu will ich noch die Araber hinzufügen, die die Kamele trieben, und die Libyer, die die Wagen fuhren, eine Zahl von 20 000 annehmend. (5) Wenn man die Menge der Schiffe und des Fußvolks zusammennimmt, ergibt sich eine Summe von 2 310 000 Mann und zusätzlich noch 7000 und 610 Mann. Hiermit ist das Heer, das aus Asien selbst herangeführt wurde, angegeben, ohne Tross, Getreideschiffe und alle diejenigen, die mit ihnen fuhren.

185 (1) τὸ δὲ δὴ ἐκ τῆς Εὐρώπης ἀγόμενον στράτευμα ἔτι προσλογιστέα τούτῳ παντὶ τῷ ἐξηριθμημένῳ· δόκησιν δὲ δεῖ λέγειν. νέας μέν νυν οἱ ἀπὸ Θρηίκης Ἕλληνες καὶ οἱ ἐκ τῶν νήσων τῶν ἐπικειμενέων τῇ Θρηίκῃ παρείχοντο εἴκοσι καὶ ἑκατόν· ἐκ μέν νυν τουτέων τῶν νεῶν ἄνδρες τετρακισχίλιοι καὶ δισμύριοι γίνονται. (2) πεζοῦ δὲ τὸν Θρήικες παρείχοντο καὶ Παίονες καὶ Ἑορδοὶ καὶ Βοττιαῖοι καὶ τὸ Χαλκιδικὸν γένος καὶ Βρύγοι καὶ Πίερες καὶ Μακεδόνες καὶ Περραιβοὶ καὶ Ἐνιῆνες καὶ Δόλοπες καὶ Μάγνητες καὶ Ἀχαιοὶ καὶ ὅσοι τῆς Θρηίκης τὴν παραλίην νέμονται, τούτων τῶν ἐθνέων τριήκοντα μυριάδας δοκέω γενέσθαι. (3) αὗται ὦν αἱ μυριάδες ἐκείνῃσι προστεθεῖσαι τῇσι ἐκ τῆς Ἀσίης, γίνονται αἱ πᾶσαι ἀνδρῶν αἱ μάχιμοι μυριάδες διηκόσιαι καὶ ἑξήκοντα καὶ τέσσερες, ἔπεισι δὲ ταύτῃσι ἑκατοντάδες ἑκκαίδεκα καὶ δεκάς.

186 (1) τοῦ μαχίμου δὲ τούτου ἐόντος ἀριθμὸν τοσούτου, τὴν θεραπηίην τὴν ἑπομένην τούτοισι καὶ τοὺς ἐν τοῖσι σιταγωγοῖσι ἀκάτοισι ἐόντας καὶ μάλα ἐν τοῖσι ἄλλοισι πλοίοισι τοῖσι ἅμα πλέουσι τῇ στρατιῇ, τούτους τῶν μαχίμων ἀνδρῶν οὐ δοκέω εἶναι ἐλάσσονας ἀλλὰ πλεῦνας. (2) καὶ δή σφεας ποιέω ἴσους ἐκείνοισι εἶναι καὶ οὔτε πλεῦνας οὔτε ἐλάσσονας οὐδέν· ἐξισούμενοι δὲ οὗτοι τῷ μαχίμῳ ἐκπληροῦσι τὰς ἴσας μυριάδας ἐκείνοισι. οὕτω πεντακοσίας τε μυριάδας καὶ εἴκοσι καὶ ὀκτὼ καὶ χιλιάδας τρεῖς καὶ ἑκατοντάδας δύο καὶ δεκάδας δύο ἀνδρῶν ἤγαγε Ξέρξης ὁ Δαρείου μέχρι Σηπιάδος καὶ Θερμοπυλέων.

187 (1) οὗτος μὲν δὴ τοῦ συνάπαντος τοῦ Ξέρξεω στρατεύματος ἀριθμός, γυναικῶν δὲ σιτοποιῶν καὶ παλλακέων καὶ εὐνούχων οὐδεὶς ἂν εἴποι ἀτρεκέα ἀριθμόν· οὐδ' αὖ ὑποζυγίων τε καὶ τῶν ἄλλων κτηνέων τῶν ἀχθοφόρων καὶ κυνῶν Ἰνδικῶν τῶν ἑπομένων, οὐδ' ἂν τούτων ὑπὸ πλήθεος οὐδεὶς ἂν εἴποι ἀριθμόν. ὥστε οὐδέν μοι θῶμα παρίσταται προδοῦναι τὰ ῥέεθρα τῶν ποταμῶν ἔστι ὦν, ἀλλὰ μᾶλλον ὅκως τὰ σιτία ἀντέχρησε θῶμά μοι μυριάσι τοσαύτῃσι. (2) εὑρίσκω γὰρ συμβαλλόμενος, εἰ χοίνικα πυρῶν

185 (1) Das Heer, das aus Europa mitzog, muss noch zu dieser gesamten errechneten Summe hinzugezählt werden. Hier muss man allerdings eine Schätzung vornehmen. Die Griechen aus Thrakien und von den Inseln, die bei Thrakien liegen, stellten 120 Schiffe. Von diesen Schiffen ergibt sich eine Zahl von 24 000 Mann. (2) Das Fußvolk, das die Thraker, Paionier, Eorder, Bottiaier, der Stamm auf der Chalkidike, die Bryger, Pierer, Makedonen, Perraiber, Eniener, Doloper, Magneten, Achaier und alle, die in Thrakien am Meer wohnen, stellten, belief sich von all diesen Völkern meiner Meinung nach auf 300 000 Mann. (3) Wenn diese 10 000 zu jenen aus Asien hinzugefügt werden, ergeben sich insgesamt 2 640 000 wehrhafte Männer, zu diesen kommen noch 1610 hinzu.

186 (1) War die kampffähige Mannschaft schon so groß, waren der Tross, der dieser folgte, und die Besatzung auf den Frachtschiffen und wiederum auf den anderen Schiffen, die mit dem Heer mitfuhren, meiner Meinung nach nicht geringer, sondern größer als die kampffähige Mannschaft. (2) Ich gehe davon aus, dass sie gleich viele waren wie jene, nicht mehr und nicht weniger. Wenn sie gleich viele waren wie die kampffähige Mannschaft, dann machen sie das gleiche Vielfache von 10 000 aus wie jene. Somit führte Xerxes, der Sohn des Dareios 5 283 220 Mann bis nach Sepias und zu den Thermopylen.

187 (1) Dies war die Zahl des gesamten Heeres des Xerxes, von den Frauen, die für die Zubereitung der Speisen zuständig waren, und den Nebenfrauen und Eunuchen könnte keiner eine genaue Zahl nennen. Auch von den Zugtieren, von den übrigen Lasttieren und den indischen Hunden, die folgten, auch von all diesen könnte keiner wegen der großen Menge eine Zahl nennen. Daher ist es für mich kein Wunder, dass manche Flüsse versiegt sind, sondern vielmehr ist es für mich ein Wunder, dass diesen vielen 10 000 die Lebensmittel ausreichten. (2) Bei meinen Berechnungen finde ich nämlich, dass, wenn jeder

ἕκαστος τῆς ἡμέρης ἐλάμβανε καὶ μηδὲν πλέον, ἕνδεκα μυριάδας μεδίμνων τελεομένας ἐπ' ἡμέρῃ ἑκάστῃ καὶ πρὸς τριηκοσίους τε ἄλλους μεδίμνους καὶ τεσσεράκοντα· γυναιξὶ δὲ καὶ εὐνούχοισι καὶ ὑποζυγίοισι καὶ κυσὶ οὐ λογίζομαι. ἀνδρῶν δὲ ἐουσέων τοσουτέων μυριάδων, κάλλεός τε εἵνεκα καὶ μεγάθεος οὐδεὶς αὐτῶν ἀξιονικότερος ἦν αὐτοῦ Ξέρξεω ἔχειν τοῦτο τὸ κράτος.

188 (1) ὁ δὲ δὴ ναυτικὸς στρατὸς ἐπείτε ὁρμηθεὶς ἔπλεε καὶ κατέσχε τῆς Μαγνησίης χώρης ἐς τὸν αἰγιαλὸν τὸν μεταξὺ Κασθαναίης τε πόλιος ἐόντα καὶ Σηπιάδος ἀκτῆς, αἱ μὲν δὴ πρῶται τῶν νεῶν ὅρμεον πρὸς γῇ, ἄλλαι δ' ἐπ' ἐκείνῃσι ἐπ' ἀγκυρέων· ἅτε γὰρ τοῦ αἰγιαλοῦ ἐόντος οὐ μεγάλου, πρόκροσσαι ὁρμέοντο ἐς πόντον καὶ ἐπὶ ὀκτὼ νέας. (2) ταύτην μὲν τὴν εὐφρόνην οὕτω, ἅμα δὲ ὄρθρῳ ἐξ αἰθρίης τε καὶ νηνεμίης τῆς θαλάσσης ζεσάσης ἐπέπεσέ σφι χειμών τε μέγας καὶ πολλὸς ἄνεμος ἀπηλιώτης, τὸν δὴ Ἑλλησποντίην καλέουσι οἱ περὶ ταῦτα τὰ χωρία οἰκημένοι. (3) ὅσοι μέν νυν αὐτῶν αὐξόμενον ἔμαθον τὸν ἄνεμον καὶ τοῖσι οὕτω εἶχε ὅρμου, οἳ δ' ἔφθησαν τὸν χειμῶνα ἀνασπάσαντες τὰς νέας, καὶ αὐτοί τε περιῆσαν καὶ αἱ νέες αὐτῶν· ὅσας δὲ τῶν νεῶν μεταρσίας ἔλαβε, τὰς μὲν ἐξέφερε πρὸς Ἴπνους καλεομένους τοὺς ἐν Πηλίῳ, τὰς δὲ ἐς τὸν αἰγιαλόν· αἳ δὲ περὶ αὐτὴν τὴν Σηπιάδα περιέπιπτον, αἳ δὲ ἐς Μελίβοιαν πόλιν, αἳ δὲ ἐς Κασθαναίην ἐξεβράσσοντο· ἦν τε τοῦ χειμῶνος χρῆμα ἀφόρητον.

189 (1) λέγεται δὲ λόγος ὡς Ἀθηναῖοι τὸν Βορέην ἐκ θεοπροπίου ἐπεκαλέσαντο, ἐλθόντος σφι ἄλλου χρηστηρίου τὸν γαμβρὸν ἐπίκουρον καλέσασθαι. Βορέης δὲ κατὰ τὸν Ἑλλήνων λόγον ἔχει γυναῖκα Ἀττικήν, Ὠρειθυίην τὴν Ἐρεχθέος. (2) κατὰ δὴ τὸ κῆδος τοῦτο οἱ Ἀθηναῖοι, ὡς φάτις ὅρμηται, συμβαλλόμενοι σφίσι τὸν Βορέην γαμβρὸν

einen Choinix Weizen pro Tag erhielt und nicht mehr, für jeden Tag 110 000 Medimnoi und noch weitere 340 Medimnoi verbraucht wurden.[97] Nicht mitgerechnet sind Frauen, Eunuchen, Zugtiere und Hunde. Unter so vielen 10 000 Männern verdiente es keiner unter ihnen wegen seiner Schönheit und Größe mehr als Xerxes selbst diese Macht zu haben.

188 (1) Als die Flotte nun aufgebrochen war und dahinfuhr und die Küste im Lande Magnesia, die zwischen der Stadt Kasthanaia und dem Vorgebirge Sepias liegt, angesteuert hatte, ankerten die ersten Schiffe an Land, andere ankerten hinter jenen. Da die Küste nicht lang war, ankerten sie mit aufragenden Schnäbeln zum Meer hingewendet und zwar je acht Schiffe hintereinander. (2) So ankerten sie also in dieser Nacht, beim Morgengrauen jedoch begann das Meer nach heiterem Himmel und Windstille zu wogen und ein gewaltiges Unwetter und starker Ostwind, den die Bewohner dieser Gegend Hellespontia nennen, brachen über sie herein. (3) Diejenigen von ihnen, die bemerkt hatten, dass der Wind an Stärke zunahm, und günstig vor Anker lagen, kamen dem Unwetter zuvor, nachdem sie die Schiffe hinaufgezogen hatten, und kamen sowohl selbst als auch ihre Schiffe heil davon. Alle Schiffe aber, die es auf hoher See erfasste, trieb es zu den sogenannten Ipnoi am Pelion, andere an die Küste. Die einen strandeten bei Sepias selbst, andere wurden an den Strand bei der Stadt Meliboia hinausgeworfen und wieder andere bei Kasthanaia. Es war ein unerträgliches Unwetter.

189 (1) Es wird erzählt, die Athener hätten den Boreas[98] infolge eines Orakelspruchs herbeigerufen, da ein anderer Orakelspruch an sie ergangen sei, den Schwiegersohn als Helfer herbeizurufen. Nach der Erzählung der Griechen hat er eine attische Frau, Oreithyia, die Tochter des Erechtheus. (2) Auf Grund dieser Verschwägerung folgerten die Athener, wie die Kunde geht, dass Boreas

εἶναι, ναυλοχέοντες τῆς Εὐβοίης ἐν Χαλκίδι ὡς ἔμαθον αὐξόμενον τὸν χειμῶνα ἢ καὶ πρὸ τούτου, ἐθύοντό τε καὶ ἐπεκαλέοντο τόν τε Βορέην καὶ τὴν Ὠρειθυίην τιμωρῆσαι σφίσι καὶ διαφθεῖραι τῶν βαρβάρων τὰς νέας, ὡς καὶ πρότερον περὶ Ἄθων. (3) εἰ μέν νυν διὰ ταῦτα τοῖσι βαρβάροισι ὁρμέουσι Βορέης ἐπέπεσε, οὐκ ἔχω εἰπεῖν· οἱ δ' ὦν Ἀθηναῖοι σφίσι λέγουσι βοηθήσαντα τὸν Βορέην πρότερον καὶ τότε ἐκεῖνα κατεργάσασθαι, καὶ ἱρὸν ἀπελθόντες Βορέω ἱδρύσαντο παρὰ ποταμὸν Ἰλισσόν.

190 ἐν τούτῳ τῷ πόνῳ νέας οἳ ἐλαχίστας λέγουσι διαφθαρῆναι τετρακοσιέων οὐκ ἐλάσσονας, ἄνδρας τε ἀναριθμήτους χρημάτων τε πλῆθος ἄφθονον. ὥστε Ἀμεινοκλέι τῷ Κρητίνεω ἀνδρὶ Μάγνητι γηοχέοντι περὶ Σηπιάδα μεγάλως ἡ ναυηγίη αὕτη ἐγένετο χρηστή· ὃς πολλὰ μὲν χρύσεα ποτήρια ὑστέρῳ χρόνῳ ἐκβρασσόμενα ἀνείλετο πολλὰ δὲ ἀργύρεα, θησαυρούς τε τῶν Περσέων εὗρε, ἄλλα τε ἄφατα χρήματα περιεβάλετο. ἀλλ' ὃ μὲν τἆλλα οὐκ εὐτυχέων εὑρήμασι μέγα πλούσιος ἐγένετο· ἦν γάρ τις καὶ τοῦτον ἄχαρις συμφορὴ λυπεῦσα παιδοφόνος.

191 (1) σιταγωγῶν δὲ ὁλκάδων καὶ τῶν ἄλλων πλοίων διαφθειρομένων οὐκ ἐπῆν ἀριθμός. ὥστε δείσαντες οἱ στρατηγοὶ τοῦ ναυτικοῦ στρατοῦ μή σφι κεκακωμένοισι ἐπιθέωνται οἱ Θεσσαλοί, ἕρκος ὑψηλὸν ἐκ τῶν ναυηγίων περιεβάλοντο· (2) ἡμέρας γὰρ δὴ ἐχείμαζε τρεῖς. τέλος δὲ ἔντομά τε ποιεῦντες καὶ καταείδοντες γόησι οἱ Μάγοι τῷ ἀνέμῳ, πρός τε τούτοισι καὶ τῇ Θέτι καὶ τῇσι Νηρηίσι θύοντες, ἔπαυσαν τετάρτῃ ἡμέρῃ, ἢ ἄλλως κως αὐτὸς

ihr Schwiegersohn sei, und als sie mit den Schiffen bei Chalkis auf Euboia vor Anker lagen und bemerkt hatten, dass das Unwetter an Stärke zunahm, oder auch schon vorher, opferten sie und riefen den Boreas und Oreithyia herbei, ihnen zu helfen und die Schiffe der Nichtgriechen zu zerstören, wie auch früher schon am Athos.[99] (3) Ob nun deshalb der Boreas über die Nichtgriechen herfiel, als sie ankerten, kann ich nicht sagen. Die Athener freilich behaupten, Boreas, der ihnen auch schon früher geholfen habe, habe auch damals jenes bewirkt, und sie errichteten nach ihrer Rückkehr dem Boreas am Fluss Ilissos ein Heiligtum.

190 Bei diesem Unglück sind nach Aussage derer, die die geringste Zahl angeben, nicht weniger als 400 Schiffe zerstört worden, unzählige Männer und eine unendlich große Menge an Material sind verlorengegangen. Daher ist für Ameinokles, den Sohn des Kretines, einen Mann aus Magnesia, der Landbesitz in der Gegend von Sepias hatte, dieser Schiffbruch ein großer Gewinn gewesen. Dieser konnte viele goldene Trinkbecher, die später an den Strand gespült wurden, aber auch silberne Trinkbecher aufsammeln, fand die Kriegskassen der Perser und eignete sich noch andere unzählige Dinge an. Er, der ansonsten kein Glück hatte, wurde durch die Funde sehr reich. Auch ihn traf nämlich ein unerfreuliches, betrübliches Geschick, nämlich der Tod seines Sohnes.

191 (1) Die Menge der zerstörten Getreidefrachtschiffe und der anderen Schiffe war unzählbar, so dass die Befehlshaber der Flotte aus Angst, die Thessalier könnten sie, da sie in einer schlimmen Lage waren, angreifen, einen hohen Zaun aus den Schiffswracks um sich herum errichteten. (2) Das Unwetter dauerte drei Tage lang. Schließlich beendeten die Magier dadurch, dass sie opferten und mit Rufen den Wind beschwichtigten, und zusätzlich noch durch Opfer für Thetis und die Nereiden, am vierten Tag den Wind, oder er legte sich auch sonst wie

ἐθέλων ἐκόπασε. τῇ δὲ Θέτι ἔθυον πυθόμενοι παρὰ τῶν Ἰώνων τὸν λόγον. ὡς ἐκ τοῦ χώρου τούτου ἁρπασθείη ὑπὸ Πηλέος, εἴη τε ἅπασα ἡ ἀκτὴ ἡ Σηπιὰς ἐκείνης τε καὶ τῶν ἀλλέων Νηρηίδων.

192 (1) ὃ μὲν δὴ τετάρτη ἡμέρῃ ἐπέπαυτο· τοῖσι δὲ Ἕλλησι οἱ ἡμεροσκόποι ἀπὸ τῶν ἄκρων τῶν Εὐβοϊκῶν καταδραμόντες δευτέρῃ ἡμέρῃ ἀπ' ἧς ὁ χειμὼν ὁ πρῶτος ἐγένετο, ἐσήμαινον πάντα τὰ γενόμενα περὶ τὴν ναυηγίην. (2) οἳ δὲ ὡς ἐπύθοντο, Ποσειδέωνι σωτῆρι εὐξάμενοι καὶ σπονδὰς προχέαντες τὴν ταχίστην ὀπίσω ἠπείγοντο ἐπὶ τὸ Ἀρτεμίσιον, ἐλπίσαντες ὀλίγας τινάς σφι ἀντιξόους ἔσεσθαι νέας. οἳ μὲν δὴ τὸ δεύτερον ἐλθόντες περὶ τὸ Ἀρτεμίσιον ἐναυλόχεον, Ποσειδέωνος σωτῆρος ἐπωνυμίην ἀπὸ τούτου ἔτι καὶ ἐς τόδε νομίζοντες.

193 (1) οἱ δὲ βάρβαροι, ὡς ἐπαύσατό τε ὁ ἄνεμος καὶ τὸ κῦμα ἔστρωτο, κατασπάσαντες τὰς νέας ἔπλεον παρὰ τὴν ἤπειρον, κάμψαντες δὲ τὴν ἄκρην τῆς Μαγνησίης ἰθέαν ἔπλεον ἐς τὸν κόλπον τὸν ἐπὶ Παγασέων φέροντα. (2) ἔστι δὲ χῶρος ἐν τῷ κόλπῳ τούτῳ τῆς Μαγνησίης, ἔνθα λέγεται τὸν Ἡρακλέα καταλειφθῆναι ὑπὸ Ἰήσονος τε καὶ τῶν συνεταίρων ἐκ τῆς Ἀργοῦς ἐπ' ὕδωρ πεμφθέντα, εὖτ' ἐπὶ τὸ κῶας ἔπλεον ἐς Αἶαν τὴν Κολχίδα· ἐνθεῦτεν γὰρ ἔμελλον ὑδρευσάμενοι ἐς τὸ πέλαγος ἀφήσειν. ἐπὶ τούτου δὲ τῷ χώρῳ οὔνομα γέγονε Ἀφέται. ἐν τούτῳ ὦν ὅρμον οἱ Ξέρξεω ἐποιεῦντο.

194 (1) πεντεκαίδεκα δὲ τῶν νεῶν τουτέων ἔτυχόν τε ὕσταται πολλὸν ἐξαναχθεῖσαι καί κως κατεῖδον τὰς ἐπ' Ἀρτεμισίῳ τῶν Ἑλλήνων νέας. ἔδοξάν τε δὴ τὰς σφετέρας εἶναι οἱ βάρβαροι καὶ πλέοντες ἐσέπεσον ἐς τοὺς πολεμίους· τῶν ἐστρατήγεε ὁ ἀπὸ Κύμης τῆς Αἰολίδος ὕπαρχος Σανδώκης ὁ Θαμασίου τὸν δὴ πρότερον τούτων βασιλεὺς Δαρεῖος ἐπ' αἰτίῃ τοιῇδε λαβὼν ἀνεσταύρωσε ἐόντα τῶν

von selbst. Der Thetis opferten sie, weil sie von den Ioniern die Geschichte erfahren hatten, dass sie von diesem Ort von Peleus entführt worden sei und das gesamte Vorgebirge von Sepias ihr und den anderen Nereiden gehöre.

192 (1) Am vierten Tag hatte der Sturm sich also gelegt. Den Griechen meldeten die Späher, die von den Höhen auf Euboia herabgeeilt waren, am zweiten Tag, seit das Unwetter ausgebrochen war, alle Ereignisse um den Schiffbruch. (2) Als sie davon erfahren hatten, beteten sie zu Poseidon, ihrem Retter und spendeten ihm Trankopfer, dann fuhren sie schnellstens nach Artemision zurück, in der Hoffnung, dass nur noch wenige Schiffe ihnen entgegenstünden. Nachdem sie ein zweites Mal in die Gegend von Artemision gekommen waren, warfen sie dort die Anker aus. Seitdem hat bei ihnen bis zum heutigen Tag Poseidon den Beinamen der Retter.

193 (1) Als der Wind sich gelegt und die Wogen sich geglättet hatten, zogen die Nichtgriechen die Schiffe ins Wasser und segelten am Festland entlang, umfuhren die Spitze von Magnesia und fuhren geradewegs in die Bucht, die in das Gebiet von Pagasai führt. (2) In dieser Bucht von Magnesia gibt es einen Ort, wo Herakles von Iason und seinen Gefährten zurückgelassen worden sein soll, nachdem er aus der Argo zum Wasserholen losgeschickt worden war,[100] als sie nach Aia in Kolchis fuhren, um das Vlies zu holen. Von dort nämlich wollten sie Wasser holen und aufs offene Meer hinausfahren, daher erhielt dieser Ort den Namen Aphetai. Dort ankerten die Leute des Xerxes.

194 (1) Von diesen Schiffen fuhren 15 als letzte weit hinter den anderen auf die offene See und sahen die Schiffe der Griechen bei Artemision. Die Nichtgriechen glaubten, dass es ihre eigenen Schiffe seien, fuhren auf sie zu und stießen auf die Feinde. Jene befehligte der Statthalter von Kyme in der Aiolis, Sandokes, der Sohn des Thamasios; ihn hatte Dareios vor dieser Zeit wegen fol-

βασιληίων δικαστέων. ὁ Σανδώκης ἐπὶ χρήμασι ἄδικον δίκην ἐδίκασε. (2) ἀνακρεμασθέντος ὦν αὐτοῦ, λογιζόμενος ὁ Δαρεῖος εὗρέ οἱ πλέω ἀγαθὰ τῶν ἁμαρτημάτων πεποιημένα ἐς οἶκον τὸν βασιλήιον· εὑρὼν δὲ τοῦτο ὁ Δαρεῖος, καὶ γνοὺς ὡς ταχύτερα αὐτὸς ἢ σοφώτερα ἐργασμένος εἴη, ἔλυσε. (3) βασιλέα μὲν δὴ Δαρεῖον οὕτω διαφυγὼν μὴ ἀπολέσθαι περιῆν, τότε δὲ ἐς τοὺς Ἕλληνας καταπλώσας ἔμελλε οὐ τὸ δεύτερον διαφυγὼν ἔσεσθαι· ὡς γὰρ σφέας εἶδον προσπλέοντας οἱ Ἕλληνες, μαθόντες αὐτῶν τὴν γινομένην ἁμαρτάδα, ἐπαναχθέντες εὐπετέως σφέας εἷλον.

195 ἐν τουτέων μιῇ Ἀρίδωλις πλέων ἥλω, τύραννος Ἀλαβάνδων τῶν ἐν Καρίῃ, ἐν ἑτέρῃ δὲ ὁ Πάφιος στρατηγὸς Πενθύλος ὁ Δημονόου, ὃς ἦγε μὲν δυώδεκα νέας ἐκ Πάφου, ἀποβαλὼν δὲ σφέων τὰς ἕνδεκα τῷ χειμῶνι τῷ γενομένῳ κατὰ Σηπιάδα, μιῇ τῇ περιγενομένῃ καταπλέων ἐπ᾽ Ἀρτεμίσιον ἥλω. τούτους οἱ Ἕλληνες ἐξιστορήσαντες τὰ ἐβούλοντο πυθέσθαι ἀπὸ τῆς Ξέρξεω στρατιῆς, ἀποπέμπουσι δεδεμένους ἐς τὸν Κορινθίων ἰσθμόν.

196 ὁ μὲν δὴ ναυτικὸς ὁ τῶν βαρβάρων στρατός, πάρεξ τῶν πεντεκαίδεκα νεῶν τῶν εἶπον Σανδώκεα στρατηγέειν, ἀπίκοντο ἐς Ἀφέτας. Ξέρξης δὲ καὶ ὁ πεζὸς πορευθεὶς διὰ Θεσσαλίης καὶ Ἀχαιίης ἐσβεβληκὼς ἦν καὶ δὴ τριταῖος ἐς Μηλιέας, ἐν Θεσσαλίῃ μὲν ἅμιλλαν ποιησάμενος ἵππων τῶν τε ἑωυτοῦ ἀποπειρώμενος καὶ τῆς Θεσσαλίης ἵππου, πυθόμενος ὡς ἀρίστη εἴη τῶν ἐν Ἕλλησι· ἔνθα δὴ αἱ Ἑλληνίδες ἵπποι ἐλείποντο πολλόν. τῶν μέν νυν ἐν Θεσ-

genden Vergehens ergreifen und kreuzigen lassen,[101] als er zu den königlichen Richtern gehörte: Sandokes hatte um Geld ein ungerechtes Urteil gefällt. (2) Als er bereits aufgehängt war, fand Dareios beim Nachdenken, dass er dem Königshaus mehr Gutes als Fehlerhaftes erwiesen hatte. Als Dareios dies herausgefunden und erkannt hatte, dass er selbst voreilig statt klug gehandelt hatte, ließ er ihn abnehmen. (3) Nachdem jener so bei König Dareios dem Tod entkommen konnte und überlebt hatte, sollte er damals aber, als er geradewegs auf die Schiffe der Griechen zusteuerte, nicht ein zweites Mal entkommen. Sobald die Griechen sie nämlich heranfahren sahen, erkannten sie den Irrtum, der diesen unterlaufen war, fuhren auf die offene See hinaus und konnten sie leicht kapern.

195 Auf einem dieser Schiffe wurde Aridolis, Tyrann von Alabanda in Karien, gefangen genommen, auf einem anderen der Befehlshaber Penthylos aus Paphos, der Sohn des Demonoos, der zwölf Schiffe aus Paphos mitgebracht, aber elf davon im Unwetter bei Sepias verloren hatte und nun auf dem einen übriggebliebenen nach Artemision gefahren und gefangen genommen worden war. Die Griechen schickten diese, nachdem sie sie über alles, was sie über das Heer des Xerxes erfahren wollten, genau befragt hatten, in Fesseln an den Isthmos der Korinther.

196 Die Flotte der Nichtgriechen kam mit Ausnahme der 15 Schiffe, die, wie ich berichtet habe, Sandokes befehligte, nach Aphetai. Xerxes war mit dem Fußvolk durch Thessalien und Achaia marschiert und war schon seit drei Tagen im Gebiet der Malier eingefallen, nachdem er in Thessalien einen Pferdewettkampf mit seinen eigenen Pferden veranstaltet hatte, wobei er auch die thessalische Reiterei erproben wollte, weil er erfahren hatte, dass sie die beste bei den Griechen sei. Da blieben die griechischen Pferde jedoch weit zurück. Von den Flüs-

σαλίῃ ποταμῶν Ὀνόχωνος μοῦνος οὐκ ἀπέχρησε τῇ στρατιῇ τὸ ῥέεθρον πινόμενος· τῶν δὲ ἐν Ἀχαιίῃ ποταμῶν ῥεόντων οὐδὲ ὅστις μέγιστος αὐτῶν ἐστι Ἠπιδανός, οὐδὲ οὗτος ἀντέσχε εἰ μὴ φλαύρως.

197 (1) ἐς Ἄλον δὲ τῆς Ἀχαιίης ἀπικομένῳ Ξέρξῃ οἱ κατηγεμόνες τῆς ὁδοῦ βουλόμενοι τὸ πᾶν ἐξηγέεσθαι ἔλεγόν οἱ ἐπιχώριον λόγον, τὰ περὶ τὸ ἱρὸν τοῦ Λαφυστίου Διός, ὡς Ἀθάμας ὁ Αἰόλου ἐμηχανήσατο Φρίξῳ μόρον σὺν Ἰνοῖ βουλεύσας, μετέπειτα δὲ ὡς ἐκ θεοπροπίου Ἀχαιοὶ προτιθεῖσι τοῖσι ἐκείνου ἀπογόνοισι ἀέθλους τοιούσδε· (2) ὃς ἂν ᾖ τοῦ γένεος τούτου πρεσβύτατος, τούτῳ ἐπιτάξαντες ἔργεσθαι τοῦ ληίτου αὐτοὶ φυλακὰς ἔχουσι. λήιτον δὲ καλέουσι τὸ πρυτανήιον οἱ Ἀχαιοί. ἢν δὲ ἐσέλθῃ, οὐκ ἔστι ὅκως ἔξεισι πρὶν ἢ θύσεσθαι μέλλῃ· ὥς τ᾽ ἔτι πρὸς τούτοισι πολλοὶ ἤδη τούτων τῶν μελλόντων θύσεσθαι δείσαντες οἴχοντο ἀποδράντες ἐς ἄλλην χώρην, χρόνου δὲ προϊόντος ὀπίσω κατελθόντες ἢν ἁλίσκωνται ἐστέλλοντο ἐς τὸ πρυτανήιον· ὡς θύεταί τε ἐξηγέοντο στέμμασι πᾶς πυκασθεὶς καὶ ὡς σὺν πομπῇ ἐξαχθείς. (3) ταῦτα δὲ πάσχουσι οἱ Κυτισσώρου τοῦ Φρίξου παιδὸς ἀπόγονοι, διότι καθαρμὸν τῆς χώρης ποιευμένων Ἀχαιῶν ἐκ θεοπροπίου Ἀθάμαντα τὸν Αἰόλου καὶ μελλόντων μιν θύειν ἀπικόμενος οὗτος ὁ Κυτίσσωρος ἐξ Αἴης τῆς Κολχίδος ἐρρύσατο, ποιήσας δὲ τοῦτο τοῖσι ἐπιγενομένοισι ἐξ ἑωυτοῦ μῆνιν τοῦ θεοῦ ἐνέβαλε. (4) Ξέρξης δὲ ταῦτα ἀκούσας ὡς κατὰ τὸ ἄλσος ἐγίνετο, αὐτός τε ἔργετο αὐτοῦ καὶ τῇ στρατιῇ πάσῃ παρήγγειλε, τῶν τε Ἀθάμαντος ἀπογόνων τὴν οἰκίην ὁμοίως καὶ τὸ τέμενος ἐσέβετο.

sen in Thessalien hatte als einziger der Onochonos für das Heer nicht genügend Wasser zum Trinken. Von den Flüssen in Achaia reichte auch der größte von ihnen, der Apidanos, nur spärlich.

197 (1) Als Xerxes nach Alos in Achaia gekommen war, erzählten ihm die Wegführer, da sie alles genau berichten wollten, einen einheimischen *logos*, nämlich die das Heiligtum des Zeus Laphystios betreffende Geschichte: Wie Athamas, der Sohn des Aiolos, dem Phrixos in Absprache mit Ino ein schlimmes Schicksal ersonnen hatte, und wie daraufhin die Achaier infolge eines Orakelspruchs seinen Nachkommen folgende Strafen auferlegt hätten: (2) Sie haben dem jeweils Ältesten dieses Geschlechts auferlegt, sich vom Prytaneion[102] fernzuhalten, und bewachen es selbst – die Achaier nennen das Prytaneion »Leiton« –; wenn er aber hineingeht, kann er auf keinen Fall mehr hinausgehen, bevor er nicht bereit ist, sich opfern zu lassen. Wie ferner viele von diesen, die sich opfern lassen sollten, aus Angst eilends in ein anderes Land geflohen seien, und wie sie dann, wenn sie im Verlauf der Zeit wieder zurückgekehrt seien und ertappt würden, dass sie ins Rathaus gegangen sind, geopfert würden, nachdem sie ganz mit Kränzen dicht bedeckt und in feierlichem Zug hinausgeführt worden seien. (3) Dieses also erleiden die Nachkommen des Kytissoros, des Sohnes des Phrixos, aus folgendem Grund: Als die Achaier infolge des Orakelspruches den Athamas, den Sohn des Aiolos zum Sühneopfer für ihr Land machten und ihn opfern wollten, kam dieser Kytissoros aus Aia in Kolchis und rettete ihn und hat dadurch aber den Zorn des Gottes auf seine eigenen Nachkommen gezogen. (4) Als Xerxes dies vernommen und sich in der Nähe des heiligen Haines eingefunden hatte, hielt er sich selbst fern von ihm und gebot dies auch dem gesamten Heer; dem Haus der Nachkommen des Athamas brachte er ebenso viel Verehrung entgegen wie dem Heiligtum.

198 (1) ταῦτα μὲν τὰ ἐν Θεσσαλίῃ καὶ τὰ ἐν Ἀχαιίῃ· ἀπὸ δὲ τούτων τῶν χώρων ἤιε ἐς τὴν Μηλίδα παρὰ κόλπον θαλάσσης, ἐν τῷ ἄμπωτίς τε καὶ ῥηχίη ἀνὰ πᾶσαν ἡμέρην γίνεται. περὶ δὲ τὸν κόλπον τοῦτον ἐστὶ χῶρος πεδινός, τῇ μὲν εὐρὺς τῇ δὲ καὶ κάρτα στεινός· περὶ δὲ τὸν χῶρον ὄρεα ὑψηλὰ καὶ ἄβατα περικληίει πᾶσαν τὴν Μηλίδα γῆν, Τρηχίνιαι πέτραι καλεόμεναι. (2) πρώτη μέν νυν πόλις ἐστὶ ἐν τῷ κόλπῳ ἰόντι ἀπὸ Ἀχαιίης Ἀντικύρη, παρ' ἣν Σπερχειὸς ποταμὸς ῥέων ἐξ Ἐνιήνων ἐς θάλασσαν ἐκδιδοῖ. ἀπὸ δὲ τούτου διὰ εἴκοσί κου σταδίων ἄλλος ποταμὸς τῷ οὔνομα κεῖται Δύρας, τὸν βοηθέοντα τῷ Ἡρακλέι καιομένῳ λόγος ἐστὶ ἀναφανῆναι. ἀπὸ δὲ τούτου δι' ἄλλων εἴκοσι σταδίων ἄλλος ποταμός ἐστι ὃς καλέεται Μέλας.

199 Τρηχὶς δὲ πόλις ἀπὸ τοῦ Μέλανος τούτου ποταμοῦ πέντε στάδια ἀπέχει. ταύτῃ δὲ καὶ εὐρύτατον ἐστὶ πάσης τῆς χώρης ταύτης ἐκ τῶν ὀρέων ἐς θάλασσαν, κατ' ἃ Τρηχὶς πεπόλισται· δισχίλιά τε γὰρ καὶ δισμύρια πλέθρα τοῦ πεδίου ἐστί. τοῦ δὲ ὄρεος τὸ περικληίει τὴν γῆν τὴν Τρηχινίην ἐστὶ διασφὰξ πρὸς μεσαμβρίην Τρηχῖνος, διὰ δὲ τῆς διασφάγος Ἀσωπὸς ποταμὸς ῥέει παρὰ τὴν ὑπωρείαν τοῦ ὄρεος.

200 (1) ἔστι δὲ ἄλλος Φοῖνιξ ποταμὸς οὐ μέγας πρὸς μεσαμβρίην τοῦ Ἀσωποῦ, ὃς ἐκ τῶν ὀρέων τούτων ῥέων ἐς τὸν Ἀσωπὸν ἐκδιδοῖ. κατὰ δὲ τὸν Φοίνικα ποταμὸν στεινότατον ἐστί· ἁμαξιτὸς γὰρ μούνη δέδμηται. ἀπὸ δὲ τοῦ Φοίνικος ποταμοῦ πεντεκαίδεκα στάδια ἐστὶ ἐς Θερμοπύλας. (2) ἐν δὲ τῷ μεταξὺ Φοίνικος ποταμοῦ καὶ Θερμοπυλέων κώμη τε ἐστὶ τῇ οὔνομα Ἀνθήλη κεῖται, παρ' ἣν δὴ παραρρέων ὁ Ἀσωπὸς ἐς θάλασσαν ἐκδιδοῖ, καὶ χῶρος περὶ αὐτὴν εὐρύς, ἐν τῷ Δήμητρός τε ἱρὸν Ἀμφικτυονίδος ἵδρυται καὶ ἕδραι εἰσὶ Ἀμφικτύοσι καὶ αὐτοῦ τοῦ Ἀμφικτύονος ἱρόν.

201 βασιλεὺς μὲν δὴ Ξέρξης ἐστρατοπεδεύετο τῆς Μη-

198 (1) Das waren die Geschehnisse in Thessalien und Achaia. Von diesen Gegenden zog er entlang einer Meeresbucht nach Malis, wo es jeden Tag Ebbe und Flut gibt. Um diese Meeresbucht herum liegt ein flaches Gebiet, auf der einen Seite breit, auf der anderen sehr schmal. Rings um dieses Gebiet schließen hohe und unzugängliche Berge, die sogenannten trachinischen Felsen, das ganze Land von Malis ein. (2) Die erste Stadt an dieser Bucht ist, wenn man von Achaia kommt, Antikyra, wo der Fluss Spercheios aus dem Land der Ainianer kommend ins Meer mündet. Von ihm etwa 20 Stadien[103] entfernt ist ein anderer Fluss namens Dyras, der der Sage nach aufgetaucht ist, um dem brennenden Herakles zu helfen. Von diesem wiederum weitere 20 Stadien entfernt ist ein anderer Fluss, der Melas genannt wird.

199 Die Stadt Trachis liegt fünf Stadien von diesem Fluss Melas entfernt. Dort ist die breiteste Stelle dieses gesamten Gebietes von den Bergen bis zum Meer, in deren Nähe die Stadt Trachis angelegt ist; die Ebene hat hier ein Ausmaß von 22 000 Plethren.[104] Im Gebirge, das das Gebiet von Trachis umschließt, gibt es eine Schlucht südlich von Trachis und durch diese Schlucht strömt der Fluss Asopos am Fuß des Gebirges entlang.

200 (1) Es gibt noch einen anderen nicht sehr großen Fluss: Phoinix, südlich vom Asopos; er kommt aus diesen Bergen und mündet in den Asopos. Am Fluss Phoinix ist die engste Stelle. Die Fahrstraße ist nämlich nur für einen einzigen Wagen breit gebaut. Vom Fluss Phoinix sind es 15 Stadien bis zu den Thermopylen. (2) In der Mitte zwischen dem Fluss Phoinix und den Thermopylen liegt ein Dorf namens Anthela, an dem der Asopos vorbeifließt und dann ins Meer mündet, die Gegend um das Dorf ist dort breit, wo ein Heiligtum der amphiktyonischen Demeter errichtet ist und wo es Sitze für die Amphiktyonen und ein Heiligtum für Amphiktyon selbst gibt.

201 König Xerxes schlug also sein Lager in Malis in der

λίδος ἐν τῇ Τρηχινίῃ, οἱ δὲ δὴ Ἕλληνες ἐν τῇ διόδῳ. καλέεται δὲ ὁ χῶρος οὗτος ὑπὸ μὲν τῶν πλεόνων Ἑλλήνων Θερμοπύλαι, ὑπὸ δὲ τῶν ἐπιχωρίων καὶ περιοίκων Πύλαι. ἐστρατοπεδεύοντο μέν νυν ἑκάτεροι ἐν τούτοισι τοῖσι χωρίοισι, ἐπεκράτεε δὲ ὃ μὲν τῶν πρὸς βορέην ἄνεμον ἐχόντων πάντων μέχρι Τρηχῖνος, οἳ δὲ τῶν πρὸς νότον καὶ μεσαμβρίην φερόντων τὸ ἐπὶ ταύτης τῆς ἠπείρου.

202 ἦσαν δὲ οἵδε Ἑλλήνων οἱ ὑπομένοντες τὸν Πέρσην ἐν τούτῳ τῷ χώρῳ, Σπαρτιητέων τε τριηκόσιοι ὁπλῖται καὶ Τεγεητέων καὶ Μαντινέων χίλιοι, ἡμίσεες ἑκατέρων, ἐξ Ὀρχομενοῦ τε τῆς Ἀρκαδίης εἴκοσι καὶ ἑκατόν, καὶ ἐκ τῆς λοιπῆς Ἀρκαδίης χίλιοι· τοσοῦτοι μὲν Ἀρκάδων, ἀπὸ δὲ Κορίνθου τετρακόσιοι καὶ ἀπὸ Φλειοῦντος διηκόσιοι καὶ Μυκηναίων ὀγδώκοντα. οὗτοι μὲν ἀπὸ Πελοποννήσου παρῆσαν, ἀπὸ δὲ Βοιωτῶν Θεσπιέων τε ἑπτακόσιοι καὶ Θηβαίων τετρακόσιοι.

203 (1) πρὸς τούτοισι ἐπίκλητοι ἐγένοντο Λοκροί τε οἱ Ὀπούντιοι πανστρατιῇ καὶ Φωκέων χίλιοι. αὐτοὶ γὰρ σφέας οἱ Ἕλληνες ἐπεκαλέσαντο, λέγοντες δι᾽ ἀγγέλων ὡς αὐτοὶ μὲν ἥκοιεν πρόδρομοι τῶν ἄλλων, οἱ δὲ λοιποὶ τῶν συμμάχων προσδόκιμοι πᾶσαν εἶεν ἡμέρην, ἡ θάλασσά τέ σφι εἴη ἐν φυλακῇ ὑπ᾽ Ἀθηναίων τε φρουρεομένη καὶ Αἰγινητέων καὶ τῶν ἐς τὸν ναυτικὸν στρατὸν ταχθέντων, καί σφι εἴη δεινὸν οὐδέν· (2) οὐ γὰρ θεὸν εἶναι τὸν ἐπιόντα ἐπὶ τὴν Ἑλλάδα ἀλλ᾽ ἄνθρωπον, εἶναι δὲ θνητὸν οὐδένα οὐδὲ ἔσεσθαι τῷ κακὸν ἐξ ἀρχῆς γινομένῳ οὐ συνεμίχθη, τοῖσι δὲ μεγίστοισι αὐτῶν μέγιστα. ὀφείλειν ὦν καὶ τὸν ἐπελαύνοντα, ὡς ἐόντα θνητόν, ἀπὸ τῆς δόξης πεσεῖν ἄν. οἳ δὲ ταῦτα πυνθανόμενοι ἐβοήθεον ἐς τὴν Τρηχῖνα.

204 τούτοισι ἦσαν μέν νυν καὶ ἄλλοι στρατηγοὶ κατὰ

Gegend von Trachis auf, die Griechen aber in dem Pass. Dieser Ort wird von der Mehrheit der Griechen Thermopylen genannt, von den Einheimischen und den Nachbarn Pylai. Beide lagerten nun an den genannten Orten, der eine besetzte bis Trachis das gesamte Gebiet, das nach Norden hin ausgerichtet ist, die anderen das nach Süden und Mittag ausgerichtete Gebiet, am diesseitigen Ufer.

202 Es waren folgende Griechen, die an diesem Ort den Perser erwarteten: 300 Hopliten der Spartaner und 1000 der Tegeaten und Mantineer, von beiden je die Hälfte, aus Orchomenos in Arkadien kamen 120 und aus dem übrigen Arkadien 1000. So viele waren es also von den Arkadern, von Korinth waren es 400, von Phleius 200 und von den Mykenern 80. Diese hatten sich also von der Peloponnes eingefunden, von den Boiotern 700 Thespier und 400 Thebaier.

203 (1) Zusätzlich zu diesen waren noch die opuntischen Lokrer mit dem gesamten Heer und 1000 Phoker aufgeboten worden. Die Griechen selbst hatten sie nämlich herbeigerufen, indem sie durch Boten folgendes sagen ließen: Sie selbst seien als Vorläufer der anderen gekommen, die übrigen Bundesgenossen seien täglich zu erwarten, das Meer sei für sie unter Kontrolle, da es von den Athenern, den Aigineten und denen, die für die Flotte aufgestellt seien, bewacht werde, und daher drohe ihnen keine Gefahr. (2) Es sei nämlich kein Gott, der gegen Griechenland vorrücke, sondern ein Mensch, und es gebe keinen Sterblichen und es werde keinen geben, dem nicht von dem Augenblick an, da er geboren wird, Unglück beigegeben ist, den bedeutendsten Menschen aber das größte. Auch der, der jetzt heranziehe, müsse, da er ein Sterblicher ist, von seinem glanzvollen Ruhm herabstürzen. Als sie dies vernommen hatten, kamen sie nach Trachis zu Hilfe.

204 Diese hatten nun zwar auch noch andere Befehls-

πόλιας ἑκάστων, ὁ δὲ θωμαζόμενος μάλιστα καὶ παντὸς τοῦ στρατεύματος ἡγεόμενος Λακεδαιμόνιος ἦν Λεωνίδης ὁ Ἀναξανδρίδεω τοῦ Λέοντος τοῦ Εὐρυκρατίδεω τοῦ Ἀναξάνδρου τοῦ Εὐρυκράτεος τοῦ Πολυδώρου τοῦ Ἀλκαμένεος τοῦ Τηλέκλου τοῦ Ἀρχέλεω τοῦ Ἡγησίλεω τοῦ Δορύσσου τοῦ Λεωβώτεω τοῦ Ἐχεστράτου τοῦ Ἤγιος τοῦ Εὐρυσθένεος τοῦ Ἀριστοδήμου τοῦ Ἀριστομάχου τοῦ Κλεοδαίου τοῦ Ὕλλου τοῦ Ἡρακλέος, κτησάμενος τὴν βασιληίην ἐν Σπάρτῃ ἐξ ἀπροσδοκήτου.

205 (1) διξῶν γάρ οἱ ἐόντων πρεσβυτέρων ἀδελφεῶν, Κλεομένεός τε καὶ Δωριέος, ἀπελήλατο τῆς φροντίδος περὶ τῆς βασιληίης. ἀποθανόντος δὲ Κλεομένεος ἄπαιδος ἔρσενος γόνου, Δωριέος τε οὐκέτι ἐόντος ἀλλὰ τελευτήσαντος καὶ τούτου ἐν Σικελίῃ, οὕτω δὴ ἐς Λεωνίδην ἀνέβαινε ἡ βασιληίη, καὶ διότι πρότερος ἐγεγόνεε Κλεομβρότου· οὗτος γὰρ ἦν νεώτατος Ἀναξανδρίδεω παῖς καὶ δὴ καὶ εἶχε Κλεομένεος θυγατέρα. (2) ὃς τότε ἤιε ἐς Θερμοπύλας ἐπιλεξάμενος ἄνδρας τε τοὺς κατεστεῶτας τριηκοσίους καὶ τοῖσι ἐτύγχανον παῖδες ἐόντες· παραλαβὼν δὲ ἀπίκετο καὶ Θηβαίων τοὺς ἐς τὸν ἀριθμὸν λογισάμενος εἶπον, τῶν ἐστρατήγεε Λεοντιάδης ὁ Εὐρυμάχου. (3) τοῦδε δὲ εἵνεκα τούτους σπουδὴν ἐποιήσατο Λεωνίδης μούνους Ἑλλήνων παραλαβεῖν, ὅτι σφέων μεγάλως κατηγόρητο μηδίζειν· παρεκάλεε ὦν ἐς τὸν πόλεμον, θέλων εἰδέναι εἴτε συμπέμψουσι εἴτε καὶ ἀπερέουσι ἐκ τοῦ ἐμφανέος τὴν Ἑλλήνων συμμαχίην. οἳ δὲ ἀλλοφρονέοντες ἔπεμπον.

haber entsprechend den Poleis, aus denen die einzelnen Abteilungen kamen, derjenige aber, der am meisten bewundert wurde und das gesamte Heer befehligte, war Leonidas aus Sparta, der Sohn des Anaxandrides, des Sohnes des Leon, des Sohnes des Eurykratides, des Sohnes des Anaxandros, des Sohnes des Eurykrates, des Sohnes des Polydoros, des Sohnes des Alkamenes, des Sohnes des Telekleos, des Sohnes des Archelaos, des Sohnes des Hegesilaos, des Sohnes des Doryssos, des Sohnes des Leobotes, des Sohnes des Echestratos, des Sohnes des Agis, des Sohnes des Eurysthenes, des Sohnes des Aristodemos, des Sohnes des Aristomachos, des Sohnes des Kleodaios, des Sohnes des Hyllos, des Sohnes des Herakles. Er hatte die Königswürde in Sparta unerwartet erhalten.

205 (1) Da er zwei ältere Brüder hatte, nämlich Kleomenes und Dorieus, hatte er jeglichen Gedanken an die Königsherrschaft aufgegeben. Nachdem Kleomenes jedoch ohne männlichen Nachkommen gestorben war und Dorieus bereits nicht mehr lebte, sondern auch dieser auf Sizilien gestorben war, ging die Königsherrschaft auf Leonidas über, auch deshalb, weil er älter als Kleombrotos war – dieser war der jüngste Sohn des Anaxandrides – und weil er die Tochter des Kleomenes geheiratet hatte. (2) Dieser zog damals zu den Thermopylen, nachdem er das übliche Aufgebot von 300 Männern, und zwar von denen, die Kinder hatten, ausgewählt hatte. Er kam, nachdem er auch von den Thebaiern diejenigen übernommen hatte, die ich bei meiner Rechnung mitgezählt und genannt habe, die Leontiades, der Sohn des Eurymachos anführte. (3) Leonidas hatte deswegen Wert darauf gelegt, nur diese von den Griechen zu übernehmen, weil ihnen sehr vorgeworfen wurde, persisch gesinnt zu sein. Er forderte sie also zum Krieg auf, weil er wissen wollte, ob sie ein Aufgebot mitschicken würden oder das Bündnis mit den Griechen offen ablehnen würden. Obwohl sie anders gesinnt waren, schickten sie ein Aufgebot.

206 (1) τούτους μὲν τοὺς ἀμφὶ Λεωνίδην πρώτους ἀπέπεμψαν Σπαρτιῆται, ἵνα τούτους ὁρῶντες οἱ ἄλλοι σύμμαχοι στρατεύωνται μηδὲ καὶ οὗτοι μηδίσωσι, ἢν αὐτοὺς πυνθάνωνται ὑπερβαλλομένους· μετὰ δέ, Κάρνεια γάρ σφι ἦν ἐμποδών, ἔμελλον ὁρτάσαντες καὶ φυλακὰς λιπόντες ἐν τῇ Σπάρτῃ κατὰ τάχος βοηθέειν πανδημεί. (2) ὣς δὲ καὶ οἱ λοιποὶ τῶν συμμάχων ἐνένωντο καὶ αὐτοὶ ἕτερα τοιαῦτα ποιήσειν· ἦν γὰρ κατὰ τὠυτὸ Ὀλυμπιὰς τούτοισι τοῖσι πρήγμασι συμπεσοῦσα· οὔκων δοκέοντες κατὰ τάχος οὕτω διακριθήσεσθαι τὸν ἐν Θερμοπύλῃσι πόλεμον ἔπεμπον τοὺς προδρόμους.

207 οὗτοι μὲν δὴ οὕτω διενένωντο ποιήσειν· οἱ δὲ ἐν Θερμοπύλῃσι Ἕλληνες, ἐπειδὴ πέλας ἐγένετο τῆς ἐσβολῆς ὁ Πέρσης, καταρρωδέοντες ἐβουλεύοντο περὶ ἀπαλλαγῆς. τοῖσι μέν νυν ἄλλοισι Πελοποννησίοισι ἐδόκεε ἐλθοῦσι ἐς Πελοπόννησον τὸν Ἰσθμὸν ἔχειν ἐν φυλακῇ· Λεωνίδης δέ, Φωκέων καὶ Λοκρῶν περισπερχεόντων τῇ γνώμῃ ταύτῃ, αὐτοῦ τε μένειν ἐψηφίζετο πέμπειν τε ἀγγέλους ἐς τὰς πόλιας κελεύοντάς σφι ἐπιβοηθέειν, ὡς ἐόντων αὐτῶν ὀλίγων στρατὸν τὸν Μήδων ἀλέξασθαι.

208 (1) ταῦτα βουλευομένων σφέων, ἔπεμπε Ξέρξης κατάσκοπον ἱππέα ἰδέσθαι ὁκόσοι εἰσὶ καὶ ὅ τι ποιέοιεν. ἀκηκόεε δὲ ἔτι ἐὼν ἐν Θεσσαλίῃ ὡς ἁλισμένη εἴη ταύτῃ στρατιὴ ὀλίγη, καὶ τοὺς ἡγεμόνας ὡς εἴησαν Λακεδαιμόνιοί τε καὶ Λεωνίδης ἐὼν γένος Ἡρακλείδης. (2) ὡς δὲ προσήλασε ὁ ἱππεὺς πρὸς τὸ στρατόπεδον, ἐθηεῖτό τε καὶ κατώρα πᾶν μὲν οὒ τὸ στρατόπεδον· τοὺς γὰρ ἔσω τεταγμένους τοῦ τείχεος, τὸ ἀνορθώσαντες εἶχον ἐν φυλακῇ, οὐκ οἷά τε

206 (1) Diese Männer um Leonidas schickten die Spartaner als Erste, damit sich auch die anderen Bundesgenossen, wenn sie diese sähen, dem Feldzug anschlössen und nicht auch sie sich auf die persische Seite stellen würden, wenn sie erführen, dass jene den Aufbruch verzögerten. Sie wollten später – denn das Fest der Karneien hinderte sie –, wenn sie gefeiert und eine Besatzung in Sparta zurückgelassen hatten, eilends mit dem gesamten Aufgebot zu Hilfe kommen. (2) So dachten auch die übrigen Bundesgenossen ihrerseits ähnlich zu handeln. In die gleiche Zeit wie diese Geschehnisse fiel nämlich eine Olympiade.[105] Da sie nicht erwarteten, dass der Krieg bei den Thermopylen so schnell entschieden werden würde, schickten sie vorab dieses Aufgebot.

207 Diese also hatten so zu handeln gedacht. Die Griechen bei den Thermopylen aber waren in großer Angst, da ja der Perser schon in die Nähe des Passes gekommen war, und berieten deshalb über einen Abzug. Die anderen Peloponnesier hielten es für angebracht, auf die Peloponnes zurückzukehren und den Isthmos zu sichern. Da die Phoker und Lokrer über diesen Vorschlag sehr entrüstet waren, beschloss Leonidas an Ort und Stelle zu bleiben und Boten in die Poleis zu schicken mit dem Auftrag, ihnen zu Hilfe zu kommen, da sie selbst zu wenige seien, um das Heer der Perser abzuwehren.

208 (1) Während sie dies berieten, schickte Xerxes einen Reiter als Späher aus, um zu erkunden, wie viele es seien und was sie im Schilde führten. Er hatte nämlich, als er noch in Thessalien war, gehört, dass dort nur eine kleine Streitmacht versammelt sei und dass die Lakedaimonier und Leonidas, ein Mann aus dem Geschlecht des Herakles, ihre Befehlshaber seien. (2) Sobald der Reiter sich dem Lager näherte, betrachtete er es, konnte aber nicht das gesamte Lager überblicken. Die Männer nämlich, die innerhalb der Mauer, die sie wieder aufgerichtet hatten und bewachten, aufgestellt waren, konnte man nicht se-

ἦν κατιδέσθαι· ὁ δὲ τοὺς ἔξω ἐμάνθανε, τοῖσι πρὸ τοῦ τείχεος τὰ ὅπλα ἔκειτο· ἔτυχον δὲ τοῦτον τὸν χρόνον Λακεδαιμόνιοι ἔξω τεταγμένοι. (3) τοὺς μὲν δὴ ὥρα γυμναζομένους τῶν ἀνδρῶν, τοὺς δὲ τὰς κόμας κτενιζομένους. ταῦτα δὴ θεώμενος ἐθώμαζε καὶ τὸ πλῆθος ἐμάνθανε. μαθὼν δὲ πάντα ἀτρεκέως ἀπήλαυνε ὀπίσω κατ' ἡσυχίην· οὔτε γάρ τις ἐδίωκε ἀλογίης τε ἐνεκύρησε πολλῆς· ἀπελθών τε ἔλεγε πρὸς Ξέρξην τά περ ὀπώπεε πάντα.

209 (1) ἀκούων δὲ Ξέρξης οὐκ εἶχε συμβαλέσθαι τὸ ἐόν, ὅτι παρασκευάζοιντο ὡς ἀπολεόμενοί τε καὶ ἀπολέοντες κατὰ δύναμιν· ἀλλ' αὐτῷ γελοῖα γὰρ ἐφαίνοντο ποιέειν, μετεπέμψατο Δημάρητον τὸν Ἀρίστωνος ἐόντα ἐν τῷ στρατοπέδῳ· (2) ἀπικόμενον δέ μιν εἰρώτα Ξέρξης ἕκαστα τούτων, ἐθέλων μαθεῖν τὸ ποιεύμενον πρὸς τῶν Λακεδαιμονίων. ὁ δὲ εἶπε «Ἤκουσας μὲν καὶ πρότερόν μευ, εὖτε ὁρμῶμεν ἐπὶ τὴν Ἑλλάδα, περὶ τῶν ἀνδρῶν τούτων, ἀκούσας δὲ γέλωτά με ἔθευ λέγοντα τῇ περ ὥρων ἐκβησόμενα πρήγματα ταῦτα· ἐμοὶ γὰρ τὴν ἀληθείην ἀσκέειν ἀντία σεῦ βασιλεῦ ἀγὼν μέγιστος ἐστί. (3) ἄκουσον δὲ καὶ νῦν· οἱ ἄνδρες οὗτοι ἀπίκαται μαχησόμενοι ἡμῖν περὶ τῆς ἐσόδου, καὶ ταῦτα παρασκευάζονται. νόμος γάρ σφι ἔχων οὕτω ἐστί· ἐπεὰν μέλλωσι κινδυνεύειν τῇ ψυχῇ, τότε τὰς κεφαλὰς κοσμέονται. (4) ἐπίστασο δέ, εἰ τούτους γε καὶ τὸ ὑπομένον ἐν Σπάρτῃ καταστρέψεαι, ἔστι οὐδὲν ἄλλο ἔθνος ἀνθρώπων τὸ σὲ βασιλεῦ ὑπομενέει χεῖρας ἀνταειρόμενον· νῦν γὰρ πρὸς βασιληίην τε καὶ καλλίστην πόλιν τῶν ἐν Ἕλλησι προσφέρεαι καὶ ἄνδρας ἀρίστους.» (5) κάρτα τε δὴ Ξέρξῃ ἄπιστα ἐφαίνετο τὰ λεγόμενα εἶναι,

hen. Er bemerkte die Männer außerhalb der Mauer, die vor der Mauer ihre Waffen liegen hatten. Zu dieser Zeit hatten gerade die Lakedaimonier Posten außerhalb bezogen. (3) Er sah, wie die einen der Männer trainierten, die anderen sich ihr Haar kämmten. Als er dies beobachtete, wunderte er sich und merkte sich ihre Zahl. Er merkte sich alles genau und ritt dann wieder völlig unbehelligt zurück. Niemand nämlich verfolgte ihn oder beachtete ihn. Nach seiner Rückkehr berichtete er Xerxes alles, was er gesehen hatte.

209 (1) Als Xerxes es hörte, konnte er das, was es tatsächlich damit auf sich hatte, nicht verstehen, nämlich dass sie sich rüsteten, um getötet zu werden oder nach Kräften zu töten. Vielmehr hatte er den Eindruck, sie würden Lächerliches tun und ließ Demaratos, den Sohn des Ariston, kommen, der sich im Lager befand. (2) Nachdem er gekommen war, fragte Xerxes ihn nach allen Einzelheiten dieser Vorgänge, da er das, was von den Lakedaimoniern getrieben wurde, verstehen wollte. Der aber sagte: »Du hast auch schon früher, als wir gegen Griechenland loszogen, von mir über diese Männer gehört. Doch als du es gehört hattest, hast du über mich gelacht, der ich gesagt habe, welchen Ausgang ich bei diesen Unternehmungen kommen sah. Ich nämlich habe den größten Ehrgeiz, dir gegenüber die Wahrheit zu sagen. (3) Höre sie aber auch jetzt. Diese Männer sind gekommen, um mit uns um den Pass zu kämpfen, und dafür bereiten sie sich vor. Bei ihnen nämlich gibt es einen solchen Brauch: Wenn sie ihr Leben aufs Spiel setzen sollen, dann schmücken sie ihr Haupt. (4) Doch wisse: Wenn du die Männer hier und den Teil, der in Sparta zurückgeblieben ist, unterwirfst, dann wird es kein anderes Volk unter den Menschen geben, das es wagt, die Hände gegen dich zu erheben. Jetzt nämlich wendest du dich gegen das schönste Königreich unter den Griechen und gegen die tapfersten Männer.« (5) Xerxes schienen diese Worte völlig un-

καὶ δεύτερα ἐπειρώτα ὅντινα τρόπον τοσοῦτοι ἐόντες τῇ ἑωυτοῦ στρατιῇ μαχήσονται. ὁ δὲ εἶπε «ὦ βασιλεῦ, ἐμοὶ χρᾶσθαι ὡς ἀνδρὶ ψεύστῃ, ἢν μὴ ταῦτά τοι ταύτῃ ἐκβῇ τῇ ἐγὼ λέγω.»

210 (1) ταῦτα λέγων οὐκ ἔπειθε τὸν Ξέρξην τέσσερας μὲν δὴ παρεξῆκε ἡμέρας, ἐλπίζων αἰεί σφεας ἀποδρήσεσθαι· πέμπτῃ δέ, ὡς οὐκ ἀπαλλάσσοντο ἀλλά οἱ ἐφαίνοντο ἀναιδείῃ τε καὶ ἀβουλίῃ διαχρεώμενοι μένειν, πέμπει ἐπ' αὐτοὺς Μήδους τε καὶ Κισσίους θυμωθείς, ἐντειλάμενος σφέας ζωγρήσαντας ἄγειν ἐς ὄψιν τὴν ἑωυτοῦ. (2) ὡς δ' ἐσέπεσον φερόμενοι ἐς τοὺς Ἕλληνας οἱ Μῆδοι, ἔπιπτον πολλοί, ἄλλοι δ' ἐπεσήισαν, καὶ οὐκ ἀπηλαύνοντο, καίπερ μεγάλως προσπταίοντες. δῆλον δ' ἐποίευν παντί τεῳ καὶ οὐκ ἥκιστα αὐτῷ βασιλέι, ὅτι πολλοὶ μὲν ἄνθρωποι εἶεν, ὀλίγοι δὲ ἄνδρες. ἐγίνετο δὲ ἡ συμβολὴ δι' ἡμέρης.

211 (1) ἐπείτε δὲ οἱ Μῆδοι τρηχέως περιείποντο, ἐνθαῦτα οὗτοι μὲν ὑπεξήισαν, οἱ δὲ Πέρσαι ἐκδεξάμενοι ἐπήισαν, τοὺς ἀθανάτους ἐκάλεε βασιλεύς, τῶν ἦρχε Ὑδάρνης, ὡς δὴ οὗτοί γε εὐπετέως κατεργασόμενοι. (2) ὡς δὲ καὶ οὗτοι συνέμισγον τοῖσι Ἕλλησι, οὐδὲν πλέον ἐφέροντο τῆς στρατιῆς τῆς Μηδικῆς ἀλλὰ τὰ αὐτά, ἅτε ἐν στεινοπόρῳ τε χώρῳ μαχόμενοι καὶ δόρασι βραχυτέροισι χρεώμενοι ἤ περ οἱ Ἕλληνες, καὶ οὐκ ἔχοντες πλήθεϊ χρήσασθαι. (3) Λακεδαιμόνιοι δὲ ἐμάχοντο ἀξίως λόγου, ἄλλα τε ἀποδεικνύμενοι ἐν οὐκ ἐπισταμένοισι μάχεσθαι ἐξεπιστάμενοι, καὶ ὅκως ἐντρέψειαν τὰ νῶτα, ἁλέες φεύγεσκον δῆθεν, οἱ δὲ βάρβαροι ὁρῶντες φεύγοντας βοῇ τε καὶ πατάγῳ ἐπήισαν, οἳ δ' ἂν καταλαμβανόμενοι ὑπέστρεφον

glaubwürdig zu sein und er fragte ein zweites Mal, wie sie, die so wenige sind, gegen sein Heer kämpfen werden. Er aber erwiderte: »König, behandle mich als Lügner, wenn dies nicht so verläuft, wie ich es dir sage.«

210 (1) Mit diesen Worten überzeugte er Xerxes nicht. Dieser ließ vier Tage verstreichen, in beständiger Erwartung, sie würden davonlaufen. Am fünften Tag aber, als sie sich nicht entfernten, sondern aus Unverschämtheit und Unvernunft, wie ihm schien, blieben, schickte er voller Zorn Meder und Kissier zu ihnen, mit dem Auftrag, sie lebend gefangenzunehmen und vor sein Angesicht zu führen. (2) Sowie die Meder im Sturmschritt auf die Griechen eindrangen, fielen zwar viele, andere rückten aber nach und sie zogen sich nicht zurück, obwohl sie schwere Verluste hatten. So machten sie jedem und nicht am wenigsten dem König selbst deutlich, dass jene zwar viele Leute waren, aber wenige Männer. Der Kampf dauerte den ganzen Tag.

211 (1) Nachdem die Meder hart mitgenommen worden waren, wichen sie zurück; diejenigen Perser aber, die der König die Unsterblichen nannte und die Hydarnes befehligte, lösten sie ab und rückten nach, in der Meinung sie würden die Sache mit Leichtigkeit zu Ende bringen. (2) Sobald auch diese mit den Griechen zusammentrafen, richteten sie nicht mehr aus als das medische Heer, sondern erlitten dasselbe, da sie auf einem ziemlich engen Platz kämpften und kürzere Lanzen gebrauchten als die Griechen und nicht ihr großes Aufgebot einsetzen konnten. (3) Die Lakedaimonier kämpften rühmenswert, unter anderem, indem sie vor denen, die nicht zu kämpfen verstanden, zeigten, dass sie es sehr wohl verstanden, aber insbesondere dadurch, dass sie immer dann, sooft sie ihnen den Rücken zugewandt hatten, anscheinend alle zusammen flohen, und die Nichtgriechen, wenn sie diese fliehen sahen, ihnen unter Geschrei und Lärmen nachfolgten; sie aber drehten sich um, als sie eingeholt wur-

ἀντίοι εἶναι τοῖσι βαρβάροισι, μεταστρεφόμενοι δὲ κατέβαλλον πλήθεϊ ἀναριθμήτους τῶν Περσέων· ἔπιπτον δὲ καὶ αὐτῶν τῶν Σπαρτιητέων ἐνθαῦτα ὀλίγοι. ἐπεὶ δὲ οὐδὲν ἐδυνέατο παραλαβεῖν οἱ Πέρσαι τῆς ἐσόδου πειρώμενοι καὶ κατὰ τέλεα καὶ παντοίως προσβάλλοντες, ἀπήλαυνον ὀπίσω.

212 (1) ἐν ταύτῃσι τῇσι προσόδοισι τῆς μάχης λέγεται βασιλέα θηεύμενον τρὶς ἀναδραμεῖν ἐκ τοῦ θρόνου δείσαντα περὶ τῇ στρατιῇ. τότε μὲν οὕτω ἠγωνίσαντο, τῇ δ' ὑστεραίῃ οἱ βάρβαροι οὐδὲν ἄμεινον ἀέθλεον. ἅτε γὰρ ὀλίγων ἐόντων, ἐλπίσαντες σφέας κατατετρωματίσθαι τε καὶ οὐκ οἵους τε ἔσεσθαι ἔτι χεῖρας ἀνταείρασθαι συνέβαλλον. (2) οἱ δὲ Ἕλληνες κατὰ τάξις τε καὶ κατὰ ἔθνεα κεκοσμημένοι ἦσαν, καὶ ἐν μέρεϊ ἕκαστοι ἐμάχοντο, πλὴν Φωκέων· οὗτοι δὲ ἐς τὸ ὄρος ἐτάχθησαν φυλάξοντες τὴν ἀτραπόν. ὡς δὲ οὐδὲν εὕρισκον ἀλλοιότερον οἱ Πέρσαι ἢ τῇ προτεραίῃ ἐνώρων, ἀπήλαυνον.

213 (1) ἀπορέοντος δὲ βασιλέος ὅ τι χρήσηται τῷ παρεόντι πρήγματι, Ἐπιάλτης ὁ Εὐρυδήμου ἀνὴρ Μηλιεὺς ἦλθέ οἱ ἐς λόγους· ὃς μέγα τι παρὰ βασιλέος δοκέων οἴσεσθαι ἔφρασέ τε τὴν ἀτραπὸν τὴν διὰ τοῦ ὄρεος φέρουσαν ἐς Θερμοπύλας, καὶ διέφθειρε τοὺς ταύτῃ ὑπομείναντας Ἑλλήνων. (2) ὕστερον δὲ δείσας Λακεδαιμονίους ἔφυγε ἐς Θεσσαλίην, καί οἱ φυγόντι ὑπὸ τῶν Πυλαγόρων τῶν Ἀμφικτυόνων ἐς τὴν Πυλαίην συλλεγομένων ἀργύριον ἐπεκηρύχθη. χρόνῳ δὲ ὕστερον, κατῆλθε γὰρ ἐς Ἀντικύρην, ἀπέθανε ὑπὸ Ἀθηνάδεω ἀνδρὸς Τρηχινίου. (3) ὁ δὲ Ἀθηνάδης οὗτος ἀπέκτεινε μὲν Ἐπιάλτεα δι' ἄλλην αἰτίην, τὴν ἐγὼ ἐν τοῖσι ὄπισθε λόγοισι σημανέω, ἐτιμήθη μέντοι ὑπὸ Λακεδαιμονίων οὐδὲν ἧσσον.

den, den Nichtgriechen entgegen, und streckten, nachdem sie sich umgewendet hatten, unzählige Perser zu Boden. Von den Spartanern selbst fielen dort nur wenige. Als die Perser trotz ihres Angriffs auf den Pass nichts gewinnen konnten, obwohl sie in einzelnen Mannschaften oder sonstwie angriffen, zogen sie sich zurück.

212 (1) Während dieser Angriffe im Kampf soll Xerxes, der zuschaute, dreimal von seinem Thron aufgesprungen sein, weil er um das Heer fürchtete. Damals kämpften sie so, am folgenden Tag schlugen sich die Nichtgriechen nicht besser. Sie hatten nämlich erwartet, dass die Griechen, da sie wenige waren, von Wunden erschöpft seien und nicht in der Lage sein würden, die Hände gegen sie zu erheben, und daher griffen sie an. (2) Die Griechen aber waren nach Abteilungen und Volksstämmen geordnet aufgestellt und alle an ihrem Platz mit Ausnahme der Phoker. Diese waren im Gebirge aufgestellt worden, um den Pfad zu bewachen. Da die Perser nichts anderes vorfanden als sie am Vortag gesehen hatten, zogen sie sich zurück.

213 (1) Als der König ratlos war, wie er mit der gegenwärtigen Situation umgehen sollte, kam Ephialtes, der Sohn des Eurydemos, ein Mann aus Malis, um mit ihm zu reden, da er glaubte, vom König eine große Belohnung zu erhalten, und berichtete vom Weg, der durch das Gebirge zu den Thermopylen führt, und brachte so den Untergang für die dort ausharrenden Griechen. (2) Später bekam er Angst vor den Lakedaimoniern und floh daher zu den Thessaliern; auf den Fliehenden wurde von den Pylagoren, als die Amphiktyonen sich in Pylaia versammelten, ein Kopfgeld ausgesetzt. Einige Zeit später – er war nach Antikyra zurückgekommen – wurde er von Athenades, einem Mann aus Trachis, getötet. (3) Dieser Athenades tötete Ephialtes zwar aus einem anderen Grund, von dem ich in meinen späteren *logoi*[106] berichten werde, er wurde freilich von den Lakedaimoniern nichtsdestoweniger geehrt.

214 (1) Ἐπιάλτης μὲν οὕτω ὕστερον τούτων ἀπέθανε, ἔστι δὲ ἕτερος λεγόμενος λόγος, ὡς Ὀνήτης τε ὁ Φαναγόρεω ἀνὴρ Καρύστιος καὶ Κορυδαλλὸς Ἀντικυρεὺς εἰσὶ οἱ εἴπαντες πρὸς βασιλέα τούτους τοὺς λόγους καὶ περιηγησάμενοι τὸ ὄρος τοῖσι Πέρσῃσι, οὐδαμῶς ἔμοιγε πιστός. (2) τοῦτο μὲν γὰρ τῷδε χρὴ σταθμώσασθαι, ὅτι οἱ τῶν Ἑλλήνων Πυλαγόροι ἐπεκήρυξαν οὐκ ἐπὶ Ὀνήτῃ τε καὶ Κορυδαλλῷ ἀργύριον ἀλλ᾽ ἐπὶ Ἐπιάλτῃ τῷ Τρηχινίῳ, πάντως κου τὸ ἀτρεκέστατον πυθόμενοι· τοῦτο δὲ φεύγοντα Ἐπιάλτην ταύτην τὴν αἰτίην οἴδαμεν. (3) εἰδείη μὲν γὰρ ἂν καὶ ἐὼν μὴ Μηλιεὺς ταύτην τὴν ἀτραπὸν Ὀνήτης, εἰ τῇ χώρῃ πολλὰ ὡμιληκὼς εἴη· ἀλλ᾽ Ἐπιάλτης γὰρ ἐστὶ ὁ περιηγησάμενος τὸ ὄρος κατὰ τὴν ἀτραπόν, τοῦτον αἴτιον γράφω.

215 Ξέρξης δέ, ἐπεὶ ἤρεσε τὰ ὑπέσχετο ὁ Ἐπιάλτης κατεργάσασθαι, αὐτίκα περιχαρὴς γενόμενος ἔπεμπε Ὑδάρνεα καὶ τῶν ἐστρατήγεε Ὑδάρνης· ὁρμέατο δὲ περὶ λύχνων ἁφὰς ἐκ τοῦ στρατοπέδου. τὴν δὲ ἀτραπὸν ταύτην ἐξεῦρον μὲν οἱ ἐπιχώριοι Μηλιέες, ἐξευρόντες δὲ Θεσσαλοῖσι κατηγήσαντο ἐπὶ Φωκέας, τότε ὅτε οἱ Φωκέες φράξαντες τείχεϊ τὴν ἐσβολὴν ἦσαν ἐν σκέπῃ τοῦ πολέμου· ἔκ τε τόσου δὴ κατεδέδεκτο ἐοῦσα οὐδὲν χρηστὴ Μηλιεῦσι.

216 ἔχει δὲ ὧδε ἡ ἀτραπὸς αὕτη· ἄρχεται μὲν ἀπὸ τοῦ Ἀσωποῦ ποταμοῦ τοῦ διὰ τῆς διασφάγος ῥέοντος, οὔνομα δὲ τῷ ὄρεϊ τούτῳ καὶ τῇ ἀτραπῷ τὠυτὸ κεῖται, Ἀνόπαια· τείνει δὲ ἡ Ἀνόπαια αὕτη κατὰ ῥάχιν τοῦ ὄρεος, λήγει δὲ κατά τε Ἀλπηνὸν πόλιν, πρώτην ἐοῦσαν τῶν Λοκρίδων πρὸς τῶν Μηλιέων, καὶ κατὰ Μελαμπύγου τε καλεόμενον λίθον καὶ κατὰ Κερκώπων ἕδρας, τῇ καὶ τὸ στεινότατον ἐστί.

217 (1) κατὰ ταύτην δὴ τὴν ἀτραπὸν καὶ οὕτω ἔχουσαν

214 (1) So also starb Ephialtes nach diesen Ereignissen. Es gibt noch einen anderen *logos*, der berichtet wird, nämlich dass Onetes, der Sohn des Phanagoras, ein Mann aus Karystos, und Korydallos aus Antikyra diejenigen gewesen sind, die gegenüber dem König diese Worte gesagt und die Perser um den Berg herumgeführt haben; er ist für mich allerdings keineswegs glaubwürdig. (2) Man muss dies daraus schließen, dass die Pylagoren der Griechen nicht auf Onetes und Korydallos das Kopfgeld ausgesetzt haben, sondern auf Ephialtes aus Trachis, nachdem sie es wohl ganz genau in Erfahrung gebracht hatten. Dass Ephialtes wegen dieser Anschuldigung floh, das wissen wir. (3) Freilich hätte auch Onetes, selbst wenn er nicht aus Malis war, diesen Pfad kennen können, wenn er dieses Gebiet oft besucht hätte. Aber es ist Ephialtes, der um den Berg auf diesem Pfad geführt hat, ihn schreibe ich als Schuldigen auf.

215 Da Xerxes gefiel, was Ephialtes auszuführen versprach, schickte er sofort voller Freude Hydarnes und die Männer, die Hydarnes befehligte, los. Mit Einbruch der Nacht brachen sie vom Lager auf. Die Einheimischen aus Malis hatten diesen Pfad entdeckt und hatten, nachdem sie ihn entdeckt hatten, die Thessalier gegen die Phoker geführt, damals, als die Phoker den Pass mit einer Mauer befestigt hatten und somit vor dem Krieg geschützt waren. Vor so langer Zeit hatten die Malier entdeckt, dass der Pfad missbraucht werden konnte.

216 Dieser Pfad verläuft folgendermaßen: Er beginnt am Fluss Asopos, der durch die Schlucht fließt, der Berg und der Pfad haben denselben Namen, nämlich Anopaia. Dieser Anopaia erstreckt sich am Bergrücken entlang und endet bei der Stadt Alpenos, die die erste der lokrischen Poleis ist, wenn man von den Maliern herkommt, und beim sogenannten Felsen des Melampygos und den Sitzen der Kerkopen, wo auch die engste Stelle ist.

217 (1) Auf diesem Pfad, der so verläuft, marschierten

οἱ Πέρσαι, τὸν Ἀσωπὸν διαβάντες, ἐπορεύοντο πᾶσαν τὴν νύκτα, ἐν δεξιῇ μὲν ἔχοντες ὄρεα τὰ Οἰταίων, ἐν ἀριστερῇ δὲ τὰ Τρηχινίων. ἠώς τε δὴ διέφαινε καὶ οἳ ἐγένοντο ἐπ' ἀκρωτηρίῳ τοῦ ὄρεος. (2) κατὰ δὲ τοῦτο τοῦ ὄρεος ἐφύλασσον, ὡς καὶ πρότερόν μοι εἴρηται, Φωκέων χίλιοι ὁπλῖται, ῥυόμενοί τε τὴν σφετέρην χώρην καὶ φρουρέοντες τὴν ἀτραπόν. ἡ μὲν γὰρ κάτω ἐσβολὴ ἐφυλάσσετο ὑπὸ τῶν εἴρηται· τὴν δὲ διὰ τοῦ ὄρεος ἀτραπὸν ἐθελονταὶ Φωκέες ὑποδεξάμενοι Λεωνίδῃ ἐφύλασσον.

218 (1) ἔμαθον δὲ σφέας οἱ Φωκέες ὧδε ἀναβεβηκότας· ἀναβαίνοντες γὰρ ἐλάνθανον οἱ Πέρσαι τὸ ὄρος πᾶν ἐὸν δρυῶν ἐπίπλεον. ἦν μὲν δὴ νηνεμίη, ψόφου δὲ γινομένου πολλοῦ, ὡς οἰκὸς ἦν φύλλων ὑποκεχυμένων ὑπὸ τοῖσι ποσί, ἀνά τε ἔδραμον οἱ Φωκέες καὶ ἐνέδυνον τὰ ὅπλα, καὶ αὐτίκα οἱ βάρβαροι παρῆσαν. (2) ὡς δὲ εἶδον ἄνδρας ἐνδυομένους ὅπλα, ἐν θώματι ἐγένοντο· ἐλπόμενοι γὰρ οὐδένα σφι φανήσεσθαι ἀντίξοον ἐνεκύρησαν στρατῷ. ἐνθαῦτα Ὑδάρνης καταρρωδήσας μὴ οἱ Φωκέες ἔωσι Λακεδαιμόνιοι, εἴρετο Ἐπιάλτην ὁποδαπὸς εἴη ὁ στρατός, πυθόμενος δὲ ἀτρεκέως διέτασσε τοὺς Πέρσας ὡς ἐς μάχην. (3) οἱ δὲ Φωκέες ὡς ἐβάλλοντο τοῖσι τοξεύμασι πολλοῖσί τε καὶ πυκνοῖσι, οἴχοντο φεύγοντες ἐπὶ τοῦ ὄρεος τὸν κόρυμβον, ἐπιστάμενοι ὡς ἐπὶ σφέας ὁρμήθησαν ἀρχήν, καὶ παρεσκευάδατο ὡς ἀπολεόμενοι. οὗτοι μὲν δὴ ταῦτα ἐφρόνεον, οἱ δὲ ἀμφὶ Ἐπιάλτην καὶ Ὑδάρνεα Πέρσαι Φωκέων μὲν οὐδένα λόγον ἐποιεῦντο, οἳ δὲ κατέβαινον τὸ ὄρος κατὰ τάχος.

219 (1) τοῖσι δὲ ἐν Θερμοπύλῃσι Ἑλλήνων πρῶτον μὲν ὁ μάντις Μεγιστίης ἐσιδὼν ἐς τὰ ἱρὰ ἔφρασε τὸν μέλλοντα ἔσεσθαι ἅμα ἠοῖ σφι θάνατον, ἐπὶ δὲ καὶ αὐτόμολοι ἦσαν

die Perser die ganze Nacht, nachdem sie den Asopos durchschritten hatten, zur Rechten das Gebirge der Oitaier, zur Linken das Gebirge der Trachinier. Der Morgen brach an und da erreichten sie den Gipfel des Berges. (2) An dieser Stelle des Berges hielten, wie von mir schon früher dargelegt worden ist, 1000 Hopliten der Phoker Wache, um ihr Land zu schützen und den Pfad zu decken. Der Pass unten wurde von denen bewacht, von denen bereits die Rede war. Den Pfad durch das Gebirge bewachten die Phoker freiwillig, da sie es Leonidas versprochen hatten.

218 (1) Die Phoker bemerkten auf folgende Weise, dass sie bereits oben angekommen waren: Die Perser hatten nämlich unbemerkt den Berg ersteigen können, da er ganz von Eichen bedeckt ist. Es herrschte zwar Windstille, da jedoch lautes Rascheln entstand, wie es wahrscheinlich ist, wenn Blätter unter den Füßen liegen, sprangen die Phoker auf und legten sich ihre Waffen an und augenblicklich waren die Nichtgriechen da. (2) Als sie sahen, wie Männer sich Waffen anlegten, staunten sie. Sie hatten nämlich erwartet, dass sich ihnen kein Feind zeigen werde, und nun waren sie auf eine Truppe gestoßen. Da fürchtete Hydarnes, dass die Phoker Lakedaimonier seien, und fragte deshalb Ephialtes, welcher Herkunft die Truppe sei. Als er die Wahrheit erfahren hatte, stellte er die Perser zum Kampf auf. (3) Sobald die Phoker jedoch vom dichten Pfeilhagel getroffen wurden, flohen sie eilends auf den Gipfel des Berges, im Glauben, dass jene von vornherein gegen sie losgezogen seien, und bereiteten sich darauf vor, umzukommen. So dachten diese, die Perser um Ephialtes und Hydarnes aber schenkten den Phokern keine weitere Beachtung, sondern stiegen in Eile den Berg hinab.

219 (1) Den Griechen, die bei den Thermopylen waren, hatte zunächst der Seher Megestias nach der Opferschau vorausgesagt, dass sie bei Tagesanbruch der Tod erwarten

οἱ ἐξαγγείλαντες τῶν Περσέων τὴν περίοδον. οὗτοι μὲν ἔτι νυκτὸς ἐσήμηναν, τρίτοι δὲ οἱ ἡμεροσκόποι καταδραμόντες ἀπὸ τῶν ἄκρων ἤδη διαφαινούσης ἡμέρης. (2) ἐνθαῦτα ἐβουλεύοντο οἱ Ἕλληνες, καί σφεων ἐσχίζοντο αἱ γνῶμαι· οἳ μὲν γὰρ οὐκ ἔων τὴν τάξιν ἐκλιπεῖν, οἳ δὲ ἀντέτεινον. μετὰ δὲ τοῦτο διακριθέντες οἳ μὲν ἀπαλλάσσοντο καὶ διασκεδασθέντες κατὰ πόλις ἕκαστοι ἐτράποντο, οἳ δὲ αὐτῶν ἅμα Λεωνίδῃ μένειν αὐτοῦ παρεσκευάδατο.

220 (1) λέγεται δὲ ⟨καὶ⟩ ὡς αὐτός σφεας ἀπέπεμψε Λεωνίδης, μὴ ἀπόλωνται κηδόμενος· αὐτῷ δὲ καὶ Σπαρτιητέων τοῖσι παρεοῦσι οὐκ ἔχειν εὐπρεπέως ἐκλιπεῖν τὴν τάξιν ἐς τὴν ἦλθον φυλάξοντες ἀρχήν. (2) ταύτῃ καὶ μᾶλλον τὴν γνώμην πλεῖστος εἰμί, Λεωνίδην, ἐπείτε ᾔσθετο τοὺς συμμάχους ἐόντας ἀπροθύμους καὶ οὐκ ἐθέλοντας συνδιακινδυνεύειν, κελεῦσαι σφέας ἀπαλλάσσεσθαι, αὐτῷ δὲ ἀπιέναι οὐ καλῶς ἔχειν· μένοντι δὲ αὐτοῦ κλέος μέγα ἐλείπετο, καὶ ἡ Σπάρτης εὐδαιμονίη οὐκ ἐξηλείφετο. (3) ἐκέχρηστο γὰρ ὑπὸ τῆς Πυθίης τοῖσι Σπαρτιήτῃσι χρεωμένοισι περὶ τοῦ πολέμου τούτου αὐτίκα κατ᾽ ἀρχὰς ἐγειρομένου, ἢ Λακεδαίμονα ἀνάστατον γενέσθαι ὑπὸ τῶν βαρβάρων ἢ τὴν βασιλέα σφέων ἀπολέσθαι. ταῦτα δέ σφι ἐν ἔπεσι ἑξαμέτροισι χρᾷ λέγοντα ὧδε.

(4) ὑμῖν δ᾽, ὦ Σπάρτης οἰκήτορες εὐρυχόροιο,
ἢ μέγα ἄστυ ἐρικυδὲς ὑπ᾽ ἀνδράσι Περσεΐδῃσι
πέρθεται, ἢ τὸ μὲν οὐχί, ἀφ᾽ Ἡρακλέους δὲ γενέθλης

werde, dazu kamen noch die Überläufer, die die Umgehung durch die Perser gemeldet hatten. Diese hatten es bereits in der Nacht kundgetan, als dritte dann noch die Tagspäher, die von den Höhen herunterliefen, als es bereits Tag wurde. (2) Da berieten sich die Griechen, die Meinungen waren aber gespalten. Die einen wollten nicht zulassen, dass man die Stellung verlasse, die anderen hielten dagegen. Danach trennte man sich, die einen entfernten sich und traten die Flucht an, indem sie sich zerstreuten, ein jeder in seine Stadt, die anderen von ihnen bereiteten sich vor, zusammen mit Leonidas an Ort und Stelle zu bleiben.

220 (1) Man berichtet auch, Leonidas selbst habe sie aus Sorge, sie könnten umkommen, weggeschickt. Für ihn selbst aber und die anwesenden Spartaner zieme es sich nicht, die Stellung, zu deren Bewachung sie ursprünglich gekommen seien, zu verlassen. (2) Dieser Meinung neige auch ich entschieden zu, nämlich dass Leonidas befohlen habe, dass sie sich entfernten, da er bemerkt habe, dass die Bundesgenossen mutlos und nicht gewillt gewesen seien, mit ihnen die Gefahr zu teilen, dass es für ihn aber nicht schicklich sei abzuziehen. Ihm jedoch wurde, da er an Ort und Stelle ausharrte, großer Ruhm zuteil und das Glück Spartas wurde nicht geschmälert. (3) Den Spartanern war, als sie sich über diesen Krieg gleich zu Beginn, als er ausbrach, ein Orakel geben ließen, von der Pythia geweissagt worden, dass entweder Sparta von den Nichtgriechen verwüstet werde oder ihr König den Tod finde. Dies weissagte sie ihnen in Hexametern; es lautete folgendermaßen:

(4) Euch, ihr Bewohner des weiten Sparta,
wird entweder die große, ruhmvolle Stadt von
persischen Männern
zerstört oder, wenn nicht, dann wird über den Tod
eines Königs aus dem Geschlecht des Herakles

πενθήσει βασιλῆ φθίμενον Λακεδαίμονος οὖρος.
οὐ γὰρ τὸν ταύρων σχήσει μένος οὐδὲ λεόντων
ἀντιβίην· Ζηνὸς γὰρ ἔχει μένος· οὐδέ ἑ φημί
σχήσεσθαι, πρὶν τῶνδ' ἕτερον διὰ πάντα δάσηται.

ταῦτά τε δὴ ἐπιλεγόμενον Λεωνίδην, καὶ βουλόμενον κλέος καταθέσθαι μούνων Σπαρτιητέων, ἀποπέμψαι τοὺς συμμάχους μᾶλλον ἢ γνώμῃ διενειχθέντας οὕτω ἀκόσμως οἴχεσθαι τοὺς οἰχομένους.

221 μαρτύριον δέ μοι καὶ τόδε οὐκ ἐλάχιστον τούτου πέρι γέγονε, ὅτι καὶ τὸν μάντιν ὃς εἵπετο τῇ στρατιῇ ταύτῃ, Μεγιστίην τὸν Ἀκαρνῆνα, λεγόμενον εἶναι τὰ ἀνέκαθεν ἀπὸ Μελάμποδος, τοῦτον εἴπαντα ἐκ τῶν ἱρῶν τὰ μέλλοντά σφι ἐκβαίνειν, φανερός ἐστι Λεωνίδης ἀποπέμπων, ἵνα μὴ συναπόληταί σφι. ὁ δὲ ἀποπεμπόμενος αὐτὸς μὲν οὐκ ἀπέλιπε, τὸν δὲ παῖδα συστρατευόμενον, ἐόντα οἱ μουνογενέα, ἀπέπεμψε.

222 οἱ μέν νυν σύμμαχοι οἱ ἀποπεμπόμενοι οἴχοντό τε ἀπιόντες καὶ ἐπείθοντο Λεωνίδῃ, Θεσπιέες δὲ καὶ Θηβαῖοι κατέμειναν μοῦνοι παρὰ Λακεδαιμονίοισι. τούτων δὲ Θηβαῖοι μὲν ἀέκοντες ἔμενον καὶ οὐ βουλόμενοι· κατεῖχε γὰρ σφέας Λεωνίδης ἐν ὁμήρων λόγῳ ποιεύμενος· Θεσπιέες δὲ ἑκόντες μάλιστα, οἳ οὐκ ἔφασαν ἀπολιπόντες Λεωνίδην καὶ τοὺς μετ' αὐτοῦ ἀπαλλάξεσθαι, ἀλλὰ καταμείναντες συναπέθανον. ἐστρατήγεε δὲ αὐτῶν Δημόφιλος Διαδρόμεω.

223 (1) Ξέρξης δὲ ἐπεὶ ἡλίου ἀνατείλαντος σπονδὰς ἐποιήσατο, ἐπισχὼν χρόνον ἐς ἀγορῆς κου μάλιστα πλη-

das Land Lakedaimons trauern.
Nicht nämlich wird die Kampfeswut von Stieren und
Löwen dem Angreifer gegenüber
standhalten können. Er hat nämlich die Kampfeswut
des Zeus. Ich sage, dass er nicht
innehalten wird, bevor er nicht einen von ihnen ganz
und gar zerfleischt hat.

Weil Leonidas dies erwogen habe und allein für die Spartaner Ruhm habe erwerben wollen, habe er die Bundesgenossen weggeschickt; dies ist eher anzunehmen als dass die, die weggingen, nachdem sie sich zerstritten hätten, ohne Ordnung abgezogen seien.

221 Ein Beweis dafür, und zwar ein nicht unwesentlicher, ist für mich folgendes: Leonidas wollte offensichtlich den Priester, der diesem Heer gefolgt war, wegschicken, damit er nicht mit ihnen zusammen den Tod finde, jenen Megistias aus Akarnanien, der seitens seiner Vorfahren von Melampus abstammen soll und der ihnen auf Grund der Opfer die Zukunft vorausgesagt hatte. Dieser verließ ihn nicht, obwohl er weggeschickt wurde, er schickte aber seinen Sohn, der mit ins Feld gezogen war und sein einziger Nachkomme war, weg.

222 Die Bundesgenossen, die weggeschickt wurden, zogen also eilends ab und gehorchten Leonidas, allein die Thespier und Thebaier blieben bei den Lakedaimoniern. Von ihnen blieben die Thebaier ungern und widerwillig – Leonidas hielt sie dadurch zurück, dass er sie wie Geiseln behandelte –, die Thespier aber blieben sehr willig und weigerten sich, Leonidas und seine Leute zu verlassen und wegzugehen, vielmehr harrten sie aus und fanden mit ihm den Tod. Ihr Befehlshaber war Demophilos, der Sohn des Diadromas.

223 (1) Nachdem Xerxes bei Sonnenaufgang ein Trankopfer gespendet hatte, wartete er einige Zeit bis zu dem Zeitpunkt, da der Markt sich am meisten füllt, und be-

θώρηην πρόσοδον ἐποιέετο· καὶ γὰρ ἐπέσταλτο ἐξ Ἐπιάλτεω οὕτω· ἀπὸ γὰρ τοῦ ὄρεος ἡ κατάβασις συντομωτέρη τε ἐστὶ καὶ βραχύτερος ὁ χῶρος πολλὸν ἤ περ ἡ περίοδός τε καὶ ἀνάβασις. (2) οἵ τε δὴ βάρβαροι οἱ ἀμφὶ Ξέρξην προσήισαν, καὶ οἱ ἀμφὶ Λεωνίδην Ἕλληνες, ὡς τὴν ἐπὶ θανάτῳ ἔξοδον ποιεύμενοι, ἤδη πολλῷ μᾶλλον ἢ κατ᾽ ἀρχὰς ἐπεξήισαν ἐς τὸ εὐρύτερον τοῦ αὐχένος. τὸ μὲν γὰρ ἔρυμα τοῦ τείχεος ἐφυλάσσετο, οἳ δὲ ἀνὰ τὰς προτέρας ἡμέρας ὑπεξιόντες ἐς τὰ στεινόπορα ἐμάχοντο. (3) τότε δὲ συμμίσγοντες ἔξω τῶν στεινῶν ἔπιπτον πλήθεϊ πολλοὶ τῶν βαρβάρων· ὄπισθε γὰρ οἱ ἡγεμόνες τῶν τελέων ἔχοντες μάστιγας ἐρράπιζον πάντα ἄνδρα, αἰεὶ ἐς τὸ πρόσω ἐποτρύνοντες. πολλοὶ μὲν δὴ ἐσέπιπτον αὐτῶν ἐς τὴν θάλασσαν καὶ διεφθείροντο, πολλῷ δ᾽ ἔτι πλεῦνες κατεπατέοντο ζωοὶ ὑπ᾽ ἀλλήλων· ἦν δὲ λόγος οὐδεὶς τοῦ ἀπολλυμένου. (4) ἅτε γὰρ ἐπιστάμενοι τὸν μέλλοντα σφίσι ἔσεσθαι θάνατον ἐκ τῶν περιιόντων τὸ ὄρος, ἀπεδείκνυντο ῥώμης ὅσον εἶχον μέγιστον ἐς τοὺς βαρβάρους, παραχρεώμενοί τε καὶ ἀτέοντες.

224 (1) δόρατα μέν νυν τοῖσι πλέοσι αὐτῶν τηνικαῦτα ἤδη ἐτύγχανε κατεηγότα, οἳ δὲ τοῖσι ξίφεσι διεργάζοντο τοὺς Πέρσας. καὶ Λεωνίδης τε ἐν τούτῳ τῷ πόνῳ πίπτει ἀνὴρ γενόμενος ἄριστος καὶ ἕτεροι μετ᾽ αὐτοῦ ὀνομαστοὶ Σπαρτιητέων, τῶν ἐγὼ ὡς ἀνδρῶν ἀξίων γενομένων ἐπυθόμην τὰ οὐνόματα, ἐπυθόμην δὲ καὶ ἁπάντων τῶν τριηκοσίων. (2) καὶ δὴ Περσέων πίπτουσι ἐνθαῦτα ἄλλοι τε πολλοὶ καὶ ὀνομαστοί, ἐν δὲ δὴ καὶ Δαρείου δύο παῖδες Ἀβροκόμης τε καὶ Ὑπεράνθης, ἐκ τῆς Ἀρτάνεω θυγατρὸς Φραταγούνης γεγονότες Δαρείῳ. ὁ δὲ Ἀρτάνης Δαρείου μὲν τοῦ βασιλέος ἦν ἀδελφεός, Ὑστάσπεος δὲ τοῦ Ἀρσάμεος παῖς· ὃς καὶ ἐκδιδοὺς τὴν θυγατέρα Δαρείῳ τὸν οἶκον πάντα τὸν ἑωυτοῦ ἐπέδωκε, ὡς μούνης οἱ ἐούσης ταύτης τέκνου.

gann dann den Anmarsch. So war es nämlich von Ephialtes angegeben worden. Der Abstieg vom Berg ist nämlich kürzer und die Entfernung weit geringer als die Umgehung und der Aufstieg. (2) Die Nichtgriechen um Xerxes rückten an und die Griechen um Leonidas zogen ihm schon viel weiter als anfangs in das sich weitende Gelände der Landenge entgegen, da sie ja in den sicheren Tod gingen. An den vorigen Tagen wurde einerseits das Bollwerk der Mauer geschützt, andererseits kämpften sie, indem sie an die engeren Stellen zurückwichen. (3) Jetzt aber stießen sie außerhalb der engen Stellen zusammen und daher fiel eine große Zahl der Nichtgriechen. Hinten nämlich schlugen die Führer der Abteilungen mit Peitschen jeden Mann, ihn immer weiter nach vorne treibend. Viele von ihnen stürzten ins Meer und kamen um, mehr noch wurden lebend totgetrampelt. Denen, die getötet wurden, schenkte man keine Beachtung. (4) Da sie (die Griechen) wussten, dass ihnen der Tod von denen, die um den Berg gingen, drohte, gab jeder alles an Kraft, was in ihm steckte, im Kampf gegen die Nichtgriechen ohne Rücksicht auf ihr eigenes Leben und voll blinder Wut.

224 (1) Den meisten waren an diesem Tag die Lanzen bereits zerbrochen, da brachten sie die Perser mit ihren Schwertern um. Leonidas fiel in diesem Kampf, nachdem er ein äußerst tapferer Mann gewesen war, und mit ihm andere namhafte Spartaner, deren Namen ich, da sie erwähnenswerte Männer waren, erfahren habe; ich habe sie auch von allen 300 erfahren. (2) Aber auch von den Persern fielen dort unter zahlreichen anderen namhaften Männern zwei Söhne des Dareios, Abrokomes und Hyperanthes, die dem Dareios von Phratagune, der Tochter des Artanes, geboren worden waren. Artanes war ein Bruder des Königs Dareios, ein Sohn des Hystaspes, der wiederum ein Sohn des Arsames war. Als er dem Dareios seine Tochter zur Frau gab, schenkte er ihm auch sein ganzes Vermögen, da sie sein einziges Kind war.

225 (1) Ξέρξεώ τε δὴ δύο ἀδελφεοὶ ἐνθαῦτα πίπτουσι μαχόμενοι, καὶ ὑπὲρ τοῦ νεκροῦ τοῦ Λεωνίδεω Περσέων τε καὶ Λακεδαιμονίων ὠθισμὸς ἐγίνετο πολλός, ἐς ὃ τοῦτόν τε ἀρετῇ οἱ Ἕλληνες ὑπεξείρυσαν καὶ ἐτρέψαντο τοὺς ἐναντίους τετράκις. τοῦτο δὲ συνεστήκεε μέχρι οὗ οἱ σὺν Ἐπιάλτῃ παρεγένοντο. (2) ὡς δὲ τούτους ἥκειν ἐπύθοντο οἱ Ἕλληνες, ἐνθεῦτεν ἤδη ἑτεροιοῦτο τὸ νεῖκος· ἔς τε γὰρ τὸ στεινὸν τῆς ὁδοῦ ἀνεχώρεον ὀπίσω, καὶ παραμειψάμενοι τὸ τεῖχος ἐλθόντες ἵζοντο ἐπὶ τὸν κολωνὸν πάντες ἀλέες οἱ ἄλλοι πλὴν Θηβαίων. ὁ δὲ κολωνὸς ἐστὶ ἐν τῇ ἐσόδῳ, ὅκου νῦν ὁ λίθινος λέων ἕστηκε ἐπὶ Λεωνίδῃ. (3) ἐν τούτῳ σφέας τῷ χώρῳ ἀλεξομένους μαχαίρῃσι, τοῖσι αὐτῶν ἐτύγχανον ἔτι περιεοῦσαι, καὶ χερσὶ καὶ στόμασι κατέχωσαν οἱ βάρβαροι βάλλοντες, οἳ μὲν ἐξ ἐναντίης ἐπισπόμενοι καὶ τὸ ἔρυμα τοῦ τείχεος συγχώσαντες, οἳ δὲ περιελθόντες πάντοθεν περισταδόν.

226 (1) Λακεδαιμονίων δὲ καὶ Θεσπιέων τοιούτων γενομένων ὅμως λέγεται ἀνὴρ ἄριστος γενέσθαι Σπαρτιήτης Διηνέκης· τὸν τόδε φασὶ εἰπεῖν τὸ ἔπος πρὶν ἢ συμμῖξαι σφέας τοῖσι Μήδοισι, πυθόμενον πρός τευ τῶν Τρηχινίων ὡς ἐπεὰν οἱ βάρβαροι ἀπίωσι τὰ τοξεύματα, τὸν ἥλιον ὑπὸ τοῦ πλήθεος τῶν ὀϊστῶν ἀποκρύπτουσι· τοσοῦτο πλῆθος αὐτῶν εἶναι. (2) τὸν δὲ οὐκ ἐκπλαγέντα τούτοισι εἰπεῖν ἐν ἀλογίῃ ποιεύμενον τὸ Μήδων πλῆθος, ὡς πάντα σφι ἀγαθὰ ὁ Τρηχίνιος ξεῖνος ἀγγέλλοι, εἰ ἀποκρυπτόντων τῶν Μήδων τὸν ἥλιον ὑπὸ σκιῇ ἔσοιτο πρὸς αὐτοὺς ἡ μάχη καὶ οὐκ ἐν ἡλίῳ. ταῦτα μὲν καὶ ἄλλα τοιουτότροπα ἔπεα φασὶ Διηνέκεα τὸν Λακεδαιμόνιον λιπέσθαι μνημόσυνα·

227 μετὰ δὲ τοῦτον ἀριστεῦσαι λέγονται Λακεδαιμόνιοι

225 (1) Zwei Brüder des Xerxes fielen also dort im Kampf, und um den Leichnam des Leonidas kam es unter Persern und Griechen zu heftigem Kampf, bis die Griechen ihn durch tapferen Einsatz entreißen konnten und die Gegner viermal in die Flucht schlugen. Dieser Kampf währte so lange, bis die Leute mit Ephialtes eintrafen. (2) Von dem Zeitpunkt an, da die Griechen von deren Ankunft erfuhren, änderte sich der Kampf bereits. Sie wichen an die enge Stelle des Weges zurück, zogen an der Mauer vorbei und alle anderen außer den Thebaiern lagerten sich auf dem Hügel, nachdem sie dorthin gekommen waren. Der Hügel ist am Eingang des Passes, wo heute der steinerne Löwe zu Ehren des Leonidas steht. (3) Als sie sich an diesem Platz mit Schwertern verteidigten, sofern sie noch welche hatten, und auch mit Händen und Zähnen, überschütteten die Nichtgriechen sie mit Geschossen, die einen von vorne, nachdem sie ihnen gefolgt waren und das Bollwerk der Mauer zum Einsturz gebracht hatten, die anderen von allen Seiten ringsherum, nachdem sie sie umringt hatten.

226 (1) Obwohl die Lakedaimonier und Thespier sich so bewährt hatten, soll dennoch der Spartaner Dienekas der tapferste Mann gewesen sein. Man sagt, er habe, bevor sie mit den Medern zusammenstießen, folgende Äußerung getan – er hatte nämlich von einem der Trachineer erfahren, dass die Nichtgriechen, wenn sie ihre Geschosse losschickten, mit der Menge der Pfeile die Sonne verdunkelten, so groß sei ihre Menge –, (2) er habe ihnen also unerschrocken, ohne sich um die Menge der Meder zu kümmern, gesagt, dass der Freund aus Trachis ihnen lauter Gutes verkünde, wenn dadurch, dass die Meder die Sonne verdunkeln, der Kampf gegen sie im Schatten und nicht in der Sonne stattfinden werde. Diese und andere derartige Worte habe der Spartaner Dienekes als Andenken hinterlassen.

227 Nach ihm sollen sich zwei Brüder aus Sparta besen-

δύο ἀδελφεοί, Ἀλφεός τε καὶ Μάρων Ὀρσιφάντου παῖδες. Θεσπιέων δὲ εὐδοκίμεε μάλιστα τῷ οὔνομα ἦν Διθύραμβος Ἁρματίδεω.

228 (1) θαφθεῖσι δέ σφι αὐτοῦ ταύτῃ τῇ περ ἔπεσον, καὶ τοῖσι πρότερον τελευτήσασι ἢ ὑπὸ Λεωνίδεω ἀποπεμφθέντας οἴχεσθαι, ἐπιγέγραπται γράμματα λέγοντα τάδε.

μυριάσιν ποτὲ τῇδε τριηκοσίαις ἐμάχοντο
ἐκ Πελοποννάσου χιλιάδες τέτορες.

(2) ταῦτα μὲν δὴ τοῖσι πᾶσι ἐπιγέγραπται, τοῖσι δὲ Σπαρτιήτῃσι ἰδίῃ.

ὦ ξεῖν', ἀγγέλλειν Λακεδαιμονίοις ὅτι τῇδε
κείμεθα τοῖς κείνων ῥήμασι πειθόμενοι.

(3) Λακεδαιμονίοισι μὲν δὴ τοῦτο, τῷ δὲ μάντι τόδε.

μνῆμα τόδε κλεινοῖο Μεγιστία, ὅν ποτε Μῆδοι
Σπερχειὸν ποταμὸν κτεῖναν ἀμειψάμενοι,
μάντιος, ὃς τότε κῆρας ἐπερχομένας σάφα εἰδὼς
οὐκ ἔτλη Σπάρτης ἡγεμόνα προλιπεῖν.

(4) ἐπιγράμμασι μέν νυν καὶ στήλῃσι, ἔξω ἢ τὸ τοῦ μάντιος ἐπίγραμμα, Ἀμφικτύονες εἰσὶ σφέας οἱ ἐπικοσμήσαντες· τὸ δὲ τοῦ μάντιος Μεγιστίεω Σιμωνίδης ὁ Λεωπρέπεος ἐστὶ κατὰ ξεινίην ὁ ἐπιγράψας.

229 (1) δύο δὲ τούτων τῶν τριηκοσίων λέγεται Εὔρυτόν

ders hervorgetan haben, Alpheos und Maron, Söhne des Orsiphantos. Unter den Thespiern zeichnete sich ein Mann namens Dithyrambos, der Sohn des Harmatides, besonders aus.

228 (1) Für sie, die dort an Ort und Stelle, wo sie gefallen sind, begraben sind, und für diejenigen, die gestorben waren, bevor die von Leonidas Weggeschickten abgezogen sind, ist eine Inschrift angebracht, die folgendermaßen lautet:

Gegen 300 mal 10 000 kämpften hier einst
aus der Peloponnes vier mal 1000.

(2) Diese Inschrift ist für alle geschrieben, eigens für die Spartaner aber die folgende:

Fremder, verkünde den Lakedaimoniern, dass wir hier
liegen, ihren Satzungen gehorchend.

(3) Für die Lakedaimonier ist also diese geschrieben, für den Seher folgende:

Dies ist das Grab des vielgerühmten Megistias, den einst die Meder
töteten, als sie den Spercheios durchschritten,
des Sehers, der damals sehr wohl wusste, dass die Todesgöttinnen nahten,
und dennoch nicht hinnehmen wollte, die Führer Spartas zu verlassen.

(4) Mit Inschriften und Säulen haben die Amphiktyonen sie geehrt – mit Ausnahme der Inschrift für den Seher. Die Inschrift für den Seher Megistias hat Simonides, der Sohn des Leoprepes,[107] auf Grund seiner Freundschaft verfasst.

229 (1) Von zweien dieser 300, nämlich Eurytos und

τε καὶ Ἀριστόδημον, παρεὸν αὐτοῖσι ἀμφοτέροισι κοινῷ λόγῳ χρησαμένοισι ἢ ἀποσωθῆναι ὁμοῦ ἐς Σπάρτην, ὡς μεμετιμένοι γε ἦσαν ἐκ τοῦ στρατοπέδου ὑπὸ Λεωνίδεω καὶ κατεκέατο ἐν Ἀλπηνοῖσι ὀφθαλμιῶντες ἐς τὸ ἔσχατον, ἢ εἴ γε μὴ ἐβούλοντο νοστῆσαι, ἀποθανεῖν ἅμα τοῖσι ἄλλοισι, παρεόν σφι τούτων τὰ ἕτερα ποιέειν οὐκ ἐθελῆσαι ὁμοφρονέειν, ἀλλὰ γνώμῃ διενειχθέντας Εὔρυτον μέν, πυθόμενον τῶν Περσέων τὴν περίοδον, αἰτήσαντά τε τὰ ὅπλα καὶ ἐνδύντα ἄγειν ἑωυτὸν κελεῦσαι τὸν εἵλωτα ἐς τοὺς μαχομένους, ὅκως δὲ αὐτὸν ἤγαγε, τὸν μὲν ἀγαγόντα οἴχεσθαι φεύγοντα, τὸν δὲ ἐσπεσόντα ἐς τὸν ὅμιλον διαφθαρῆναι, Ἀριστόδημον δὲ λιποψυχέοντα λειφθῆναι. (2) εἰ μέν νυν ἢ μοῦνον Ἀριστόδημον ἀλγήσαντα ἀπονοστῆσαι ἐς Σπάρτην ἢ καὶ ὁμοῦ σφεων ἀμφοτέρων τὴν κομιδὴν γενέσθαι, δοκέειν ἐμοί, οὐκ ἄν σφι Σπαρτιήτας μῆνιν οὐδεμίαν προσθέσθαι· νυνὶ δὲ τοῦ μὲν αὐτῶν ἀπολομένου, τοῦ δὲ τῆς μὲν αὐτῆς ἐχομένου προφάσιος οὐκ ἐθελήσαντος δὲ ἀποθνήσκειν, ἀναγκαίως σφι ἔχειν μηνῖσαι μεγάλως Ἀριστοδήμῳ.

230 οἳ μέν νυν οὕτω σωθῆναι λέγουσι Ἀριστόδημον ἐς Σπάρτην καὶ διὰ πρόφασιν τοιήνδε, οἳ δὲ ἄγγελον πεμφθέντα ἐκ τοῦ στρατοπέδου, ἐξεὸν αὐτῷ καταλαβεῖν τὴν μάχην γινομένην οὐκ ἐθελῆσαι, ἀλλ' ὑπομείναντα ἐν τῇ ὁδῷ περιγενέσθαι, τὸν δὲ συνάγγελον αὐτοῦ ἀπικόμενον ἐς τὴν μάχην ἀποθανεῖν.

231 ἀπονοστήσας δὲ ἐς Λακεδαίμονα ὁ Ἀριστόδημος εἶχε ὄνειδός τε καὶ ἀτιμίην· πάσχων δὲ τοιάδε ἠτίμωτο· οὔτε οἱ πῦρ οὐδεὶς ἔναυε Σπαρτιητέων οὔτε διελέγετο.

Aristodemos, wird folgendes erzählt: Obwohl es beiden, wenn sie sich einig gewesen wären, möglich gewesen wäre, sich entweder zusammen nach Sparta zu retten, da sie von Leonidas aus dem Lager weggeschickt worden waren und, weil sie ein äußerst schweres Augenleiden hatten, krank in Alpenoi darniederlagen, oder wenn sie nicht heimkehren wollten, mit den anderen zusammen zu sterben; obwohl es ihnen also möglich gewesen wäre, eines von beiden zu tun, wollten sie sich nicht einig sein, sondern waren in ihrer Meinung zerstritten. Eurytos nämlich hat, nachdem er von der Umgehung durch die Perser erfahren hatte, um seine Waffen gebeten, sie angelegt und seinem Heloten dann befohlen, ihn zu den Kämpfenden zu führen. Sobald er ihn hinausgeführt hatte, ist sein Führer jedoch eilends geflohen. Er selbst aber, der in das Kampfgetümmel geraten war, ist umgekommen. Aristodemos jedoch ist verzagt zurückgelassen worden. (2) Wenn nun nur Aristodemos krank gewesen und nach Sparta zurückgekehrt wäre oder beide zusammen zurückgekehrt wären, hätten ihnen, wie mir scheint, die Spartaner keinen Groll entgegengebracht. Jetzt aber, da der eine von ihnen umgekommen ist, der andere zwar denselben Grund zu seiner Entschuldigung hätte anführen können, jedoch nicht sterben wollte, mussten sie dem Aristodemos gewaltig zürnen.

230 Die einen behaupten, Aristodemos habe sich so nach Sparta gerettet, und zwar mit dieser Entschuldigung, die anderen behaupten, er sei als Bote aus dem Lager geschickt worden, habe aber, obwohl es ihm möglich gewesen wäre, am Kampf teilzunehmen, als er ausbrach, dies nicht tun wollen, sondern habe unterwegs gewartet und so überlebt, der aber, der mit ihm ausgesandt worden war, sei rechtzeitig zur Schlacht gekommen und gefallen.

231 Nach Sparta zurückgekehrt, erntete Aristodemos Schimpf und Schande. Seine Entehrung bestand darin: Kein Spartaner ließ ihn Feuer anzünden oder sprach mit

ὄνειδος δὲ εἶχε ὁ τρέσας Ἀριστόδημος καλεόμενος. ἀλλ᾽ ὃ μὲν ἐν τῇ ἐν Πλαταιῇσι μάχῃ ἀνέλαβε πᾶσαν τὴν ἐπενειχθεῖσαν αἰτίην·

232 λέγεται δὲ καὶ ἄλλον ἀποπεμφθέντα ἄγγελον ἐς Θεσσαλίην τῶν τριηκοσίων τούτων περιγενέσθαι, τῷ οὔνομα εἶναι Παντίτην· νοστήσαντα δὲ τοῦτον ἐς Σπάρτην, ὡς ἠτίμωτο, ἀπάγξασθαι.

233 (1) οἱ δὲ Θηβαῖοι, τῶν ὁ Λεοντιάδης ἐστρατήγεε, τέως μὲν μετὰ τῶν Ἑλλήνων ἐόντες ἐμάχοντο ὑπ᾽ ἀναγκαίης ἐχόμενοι πρὸς τὴν βασιλέος στρατιήν· ὡς δὲ εἶδον κατυπέρτερα τῶν Περσέων γινόμενα τὰ πρήγματα, οὕτω δή, τῶν σὺν Λεωνίδῃ Ἑλλήνων ἐπειγομένων ἐπὶ τὸν κολωνόν, ἀποσχισθέντες τούτων χεῖράς τε προέτεινον καὶ ἤισαν ἆσσον τῶν βαρβάρων, λέγοντες τὸν ἀληθέστατον τῶν λόγων, ὡς καὶ μηδίζουσι καὶ γῆν τε καὶ ὕδωρ ἐν πρώτοισι ἔδοσαν βασιλέι, ὑπὸ δὲ ἀναγκαίης ἐχόμενοι ἐς Θερμοπύλας ἀπικοίατο καὶ ἀναίτιοι εἶεν τοῦ τρώματος τοῦ γεγονότος βασιλέι. (2) ὥστε ταῦτα λέγοντες περιεγίνοντο· εἶχον γὰρ καὶ Θεσσαλοὺς τούτων τῶν λόγων μάρτυρας· οὐ μέντοι τά γε πάντα εὐτύχησαν· ὡς γὰρ αὐτοὺς ἔλαβον οἱ βάρβαροι ἐλθόντας, τοὺς μὲν τινὰς καὶ ἀπέκτειναν προσιόντας, τοὺς δὲ πλεῦνας αὐτῶν κελεύσαντος Ξέρξεω ἔστιζον στίγματα βασιλήια, ἀρξάμενοι ἀπὸ τοῦ στρατηγοῦ Λεοντιάδεω· τοῦ τὸν παῖδα Εὐρύμαχον χρόνῳ μετέπειτα ἐφόνευσαν Πλαταιέες στρατηγήσαντα ἀνδρῶν Θηβαίων τετρακοσίων καὶ σχόντα τὸ ἄστυ τὸ Πλαταιέων.

234 (1) οἱ μὲν δὴ περὶ Θερμοπύλας Ἕλληνες οὕτω ἠγωνίσαντο, Ξέρξης δὲ καλέσας Δημάρητον εἰρώτα ἀρξάμενος ἐνθένδε. «Δημάρητε, ἀνὴρ εἷς ἀγαθός. τεκμαίρομαι δὲ

ihm, ferner bestand seine Schande darin, dass er der »Zitterer« Aristodemos genannt wurde. In der Schlacht bei Plataiai aber konnte er seine ganze Schuld, die auf ihm lastete, wiedergutmachen.

232 Es soll aber auch noch ein anderer der 300, der als Bote nach Thessalien geschickt worden war, überlebt haben, ein Mann namens Pantites. Nach Sparta zurückgekehrt, soll er sich, da er entehrt worden war, aufgehängt haben.

233 (1) Die Thebaier, die Leonidas befehligte, kämpften nur so lange mit den Griechen gegen das Heer des Königs, wie sie gezwungen wurden. Sobald sie aber sahen, dass die Sache der Perser sich zu deren Gunsten neigte und die Griechen mit Leonidas sich auf den Hügel zusammendrängten, trennten sie sich von diesen, hoben die Hände hoch und gingen auf die Nichtgriechen zu, wobei sie völlig der Wahrheit entsprechend sagten, dass sie persisch gesinnt seien und dem König unter den ersten Erde und Wasser angeboten hätten,[108] aber gezwungenermaßen zu den Thermopylen gekommen seien und an dem Verlust, den der König erfahren habe, unschuldig seien. (2) Deshalb überlebten sie also, weil sie diese Worte vorbrachten. Als Zeugen für diese ihre Worte konnten sie nämlich auch die Thessalier anführen. Sie hatten freilich nicht in jeder Beziehung Glück, denn als die Nichtgriechen die Herankommenden angegriffen hatten, töteten sie einige gleich, als sie sich näherten, die meisten von ihnen aber brandmarkten sie auf Befehl des Xerxes mit dem königlichen Mal, angefangen bei ihrem Feldherrn Leontiades, dessen Sohn Eurymachos einige Zeit später die Plataier töteten, als er 400 Thebaier anführte und die Stadt der Plataier besetzte.

234 (1) So hatten also die Griechen bei den Thermopylen gekämpft, Xerxes aber ließ Demaratos kommen und fragte ihn zu Beginn des Gesprächs: »Demaratos, du bist ein tüchtiger Mann. Ich folgere dies aus dem, was tatsäch-

τῇ ἀληθείῃ· ὅσα γὰρ εἶπας, ἅπαντα ἀπέβη οὕτω. νῦν δέ μοι εἰπέ, κόσοι τινὲς εἰσὶ οἱ λοιποὶ Λακεδαιμόνιοι, καὶ τούτων ὁκόσοι τοιοῦτοι τὰ πολέμια εἴτε καὶ ἅπαντες.» (2) ὃ δ' εἶπε «ὦ βασιλεῦ, πλῆθος μὲν πολλὸν πάντων τῶν Λακεδαιμονίων καὶ πόλιες πολλαί· τὸ δὲ θέλεις ἐκμαθεῖν, εἰδήσεις. ἔστι ἐν τῇ Λακεδαίμονι Σπάρτη πόλις ἀνδρῶν ὀκτακισχιλίων μάλιστα, καὶ οὗτοι πάντες εἰσὶ ὅμοιοι τοῖσι ἐνθάδε μαχεσαμένοισι· οἵ γε μὲν ἄλλοι Λακεδαιμόνιοι τούτοισι μὲν οὐκ ὅμοιοι, ἀγαθοὶ δέ.» (3) εἶπε πρὸς ταῦτα Ξέρξης «Δημάρητε, τέῳ τρόπῳ ἀπονητότατα τῶν ἀνδρῶν τούτων ἐπικρατήσομεν; ἴθι ἐξηγέο· σὺ γὰρ ἔχεις αὐτῶν τὰς διεξόδους τῶν βουλευμάτων οἷα βασιλεὺς γενόμενος.»

235 (1) ὃ δ' ἀμείβετο «ὦ βασιλεῦ, εἰ μὲν δὴ συμβουλεύεαί μοι προθύμως, δίκαιόν με σοί ἐστι φράζειν τὸ ἄριστον· εἰ τῆς ναυτικῆς στρατιῆς νέας τριηκοσίας ἀποστείλειας ἐπὶ τὴν Λάκαιναν χώρην. (2) ἔστι δὲ ἐπ' αὐτῇ νῆσος ἐπικειμένη τῇ οὔνομα ἐστὶ Κύθηρα, τὴν Χίλων ἀνὴρ παρ' ἡμῖν σοφώτατος γενόμενος κέρδος μέζον ἂν ἔφη εἶναι Σπαρτιήτῃσι κατὰ τῆς θαλάσσης καταδεδυκέναι μᾶλλον ἢ ὑπερέχειν, αἰεί τι προσδοκῶν ἀπ' αὐτῆς τοιοῦτο ἔσεσθαι οἷόν τοι ἐγὼ ἐξηγέομαι, οὔτι τὸν σὸν στόλον προειδώς, ἀλλὰ πάντα ὁμοίως φοβεόμενος ἀνδρῶν στόλον. (3) ἐκ ταύτης τῆς νήσου ὁρμώμενοι φοβεόντων τοὺς Λακεδαιμονίους. παροίκου δὲ πολέμου σφι ἐόντος οἰκηίου, οὐδὲν δεινοὶ ἔσονταί τοι μὴ τῆς ἄλλης Ἑλλάδος ἁλισκομένης ὑπὸ τοῦ πεζοῦ βοηθέωσι ταύτῃ. καταδουλωθείσης δὲ τῆς ἄλλης Ἑλλάδος ἀσθενὲς ἤδη τὸ Λακωνικὸν μοῦνον λείπεται. (4) ἢν δὲ ταῦτα μὴ ποιέῃς, τάδε τοι προσδόκα ἔσεσθαι. ἔστι τῆς Πελοποννήσου ἰσθμὸς στεινός· ἐν τούτῳ τῷ

lich eingetreten ist, denn was du sagtest, das hat sich alles so ereignet. Jetzt aber sag mir, wie viele die übrigen Lakedaimonier noch sind und wie viele von ihnen im Kampf von eben dieser Art sind, oder ob alle so sind.« (2) Er aber antwortete: »König, die Menge aller Lakedaimonier ist groß und ihre Poleis sind zahlreich. Was du erfahren willst, sollst du wissen. In Lakedaimon gibt es die Stadt Sparta mit ungefähr 8000 Mann. All diese sind denen, die hier gekämpft haben, gleich. Die anderen Lakedaimonier sind diesen nicht gleich, aber dennoch tapfer.« Darauf erwiderte Xerxes: (3) »Wie werden wir diese Männer am mühelosesten besiegen? So sag es doch frei heraus, denn du kennst ja die Mittel und Wege ihrer Planungen, da du ihr König gewesen bist.«

235 (1) Er aber entgegnete: »König, wenn du mich wirklich ernstlich um Rat fragst, so ist es richtig, dass ich dir den besten Rat gebe: Möchtest du doch von deiner Flotte 300 Schiffe gegen das lakonische Land schicken. (2) In der Nähe liegt dort eine Insel namens Kythera, von der Chilon, der weiseste Mann, den es bei uns gegeben hat, gesagt hat, es sei für die Spartaner ein größerer Gewinn, wenn sie unter dem Meer untergetaucht sei als wenn sie darüber hinausrage, da er von ihr stets solches erwartete, was ich dir jetzt ausführe, obwohl er von deinem Feldzug nichts vorher wusste, aber jeden Feldzug von welchen Männern auch immer gleichermaßen fürchtete. (3) Von dieser Insel sollen sie aufbrechen und die Lakedaimonier in Furcht versetzen. Wenn diese nämlich einen sie unmittelbar betreffenden Krieg in der Nachbarschaft haben, brauchst du nicht zu befürchten, dass sie dem übrigen Griechenland zu Hilfe kommen, wenn es vom Landheer unterworfen wird. Ist aber das übrige Griechenland unterworfen, bleibt nur noch die lakonische Macht und die ist dann schwach. (4) Tust du dies nicht, so erwarte, dass folgendes eintreten wird: Es gibt auf der Peloponnes eine schmale Landenge. Erwarte,

χώρῳ πάντων Πελοποννησίων συνομοσάντων ἐπὶ σοὶ μάχας ἰσχυροτέρας ἄλλας τῶν γενομενέων προσδέκεο ἔσεσθαί τοι. ἐκεῖνο δὲ ποιήσαντι ἀμαχητὶ ὅ τε ἰσθμὸς οὗτος καὶ αἱ πόλιες προσχωρήσουσι.»

236 (1) λέγει μετὰ τοῦτον Ἀχαιμένης, ἀδελφεός τε ἐὼν Ξέρξεω καὶ τοῦ ναυτικοῦ στρατοῦ στρατηγός, παρατυχών τε τῷ λόγῳ καὶ δείσας μὴ ἀναγνωσθῇ Ξέρξης ποιέειν ταῦτα, «ὦ βασιλεῦ, ὁρῶ σε ἀνδρὸς ἐνδεκόμενον λόγους ὃς φθονέει τοι εὖ πρήσσοντι ἢ καὶ προδιδοῖ πρήγματα τὰ σά. καὶ γὰρ δὴ καὶ τρόποισι τοιούτοισι χρεώμενοι Ἕλληνες χαίρουσι· τοῦ τε εὐτυχέειν φθονέουσι καὶ τὸ κρέσσον στυγέουσι. (2) εἰ δ' ἐπὶ τῇσι παρεούσῃσι τύχῃσι, τῶν νέες νεναυηγήκασι τετρακόσιαι, ἄλλας ἐκ τοῦ στρατοπέδου τριηκοσίας ἀποπέμψεις περιπλέειν Πελοπόννησον, ἀξιόμαχοί τοι γίνονται οἱ ἀντίπαλοι· ἁλὴς δὲ ἐὼν ὁ ναυτικὸς στρατὸς δυσμεταχείριστός τε αὐτοῖσι γίνεται, καὶ ἀρχὴν οὐκ ἀξιόμαχοί τοι ἔσονται, καὶ πᾶς ὁ ναυτικὸς τῷ πεζῷ ἀρήξει καὶ ὁ πεζὸς τῷ ναυτικῷ ὁμοῦ πορευόμενος· εἰ δὲ διασπάσεις, οὔτε σὺ ἔσεαι ἐκείνοισι χρήσιμος οὔτε ἐκεῖνοι σοί. (3) τὰ σεωτοῦ δὲ τιθέμενον εὖ γνώμην ἔχω τὰ τῶν ἀντιπολέμων μὴ ἐπιλέγεσθαι πρήγματα, τῇ τε στήσονται τὸν πόλεμον τά τε ποιήσουσι ὅσοι τε πλῆθος εἰσί. ἱκανοὶ γὰρ ἐκεῖνοί γε αὐτοὶ ἑωυτῶν πέρι φροντίζειν εἰσί, ἡμεῖς δὲ ἡμέων ὡσαύτως. Λακεδαιμόνιοι δὲ ἢν ἴωσι ἀντία Πέρσῃσι ἐς μάχην, οὐδὲν τὸ παρεὸν τρῶμα ἀκεῦνται.»

237 (1) ἀμείβεται Ξέρξης τοῖσιδε. «Ἀχαίμενες, εὖ τε μοι δοκέεις λέγειν καὶ ποιήσω ταῦτα. Δημάρητος δὲ λέγει μὲν τὰ ἄριστα ἔλπεται εἶναι ἐμοί, γνώμῃ μέντοι ἑσσοῦται ὑπὸ

dass an diesem Ort weitere, und zwar heftigere Kämpfe als die bisherigen, auf dich zukommen werden, wenn alle Peloponnesier sich gegen dich verschworen haben. Befolgst du aber jenen Rat, so werden dir diese Landenge und die Poleis kampflos zufallen.«

236 (1) Nach ihm sprach Achaimenes, ein Bruder des Xerxes und Befehlshaber der Flotte, der bei dem Gespräch zufällig anwesend war und fürchtete, Xerxes könne überredet werden, so zu handeln: »König, ich sehe, dass du die Worte eines Mannes gefällig aufnimmst, der dir missgönnt, dass du Erfolg gehabt hast, oder auch deine Sache verrät. Die Griechen haben nämlich gerade an solchem Vorgehen ihre Freude. Sie sind neidisch auf Erfolg und hassen alles, was überlegen ist. (2) Wenn du bei den gegenwärtigen Schicksalsschlägen, durch die 400 Schiffe Schiffbruch erlitten haben, weitere 300 Schiffe aus dem Lager wegschickst, damit sie die Peloponnes umfahren, werden die Gegner uns im Kampf gewachsen sein. Die Flotte wird aber, wenn sie zusammenbleibt, für sie schwer anzugreifen sein und sie werden von vornherein im Kampf nicht gewachsen sein und die gesamte Flotte wird dem Fußvolk beistehen und das Fußvolk der Flotte, wenn es gleichzeitig aufbricht. Wenn du sie aber auseinanderreißt, wirst du jenen nicht nützen können und jene dir nicht. (3) Ordne du das Deine gut und glaube nicht, dich um die Verhältnisse der Feinde kümmern zu müssen, wie sie den Krieg beginnen werden, was sie tun werden und wie viele sie sind. Jene sind nämlich in der Lage selbst für sich zu sorgen, wir aber für uns ebenso. Wenn die Lakedaimonier gegen die Perser in den Kampf ziehen, so werden sie den gegenwärtigen Verlust nicht wieder gutmachen können.«

237 (1) Xerxes gab zur Antwort: »Achaimenes, du scheinst mir richtig zu sprechen und ich will so vorgehen. Demaratos sagt zwar das, was nach seinem Dafürhalten das Beste für mich ist, mit seinem Vorschlag ist er dir al-

σεῦ. (2) οὐ γὰρ δὴ κεῖνό γε ἐνδέξομαι ὅκως οὐκ εὐνοέει τοῖσι ἐμοῖσι πρήγμασι, τοῖσί τε λεγομένοισι πρότερον ἐκ τούτου σταθμώμενος καὶ τῷ ἐόντι, ὅτι πολιήτης μὲν πολιήτῃ εὖ πρήσσοντι φθονέει καὶ ἔστι δυσμενὴς τῇ σιγῇ, οὐδ' ἂν συμβουλευομένου τοῦ ἀστοῦ πολιήτης ἀνὴρ τὰ ἄριστά οἱ δοκέοντα εἶναι ὑποθέοιτο, εἰ μὴ πρόσω ἀρετῆς ἀνήκοι· σπάνιοι δὲ εἰσὶ οἱ τοιοῦτοι· (3) ξεῖνος δὲ ξείνῳ εὖ πρήσσοντι ἐστὶ εὐμενέστατον πάντων, συμβουλευομένου τε ἂν συμβουλεύσειε τὰ ἄριστα. οὕτω ὦν κακολογίης τῆς ἐς Δημάρητον, ἐόντος ἐμοὶ ξείνου πέρι, ἔχεσθαι τινὰ τοῦ λοιποῦ κελεύω.»

238 (1) ταῦτα εἴπας Ξέρξης διεξήιε διὰ τῶν νεκρῶν, καὶ Λεωνίδεω, ἀκηκοὼς ὅτι βασιλεύς τε ἦν καὶ στρατηγὸς Λακεδαιμονίων, ἐκέλευσε ἀποταμόντας τὴν κεφαλὴν ἀνασταυρῶσαι. (2) δῆλά μοι πολλοῖσι μὲν καὶ ἄλλοισι τεκμηρίοισι, ἐν δὲ καὶ τῷδε οὐκ ἥκιστα γέγονε, ὅτι βασιλεὺς Ξέρξης πάντων δὴ μάλιστα ἀνδρῶν ἐθυμώθη ζῶντι Λεωνίδῃ· οὐ γὰρ ἄν κοτε ἐς τὸν νεκρὸν ταῦτα παρενόμησε, ἐπεὶ τιμᾶν μάλιστα νομίζουσι τῶν ἐγὼ οἶδα ἀνθρώπων Πέρσαι ἄνδρας ἀγαθοὺς τὰ πολέμια. οἳ μὲν δὴ ταῦτα ἐποίευν, τοῖσι ἐπετέτακτο ποιέειν.

239 (1) ἄνειμι δὲ ἐκεῖσε τοῦ λόγου τῇ μοι τὸ πρότερον ἐξέλιπε. ἐπύθοντο Λακεδαιμόνιοι ὅτι βασιλεὺς στέλλοιτο ἐπὶ τὴν Ἑλλάδα πρῶτοι, καὶ οὕτω δὴ ἐς τὸ χρηστήριον τὸ ἐς Δελφοὺς ἀπέπεμψαν, ἔνθα δή σφι ἐχρήσθη τὰ ὀλίγῳ πρότερον εἶπον· ἐπύθοντο δὲ τρόπῳ θωμασίῳ. (2) Δημάρητος γὰρ ὁ Ἀρίστωνος φυγὼν ἐς Μήδους, ὡς μὲν ἐγὼ

lerdings unterlegen. (2) Ich will zwar jenes nicht annehmen, dass er meiner Sache nicht gewogen ist – dies schließe ich aus seinen früheren Worten und aus der Tatsache, dass ein Bürger einen anderen beneidet, wenn er Erfolg hat, und ihm durch sein Schweigen seine Feindseligkeit zeigt und einem anderen Bürger, wenn er ihn um Rat fragt, nicht das rät, was ihm das Beste zu sein scheint, es sei denn, er hat schon ein hohes Maß an Tugend erreicht. Es gibt freilich nur wenige solche. (3) Ein Gastfreund aber zeigt gegenüber einem Gastfreund, der Erfolg hat, das allergrößte Wohlwollen und er dürfte ihm, wenn er ihn um Rat fragt, das Beste raten. Daher befehle ich, dass man sich in Zukunft jeglicher übler Worte gegen Demaratos, da er ja mein Gastfreund ist, enthält.«

238 (1) Nach diesen Worten ging Xerxes durch die Reihen der Gefallenen, unter denen auch Leonidas war, und als er gehört hatte, dass er ein König und Befehlshaber der Lakedaimonier war, gab er den Befehl, ihm den Kopf abzuschlagen und an einen Pfahl zu hängen. (2) Aus vielen anderen Zeugnissen, aber insbesondere aus diesem Vorfall, ist für mich klar geworden, dass König Xerxes von allen Männern dem Leonidas, als er noch lebte, am meisten zürnte. Ansonsten hätte er niemals an seinem Leichnam so gegen alle Sitte gehandelt, da die Perser unter allen Menschen, von denen ich weiß, Männer, die sich im Kampf hervortun, am meisten zu ehren pflegen. Diejenigen, die den Auftrag dazu erhalten hatten, führten ihn auch aus.

239 (1) Ich will aber bei meinem *logos* dorthin zurückkehren, wo ich vorher etwas ausgelassen habe.[109] Die Lakedaimonier hatten als erste erfahren, dass der König gegen Griechenland zog, und daher hatten sie zum Orakel nach Delphi geschickt, wo ihnen geweissagt wurde, was ich kurz vorher erwähnt habe. Sie hatten es aber auf sonderbare Weise erfahren. (2) Als Demaratos, der Sohn des Ariston, zu den Medern geflohen war, da war er, wie

δοκέω καὶ τὸ οἰκὸς ἐμοὶ συμμάχεται, οὐκ ἦν εὔνοος Λακεδαιμονίοισι, πάρεστι δὲ εἰκάζειν εἴτε εὐνοίῃ ταῦτα ἐποίησε εἴτε καὶ καταχαίρων. ἐπείτε γὰρ Ξέρξῃ ἔδοξε στρατηλατέειν ἐπὶ τὴν Ἑλλάδα, ἐὼν ἐν Σούσοισι ὁ Δημάρητος καὶ πυθόμενος ταῦτα ἠθέλησε Λακεδαιμονίοισι ἐξαγγεῖλαι. (3) ἄλλως μὲν δὴ οὐκ εἶχε σημῆναι· ἐπικίνδυνον γὰρ ἦν μὴ λαμφθείη· ὁ δὲ μηχανᾶται τοιάδε· δελτίον δίπτυχον λαβὼν τὸν κηρὸν αὐτοῦ ἐξέκνησε, καὶ ἔπειτα ἐν τῷ ξύλῳ τοῦ δελτίου ἔγραψε τὴν βασιλέος γνώμην, ποιήσας δὲ ταῦτα ὀπίσω ἐπέτηξε τὸν κηρὸν ἐπὶ τὰ γράμματα, ἵνα φερόμενον κεινὸν τὸ δελτίον μηδὲν πρῆγμα παρέχοι πρὸς τῶν ὁδοφυλάκων. (4) ἐπεὶ δὲ καὶ ἀπίκετο ἐς τὴν Λακεδαίμονα, οὐκ εἶχον συμβαλέσθαι οἱ Λακεδαιμόνιοι, πρίν γε δή σφι, ὡς ἐγὼ πυνθάνομαι, Κλεομένεος μὲν θυγάτηρ Λεωνίδεω δὲ γυνὴ Γοργὼ ὑπέθετο ἐπιφρασθεῖσα αὐτή, τὸν κηρὸν κνᾶν κελεύουσα, καὶ εὑρήσειν σφέας γράμματα ἐν τῷ ξύλῳ. πειθόμενοι δὲ εὗρον καὶ ἐπελέξαντο, ἔπειτα δὲ τοῖσι ἄλλοισι Ἕλλησι ἐπέστειλαν. ταῦτα μὲν δὴ οὕτω λέγεται γενέσθαι.

ich meine, und die Wahrscheinlichkeit unterstützt meine Meinung, auf die Lakedaimonier nicht gut zu sprechen; es ist aber erlaubt Vermutungen anzustellen, ob er folgendes aus Wohlwollen oder auch aus Schadenfreude getan hat: Nachdem Xerxes beschlossen hatte, einen Feldzug gegen Griechenland zu unternehmen, wollte Demaratos, der sich in Susa aufhielt und davon erfahren hatte, dies den Lakedaimoniern kundtun. (3) Er hatte nun keine andere Möglichkeit es mitzuteilen, denn es bestand die Gefahr, dass er ertappt würde. Er dachte sich also folgendes aus: Er nahm ein doppeltes Wachstäfelchen und schabte dessen Wachs ab, dann schrieb er in das Holz des Täfelchens die Absicht des Königs; nachdem er dies getan hatte, strich er das Wachs wieder über die Buchstaben, damit das Täfelchen, dadurch dass es leer transportiert wurde, keine Schwierigkeiten vonseiten der Straßenwächter verursache. (4) Als es nach Lakedaimon kam, konnten sich die Lakedaimonier keinen Reim darauf machen, bis freilich Gorgo, die Tochter des Kleomenes und Frau des Leonidas, wie ich erfahre, es selbst entdeckte, das Wachs entfernen ließ und ihnen sagte, sie würden Buchstaben im Holz finden. Sie gehorchten, fanden und lasen die Botschaft, dann schickten sie diese auch den anderen Griechen. So soll es geschehen sein.

Anhang

Anmerkungen

Der griechische Text folgt den im Literaturverzeichnis genannten Editionen. Auf Textlücken verweist ⟨...⟩, notwendige Ergänzungen stehen in spitzen Klammern (und werden übersetzt), Tilgungen in eckigen (und bleiben unübersetzt).

Im Text verweisen hochgestellte Ziffern auf die Anmerkungen. Die nicht eindeutig überlieferten und in der Forschung oft umstrittenen Daten der frühen griechischen Geschichte werden nach den wohlerwogenen Angaben in S. Lauffer, Daten der griechischen und römischen Geschichte, hrsg. v. K. Brodersen, München 1987, geboten.

1 Die Schlacht bei Marathon 490 v. Chr. war Thema in Buch 6.
2 Zum Perserkönig Dareios I. (550–486 v. Chr.) vgl. Buch 1, Anm. 233.
3 Zu Gobryas vgl. Herodot 3,70.
4 Xerxes, Sohn des Dareios, geboren um 518 v. Chr., war 485–465 v. Chr. König der Perser.
5 487/486 v. Chr.
6 Zu Demaratos vgl. Herodot 6,67–70.
7 Dareios starb 486 v. Chr.
8 Der persische Feldherr Mardonios war ein Neffe des Großkönigs Dareios I. und Schwager seines Cousins Xerxes I.
9 Die Aleuaden waren die führende Familie in Thessalien, nicht im engeren Sinne Könige.
10 Die Peisistratiden sind die Nachfahren des 510 v. Chr. aus Athen vertriebenen Peisistratos, namentlich sein Sohn Hipparchos; vgl. Herodot 5,94.
11 Dem mythischen Sänger Musaios wurden Spruchweisheiten zugeschrieben, vgl. Herodot 8,96 und 9,43. Zum »Ordner der Sprüche« vgl. Herodot 5,90,2 und 5,93,2.
12 Als *barbaroi* bezeichnet Herodot alle »Nichtgriechen«; diese Übersetzung will die im Deutschen unvermeidlichen Konnotationen des Begriffs »Barbaren« vermeiden; vgl. Buch 1, Anm. 2.
13 D.h. 484 v. Chr.
14 Zu Mardonios vgl. Buch 7, Anm. 8.
15 Artabanos hatte schon seinen Bruder Dareios I. beraten, vgl. Herodot 4,83,1.

16 Als *tyrannos* bezeichnet Herodot einen wider das Herkommen an die Macht gelangten Alleinherrscher (vgl. Buch 1, Anm. 13); die Konnotationen einer »tyrannischen« Gewaltherrschaft schwingen dabei nicht mit.
17 Peloponnes: »Die Insel (nesos) des Pelops«.
18 Zu den Magiern als Traumdeutern vgl. Herodot 1,107–108.
19 484 bis 480 v. Chr.
20 Zum Heerzug des Dareios vgl. Herodot 4, 83–98 und 118–142.
21 Zum Heerzug der Skythen vgl. Herodot 1,103–104 und 4,1,11–12.
22 Eine Triëre (»Drei-Ruderer«) ist ein Kriegsschiff, bei dem drei Ruderer-Reihen übereinander angeordnet sind, vgl. Buch 6, Anm. 11.
23 Zur Maßeinheit »Stadion« vgl. Anhang.
24 Zur Ausführung der Brücke über den Strymon vgl. Herodot 7,114.
25 Die genaue Lage von Kritalla ist unbekannt.
26 Marsyas hatte einen Wettstreit im Flötenspiel gegen Apollon verloren und war von diesem gehäutet worden.
27 Pythios wird ein Enkel des sagenhaft reichen Lyderkönigs Kroisos (560–546 v. Chr., vgl. Buch 1, Anm. 11) gewesen sein.
28 Zur Maßeinheit »Talent« vgl. Anhang, zu den Dareiken (»Stateren des Dareios«) vgl. Herodot 3,89,2.
29 Zur Maßeinheit »Stadion« vgl. Anhang.
30 Als »Unsterbliche« wurden die Mitglieder der persischen Eliteeinheit bezeichnet; vgl. Herodot 7,83.
31 Die Übergabe von Erde und Wasser symbolisierte die bedingungslose Auslieferung der Polis, vgl. Buch 6, Anm. 75.
32 Zu diesen Vorgängen vgl. Herodot 9,116–117.
33 Gebrandmarkt wurden sonst widerständige und entlaufene Sklaven.
34 Bei dem »Pentekontere« (»Fünfzigruderer«) genannten Kriegsschiff waren auf jeder der beiden Seiten 25 Ruderer eingesetzt, vgl. Buch 6, Anm. 200.
35 Zur Triëre (»Drei-Ruderer«) vgl. Buch 6, Anm. 11.
36 Zum »Fünfzigruderer« und zur Triëre vgl. Buch 7, Anm. 22 u. 34.
37 Zu den Maßeinheiten »Elle« und »Talent« vgl. Anhang.
38 Frühlingsbeginn 480 v. Chr.
39 Eine Sonnenfinsternis in Sardes ist für 480 v. Chr. nicht belegt.
40 Der hier gemeinte Gott ist der Sonnengott Helios.
41 Zu Pythios vgl. Herodot 7,27,1.

42 Zur Maßeinheit »Stadion« vgl. Anhang.
43 Zu Artabanos' Rat vgl. Herodot 7,10.
44 Die Schmeichelei des Mannes, der Xerxes mit dem griechischen Göttervater Zeus gleichsetzt, ist offenkundig.
45 Zum Skythenzug des Dareios vgl. Herodot 4,89,3.
46 Zu Perseus vgl. Herodot 2,91 und 6,53–54.
47 Zur Maßeinheit »Elle« vgl. Anhang.
48 Im überlieferten Text des Herodot fehlt der Name.
49 Zu den »Ausgewiesenen« vgl. Herodot 3,93.
50 Das »zweite Jahr danach« ist das Jahr 479 v. Chr.; zu den Vorgängen vgl. Herodot 8,130,2 und 9,102,4.
51 Vgl. Buch 7, Anm. 30.
52 Herodot bezieht sich auf seinen *logos* in 1,171,2.
53 Herodot spricht von *historiē*, »Erkundung«, speziell auch der Vergangenheit, also von Geschichte.
54 Artemisia hatte in Herodots Heimat Halikarnassos geherrscht.
55 Zu diesen Schreibern vgl. Herodot 8,90,4.
56 Zur Maßeinheit »Plethron« vgl. Anhang.
57 Zu Demaratos vgl. Herodot 6,67–70 und 7,3,1.
58 Doriskos hatte Herodot in 7,59 genannt.
59 Zur persischen Eroberung Thrakiens vgl. Herodot 5,1; 5,26; 6,44.
60 Vgl. Herodot 5,12 und 6,44–45.
61 Zur Maßeinheit »Stadion« vgl. Anhang.
62 D. h. neun (Enneaodoi: »Neun Wege«).
63 Zu Artachaies vgl. Herodot 7,22,2.
64 Zu den Maßeinheiten »Elle« und »Fingerbreit« vgl. Anhang.
65 Zur Maßeinheit »Talent« vgl. Anhang.
66 Zur Übergabe von Erde und Wasser vgl. Buch 7, Anm. 31.
67 Vgl. Herodot 6,48.
68 Zur Unterwerfungsgeste der Proskynese vgl. Herodot 1,134.
69 Herodot verweist auf die Auseinandersetzungen von 430 v. Chr. voraus (vgl. Thukydides 2,67); dies ist eines der spätesten von Herodot erwähnten Ereignisse.
70 Herodots Zurückhaltung gegenüber Themistokles ist deutlich, vgl. auch 8,109–112; positiver ist die Sicht des Thukydides 1,135–138.
71 Themistokles' Vorschlag zum Einsatz der Einnahmen aus den Silberbergwerken in Laurion datiert auf 483/482 v. Chr.
72 Zur Maß- und Währungseinheit »Drachme« vgl. Anhang.
73 Diese erste Versammlung fällt in den Herbst 481 v. Chr., die

zweite (von Herodot in 7,172,1 genannte) in das Frühjahr 480 v. Chr.

74 Gelon war 491–485 v. Chr. Tyrann von Gela; nach seiner Übernahme von Syrakus folgte ihm in Gela sein Bruder Hieron als Tyrann, vgl. Herodot 7,156,1.

75 Kerkyra ist das heutige Korfu.

76 Zu Perseus vgl. Herodot 2,91; 6,53f.; 7,61,3.

77 Auf diese »andere Angelegenheit«, die auf 450 v. Chr. oder bald danach datiert wird, nimmt Isokrates, Panegyrikos 117–120, als Friedensvertrag mit den Persern Bezug; die Historizität dieses zuvor nicht belegten »Kallias-Friedens« ist umstritten.

78 Hippokrates war 498 bis 491 v. Chr. Tyrann von Syrakus.

79 Zu Gelon vgl. Buch 7, Anm. 74; Syrakus übernahm er 485 v. Chr.

80 Zu Dorieus vgl. Herodot 5,42–46.

81 Die Anrede des Tyrannen Gelon (siehe Herodot 7,156,3 und 163,1) als »König« ist Schmeichelei.

82 Homer, Ilias 2,552–554.

83 Als Tyrannen werden Alleinherrscher einer Polis bezeichnet; umstritten ist, ob die Fügung »Tyrann von Sizilien« eine bewusste Übertreibung oder aber nur Verwechslung mit Syrakus in der handschriftlichen Überlieferung ist.

84 Zur Vertreibung aus Zankle vgl. Herodot 6,23.

85 Zum »Fünfzigruderer« vgl. Buch 7, Anm. 34.

86 Zur Übergabe von Erde und Wasser vgl. Buch 7, Anm. 31.

87 Der Synchronismus der Schlachten ist bei Herodot nur angedeutet.

88 Zum Begriff »Apoikie« (Pflanzstadt, Kolonie) vgl. Buch 4, Anm. 149.

89 Zu den etesischen (»Jahres-«) Winden vgl. Herodot 2,20.

90 Die Töchter des Königs von Kamikos hatten Minos getötet.

91 Diese Angabe Herodots deutet darauf hin, dass ihm die Katastrophe der Athener in Syrakus 413 v. Chr. (vgl. Thukydides 7,85) nicht bekannt war.

92 Diese zweite Versammlung (zur ersten vgl. Herodot 7,145,1) fällt in das Frühjahr 480 v. Chr.

93 Zu diesem Alexander vgl. Herodot 5,17–22.

94 Zur Maßeinheit »Plethron« vgl. Anhang.

95 Herodots Angaben zu den Himmelsrichtungen sind unzutreffend; tatsächlich verläuft der Pass in West-Ost-Richtung.

96 Zum »Fünfzigruderer« vgl. Buch 7, Anm. 34.

97 Zu den Maßeinheiten »Choinix« und »Medimnos« vgl. Anhang. Herodots Berechnung ist nicht korrekt.
98 Boreas ist der Gott des (Nord-)Winds.
99 Zum Sturm am Athos vgl. Herodot 6,44.
100 Zu Herodots Bezugnahmen auf den Mythos vom Argonautenzug vgl. Buch 1, Anm. 7.
101 Zu dieser Bestrafung vgl. Herodot 1,137 und 5,25.
102 Zum Prytaneion, dem Versammlungsort der »Ältesten«, vgl. Buch 3, Anm. 66.
103 Zur Maßeinheit »Stadion« vgl. Anhang.
104 Zur Maßeinheit »Plethron« vgl. Anhang.
105 Bei den Olympischen Spielen galt ein Festfriede.
106 Herodot bietet dies nicht im Erhaltenen (vgl. Herodot 1,106 und 1,184).
107 Zu dem berühmten Dichter Simonides (um 556–468 v. Chr.) vgl. Herodot 5,102.
108 Zur Übergabe von Erde und Wasser vgl. Buch 7, Anm. 31.
109 Dieses Kapitel, dessen Sprachform von der sonstigen abweicht, wird von vielen Gelehrten als späterer Einschub angesehen.

Inhaltsübersicht

1–19 Xerxes' Thronerhebung nach dem Tod des Dareios; persischer Kriegsrat

20–25 Vorbereitungen des Perserzugs, Kanalbau am Athos

26–131 Xerxes' Zug nach Thessalien

- 26–32 Zug von Kappadokien nach Sardes, Angebot des Pythios
- 33–36 Artayktes, Überbrückung des Hellespont
- 37–43 Zug von Sardes nach Abydos, Bestrafung des Pythios
- 44–56 Flottenschau bei Abydos, Rat des Artabanos, Überquerung des Hellespont
- 57–100 Musterung des Perserheeres: 57–59 Vorbereitung der Heerschau, 60–83 Fußvolk, 84–88 Reiterei, 89–99 Flotte, 100 Zusammenfassung
- 101–104 Zug vom Hellespont nach Doriskos in Thrakien
- 105–127 Zug von Doriskos nach Thermai (Griechenland)
- 128–131 Xerxes' Reise nach Pierien und ins Tempetal

132–177 Vorbereitung der Griechen

- 132–137 Xerxes' Forderung nach Erde und Wasser von den griechischen Poleis
- 138–144 Athens Orakelbefragung, Themistokles' Ratschlag zum Flottenbau
- 145–171 Bündnis der Griechen, Ausspionierung der Perser, Positionen der Poleis
- 172–174 Versuch der Verteidigung Thessaliens, dessen Räumung
- 175–177 Besetzung der Thermopylen und Artemisions durch die Griechen

178–238 Gefechte in Nordgriechenland

- 178–195 Persischer Flottenzug von Thermai nach Artemision, Sturmschäden
- 196–200 Persischer Heereszug von Thermai nach Malis

201–233 Schlacht bei den Thermopylen (darin 209 Xerxes und Demaratos)
234–238 Xerxes' strategische Beratungen, Schändung von Leonidas' Leichnam

239 Exkurs zu Demaratos

Maße und Gewichte

Längenmaße

Fingerbreit	1/16 Fuß
Fuß	ca. 30 cm
Elle	1 ½ Fuß
Plethron	100 Fuß
Stadion	600 Fuß, c. 180 m

Hohlmaße

Choinix	ca. 1 l
Medimnos (»Scheffel«)	ca. 52 ½ l

Gewichte (und Währungseinheiten)

Drachme	ca. 4,4 g
Mine	100 Drachmen, ca. 440 g
Talent	6000 Drachmen, ca. 26,4 kg

Weiterführende Literatur

Ausgabe

Hude, C.: Herodoti Historiae. Bd. 2. Oxford: Clarendon Press ³1927.

Legrand, Ph.-E.: Hérodote, Histoires. Bd. 7. Paris: Les Belles Lettres 1963.

Wilson, N. G.: Herodoti Historiae. Bd. 2. Oxford: Clarendon Press 2015.

Lexikon, Konkordanz

Powell, J. E.: A Lexicon to Herodotus. Cambridge 1938.

Schrader, C. A.: Concordantia Herodotea. 5 Bde. Hildesheim 1996.

Kommentare

Stein, H.: Herodotos erklärt, Bd. 4 (Buch 7). Berlin ⁵1889

How, W. W. / Wells, J.: A Commentary on Herodotus. Bd. 2. Oxford 1912.

Müller, D.: Topographischer Bildkommentar zu den Historien Herodots. 2 Bde. Tübingen 1985–97.

Einführungen und Forschungsberichte

Bakker, E. / de Jong, I. / van Wees, H. (Hrsg.): Brill's Companion to Herodotus. Leiden 2002.

Dewald, C. / Marincola, J. (Hrsg.): The Cambridge Companion to Herodotus. Cambridge 2005.

Bichler, R. / Rollinger, R.: Herodot. Hildesheim ³2011.

Roberts, J. T.: Herodotus. A Very Short Introduction. Oxford 2011.

Wilson, N. G.: Herodotea: Studies on the Text of Herodotus. Oxford 2015.

Inhalt

Einleitung 5
Historien. Siebtes Buch 9

Anhang

Anmerkungen 247
Inhaltsübersicht 252
Maße und Gewichte 254
Weiterführende Literatur 255